征税行为研究

Research on Tax Behavior Theory

总主编 刘剑文

财税法学研究文丛

佘倩影 / 著

法律出版社
LAW PRESS·CHINA

序

财税法基础理论,是中国财税法学科大厦建设的根基。改革开放40多年来,我国财税法学科始终强调理论突破与方法革新并重:一方面,深耕财税法基础理论,构建财税法学科理论体系;另一方面,创新财税法研究范式,实现财税法学方法论的转型,进而推动了新兴、交叉等领域法学学科群研究范式的革新。佘倩影博士的第一部学术专著——《征税行为研究》,就是我国财税法基础理论研究与方法创新的一项最新成果。

该书讨论了财税法这一领域法中具有根基性意义的理论问题,即征税行为。在人类文明的历史演进中,国家的构成、政府的运转以及公共事业的建设,无不以征税行为作为组织财政收入的基本手段。时至今日,征税已是一种司空见惯的行政行为,或者说,似乎是一项不言自明的公共权力。然而,随着现代社会经济活动的日趋复杂、政府与纳税人关系的更加紧密以及纳税人权利意识的不断凸显,对征税行为的合法性探讨和规范性研究也日显重要。在我国,在坚持和完善中国特色社会主义制度、推进国家治理体系和治理能力现代化的时代背景下,"全面依法治国""税收法定""理财治国"等基本原则深入人心,有关税收行为法治化的研究,已成为一项兼具理论意义和现实意义的重要工作。近年来,我们财税法学界高度关注税收行为理论,已有一些初步的理论探索。但总体来看,现有的研究较分散化、碎片化,特别在概念界定、规范表述、价值选择、功能塑造、效力评判等基础性问题上,远未形成共识性的学理框架和话语体系。这意味着我们依然有必要追问:什么是征税行为?什么样的征税行为是合法、合理且有效的?为此,就有必要厘清征税行为的基本性质、基本范畴、主要功能、价值目标、基本原则、基本类型、效力规则及来源等一系列基本问题,建构起符合我国国情的征税行为法治化理论。

该书对这些基础理论问题作了有益探索,提出了诸多理论创见。其一,通过对不同部门法的比较分析,佘倩影博士从"行为—关系"逻辑、程序法价值、纳税人基本权3个视角切入,重新审视征税行为的规范性意涵,认为征税行为的价值追求是形塑税法秩序,服务于建构法治国的总体目标:既追求征税行为的"型式化",经由形式理性达成法秩序的安定;又追求征税行为的"平等性",力图实现税法秩序的实质正义。在形式与实质的张力之间,征税行为通过国家立法和司法判决所共同构成的税法秩序,来实现其价值目标。其二,作者从两个层级上界定了征税行为的基本范畴:第一层级,可分为征税规定行为与征税决定行为。第二层级,征税规定行为按照"实质—形式"标准,可分为解释性征税规定、裁量性征税规定、事实认定性征税规定与组织性征税规定;征税决定行为按照权力化与程式化程度,分为常规征税决定与特殊征税决定。其三,作者着眼税法的权力属性与契约属性,以合意程度和行政强制力的介入程度为判断标准,将征税行为分为"低合意—高强制""高合意—低强制""低合意—低强制""高合意—高强制"4种类型。这一分类具有创新性,不仅契合税收法律关系公私兼备的基本属性,也符合我国税收行政实践的多样性,有助于我们更好地把握税收权力的演变规律,为构建一种良性互动的现代税收文化提供理论基础。正如作者所言,"合意性的提高,凸显了财税法的公共财产法特征,淡化了税收作为无对价金钱给付的单向性,营造出一种合作的财税文化。这种良性互动的税收取予关系,对于法治国家和法治社会的建设至关重要"。其四,作者还讨论了征税行为的效力体系和效力规则,从法哲学上追问征税行为的效力来源和税收法定原则的深层内涵。作者提出,"合法律性"无法构成判断征税行为效力的唯一标准,而以沟通行动理论与商谈伦理学为理论基础、以公众参与和民主协商为制度基础的程序主义法范式,可以凝聚征税机关和纳税人的共同意志,从而为征税行为的合法化建构提供可持续的效力源泉。应该说,这一理论建议,对于我们进一步探讨征税行为理论、构建中国财税法治,具有启发意义。

实践永无止境,理论亦永无止境。改革开放40多年,既见证了中国财税改革和法治建设的不断进步,也彰显了中国财税法学理论的不断创新。未来一个时期,持续加强财税法基础理论建设,围绕“问题意识”助推重大财税法实践,是中国财税法学研究的两大主题。希望佘倩影博士能始终心怀“问题意识”,继续深耕财税法基础理论,着眼实践、脚踏实地,把学问做在祖国大地上,不断拓展财税法学的知识谱系,取得更多有价值的研究成果。

是为序。

 *

* 中国法学会财税法学研究会会长、北京大学法学院教授、教育部“长江学者奖励计划”特聘教授。

前　言

本书的主题源自近年来笔者对我国财税法基础理论三个层面的思考，以下由宏至微分述之：

第一，对财税法理论“主体性建构”[①]问题的思考。财税问题上承一国法治体系，下接具体征管情境，任何财政理论的引介、挖掘与传播，都应当充分经历“本土化”的洗礼过程，对影响理论的解释的各种内生因素予以充分说明。忽略历史可能带来的巨大惯性力量而提出的使国家征税权合法化的规范性原则，结局往往不尽如人意。因此，任何财税理论的演进——包括本书所研究的征税行为，都应同时具有历史的现实品格和理论的抽象品格。通过对我国当前财税理论思想源流、税法理论基础的价值取向与税法规范性文件内容特征的梳理与考察可以发现，我国财税现代化的过程，是沿着财政法治化、财政民主化与分权规范化的路径，将国家与纳税人的行为纳入外在、显性的正式制度体系的过程。而事实上，在我国，诸多与税收相关的法律问题都是相当机动和灵活的。以“营改增”中的税权分配为例，在一个真正的联邦体制下，营业税和增值税的重新划分几乎并无可能。在我国，营业税的取消以及由此导致的中央与地方间税收利益分配格局的重大调

① 参见邓正来：《中国法学向何处去——建构“中国法律理想图景”时代的论纲》（第2版），商务印书馆2011年版，第372～403页。

整甚至不须通过修宪或修法来改变，因为我国中央与地方之间的关系是由“强制、互惠与讨价还价等多种机制性因素”①决定的，且中央处理与不同省份之间关系的政策与方式存在差异，这使中央与地方关系的法治化努力，是一个超越“法律化”的、更复杂、特殊的议题。由此，税权分配行为的立法规制也不仅仅是一个“合法律性”的问题。例如，目前税收法治化的努力主要是以立法中心主义为导向的，这虽然在一定程度上映射了当代中国社会变革与财政改革之努力，但不可否认，这一套以形式正义为核心的财税法学话语体系与国内税法实践之间、财税法律发展的内在需要之间尚存反差。从经验立法到超前立法的转变，也会成为一种过犹不及。因此，需要以中国的税收自主发展实践为基础，发现、提炼和建构符合中国理想图景要求和实践状况的基础理论体系。建构这一体系的最终目的并非产生直接的政策影响，但它会帮助我们厘清思路、建立框架、聚焦问题，对抗在特别规则中逃避法体系的积极立法主义，对抗在税收立法与司法活动中轻率的分散演变，进而为一个处在持续发展变动的国家与社会的税法实践提供观察与分析的框架。

第二，对当前税法学基础理论研究现状的思考。相对其他部门法而言，税法研究更关注具体制度，基础理论方面的研究相对薄弱，缺乏一致的理论工具、研究范式以及共通的观察视角和对话基础。这一现象，除源于税收对财政体制和经济政策高度敏感外，还受其他两个因素的影响：一是税法在我国的发展相对较晚，与民商法、行政法、刑法和诉讼法相比，缺乏理论积淀的时间；二是税法所调整的权力(利)关系具有复杂性、多元性和主体异质性的特征。尤其近些年，财税领域的社会经济问题愈加呈交叉性、复杂性特征，回应社会现实问题的学理反思、学术创新与立法架构，往往无法在以调整对象与调整方法为划分基础的传统部门法理论框架内进行，法学学科系统分工精细化与法律现象复杂化之间的矛盾愈加凸显。税法学欲实现其法治理想与制度目标，尚需完成从自我证成到公共证成的超越，借鉴法理学、宪法、行政法、经济法等传统法律部门的理论资源，建构兼具解释力与规范性的基础理论体系，形成可供交流的理论对话平台。

第三，对税法上行为理论的思考。如果说，传统法学侧重研究规范(规则)、规范体系及其结构，那么，现代法学的焦点正在从规范中心转移到行为重

① 郑永年：《中国的“行为联邦制”：中央—地方关系的变革与动力》，东方出版社2013年版，第299~324页。

心，并通过观察、解释法律行为来解释法律现实。[①] 行为理论是沟通总论与分论、理论与实践的核心范畴与中心议题。广义上的征税行为是税收法律关系的直接形成原因，是税法的主体、权利义务以及具有法律意义的事实的具体化，决定了税收法律关系的特征。从目前来看，无论是行政行为理论、民事法律行为理论还是经济法行为理论，都无法为税法上的行为提供合理的解释框架与适切的理论工具。经过数年治理经验的积累，税法的研究逐渐步入了寻求方法论突破和自主理论建构的新阶段。将征税行为理论予以独立研究，以中国当下财税治理的自主发展实践为基础，提炼征税行为的概念要素、基本类型、范畴边界、分析范式与效力评价的方法与标准，澄清征税行为的独立价值与功能定位，不仅有利于建立和完善税法学基础理论，而且可为传统征税行政方式的整合提供平台，为解释和规范新型征税行为模式提供指引，为税法学发挥其组织收入、分配与配置的功能提供依据，进而持续拓展中国财税民主的想象空间，以推动税法基础理论研究的本土化。

在上述问题意识的指引下，本书系统性地讨论了税法上的行为理论。大陆法上行为理论的演进历史与创设过程展示了这一学术概念的工具化特征。为维持一个具有“内在的理性”的法体系，征税行为理论建制应当遵循法学行为理论的知识生产传统，成为贯彻税法上法治国诸原则、实现税法体系化建构之“工具性手段”与“目的性创设”。税法上行为理论产生过程的逻辑演绎所映射的是其理论构造上的规范性，从作为规范链条中的“个别规范”、秉持法解释学的“规范立场”、作为税法体系中“规定功能的法概念”3 个角度可证立这一概念的规范性意涵。通过对征税行为与各部门法上行为理论尤其与行政行为理论之间关系变化的脉络梳理可知，行政行为与税收活动在基本理念上的差异、经济法行为与税收活动在功能定位上的分歧、法律行为与税收活动在价值目标上的不同以及税法自身对“行为”语意的理解失范，都使其无法承担为税收活动提供适格理论指导工具的重任。从“行为—关系”之逻辑对应、税收程序法内在价值的观念统合、纳税人基本权的宪法立场 3 个视角可定位征税行为理论补正的基本进路。

税法上的“行为”具有多重意涵，本书将其限定为税收法律关系参加者为实现税法上的权利义务内容所为之特定活动，并从与相邻概念的区分、部门法层面的多样性意义、语词的选择与厘定 3 个面向进一步廓清这一概念的内涵与

---

① 参见张文显：《法哲学范畴研究》（修订版），中国政法大学出版社 2001 年版，第 63 页。

外延。征税行为的成立要件分为一般要件与特殊(个别)要件。征税机关的税收征管权是征税行为成立的唯一一般要件,特殊要件则包括主体要件、表示要件与法律效果要件。一般要件是征税行为成立的必备要件,特殊要件的具体构成则随征税行为类型不同而有所差异。

征税行为之建制,深嵌于税法主体资格拓展、税收功能变迁、权力结构演化与分析范式转型的"体系性演变"中,既是因应这一理论变革的附随行动,也是革故鼎新的必然结果。作为税法秩序构成要素的重要一环,征税行为的根本目的与价值追求在于通过形塑税法秩序,服务于建构法治国之目标。征税行为"型式化"之追求在于经由形式理性达成法秩序的安定;征税行为"平等性"之追求在于实现税法秩序的实质正义。实质与形式为正义之一体两面,二者间存在"形与实"的矛盾和张力。从整体考量,税法的安定性目标在"法与正义之矛盾尚未达到不能容忍的程度"的前提下,依然具有优先的价值位阶,此为法治国诸原则对税收行政权力行使之约束,亦为征税行为与税收制定法、司法裁判所形成秩序之重要区别。

征税行为价值目标的实现机理在于,与制定法和司法判决共同构成完整的税法秩序:一方面,将既不受宪法性法律与税收行政立法授权规则直接约束也无法完全依赖司法监督的那部分税法规范纳入视野;另一方面,通过法律涵摄的过程,将纳税人在税收法律关系中的权利义务以及纳税人与征税机关之间的关系通过个案宣示予以具体化、明确化,再经由不断将新兴税收活动锻造为征税行为的固定类型,使由征税行为确定的内容如同司法判决一样对纳税人具有明确性、客观性和可预测性,从而维护税法的整体秩序。征税行为的约束原则亦取向于上述法秩序目标。

征税行为范畴的界定,有严格主义与宽泛主义两种思路。前者具有理论建构上的保守化倾向,旨在通过将征税行为限定为税收行政处分的下位概念维护行政法上行为理论的逻辑闭合、价值统一与单向性功能,后者旨在通过一个不断延展的包容性概念克服狭义考察方式对复杂税收活动应对不足的问题。从功能主义的视角出发,征税行为可继受行政行为形式理论之制度化、衔接性与储藏性功能。一方面,经由对税收活动的类型化提炼可实现"依法律纳税"的要求;另一方面,亦需回应税法理念跃迁对既有行为类型的拓展,依据税法上特殊的建制原则与程序规则界定符合税法特征的行为范畴。据此,征税行为的基本范畴可初次类型化为征税规定行为与征税决定行为两个板块:征税规定行为指征税主体制定和发布具有普遍效力的税收规范性文件的行为;

征税决定行为指征税行为主体针对特定事项所作的、能够引起税法上法律效果的行为。在此基础上可进行二次类型化，前者可在“实质标准—形式标准”（对内/对外、职权/授权）的基础上类型化为解释性征税规定、裁量性征税规定、事实认定性征税规定与组织性征税规定；后者可以权力化与程式化程度为标准，类型化为常规征税决定与特殊征税决定。常规征税决定的类型由传统行政行为类型衍变而来，具备征税行为一般要件和全部特殊要件；特殊征税决定由“影响效果”行为、具有私法属性的征税决定以及制度化税收契约3种基本类型构成。特殊征税决定的成立均需具备征税行为的一般要件，个别要件则依行为类型而有所不同。

理论之初构需秉要执本。对行为理论来说，范畴之外最重要者有二：主体制度与意思表示制度。征税行为模式变迁的过程也是主体再造的过程，是权力由集中走向分化过程中将纳税人改造为独立主体的过程。第一阶段，征税机关为一元税收利益格局下的唯一的行为主体，市场化改革的推进与纳税人意识的形成重构了国家与纳税人之间的关系，随“政治权利—细化权利—形成性权利”的渐次获得，纳税人被赋予税收行政领域中的“主体性资格”。这一渐变过程同时导致了纳税人主体内部的利益冲突，分化了作为税收法律关系直接主体的单一纳税人，产生了新的征税行为类型，并在纳税人内部构造了新的行为主体。在追求税收正义的现代国家，与征税权扩大相伴而生的是征税方式的转变。随着税收和解、预先裁定等新的征税行为类型的出现，纳税人主体内部继续分化，在主体不断被纳入的过程中，不同行为类型中的纳税人主体资格、权义内容与责任结构亦呈现愈加明显的差异性，这一主体“裂变”与纳入的过程需在“权力—权利”的分析范式中获得合理解释。由征税主体的裁量自由、纳税人的参与自由以及税收合意的形成自由所构成的自由意志空间是征税行为意思表示制度的建构前提。在考量公私法意思表示制度的区别与税法适用民法意思表示制度的方法基础上，可推导税法意思表示制度之基本形态。仍需明确的是，法律行为从根本上来说是一种在法定主义调整方式不足情形下之授权主义的法律调整方式，意思表示并非征税行为的一般构成要件，而只是特定分类方式下某一类行为的构成要件，这再一次体现了类型化思维方式之于征税行为的意义。

作为征税行为概念外延的另一表述，征税行为的分类是型式化与类型化的起点，沿“分类—类型”之思维进路，以税法权力与契约的双重属性为理论标识，以合意程度和行政强制力的介入程度为判断标准，可将征税行为分为“低合意—高强制”“高合意—低强制”“低合意—低强制”“高合意—高强制”4种类型。这一划分,一方面展现了税收法律关系公私兼备的基本属性及现代公法学所具有的某种非强制性、非型式化的共性和趋势;另一方面也展现了我国税收行政活动在实践中的多元性、复杂性及税收权力性质的演变规律。合意所具有的平等性、协商性、参与性使其与税收债法制度、非正式程序制度、自由裁量权制度等直接相连,强制的权力属性则决定了征税行为对征纳双方主体的拘束作用,并具体表现在征税行为的效力规则之上。从整体趋势上来看,征税行为模式正在从“低合意—高强制”“低合意—低强制”向“高合意—低强制”“高合意—高强制”行为转化。合意性的提高,凸显了财税法的公共财产法特征,淡化了税收作为无对价金钱给付之单向性,营造出一种合作的财税文化;而这种良性互动的税收取予关系对于法治国家、法治社会的建设至关重要。在税收“行为—责任”基本框架之下,这一分类同时因赋予征税行为主体以不同的责任结构而成为建构税收效力制度、完善税收责任立法的技术性前提。在此基础上,可进一步采取与之相适用的法律机制和行政协调机制以实现税法秩序目标。

以本书确立的征税行为范畴为逻辑限定,征税规定的效力体系由内部“外溢性”效力、间接外部效力与直接外部效力三部分组成;常规征税决定的效力内容由以存续力为核心的三重效力构成;特殊征税决定的效力则展现出“不完备公法效力”之特征。为回应现代税收国家之国家法不足的问题,挖掘税收法定原则的深层内涵,全书讨论将最终落脚于对征税行为效力来源的法哲学追问上。在征税行为的评价体系中,“合法/违法”涉及对形式法治国之税收法定原则的理解,即“合法律性”与“事实性”之层面;而“有效/无效”则涉及法政策方面的权衡与考量,即“合法性”与“有效性”的问题。以哈贝马斯的合法化理论为视角,笔者认为,合法律性无法成为判断效力来源的唯一标准,以沟通行动理论与商谈伦理学为理论基础、以公众参与和协商为制度基础的程序主义法范式,或可成为支配征税行为、为征税行为效力提供正当性基础的“合法之法”的生产系统,从而使国家的征税活动不是出于封闭的行政权的支配意志,而是出于经协商达成的共同意志。

Contents

目　录

导　　论

一、文献综述

（一）部门法中的行为理论

鉴于税法公私法兼备的属性及其与债法、行政法、经济法的密切关系，梳理这几个部门法行为理论的渊源、构造、特征与分类的差异，一方面，可以清晰地把握已有的理论成果，提炼理论洞见与共识，为征税行为的研究探索理论起点与研究思路；另一方面，则可透析各学科当前的研究优势、不足与核心争议，避免税法在基础理论的生成过程中走入相似的"死胡同"，从多角度挖掘、提炼更具解释力的理论。基于本书的研究重点和结构安排，对各部门法相关文献的梳理，大致围绕制度背景与理论前提假设、概念要素、意思表示、行为的类型、效力规则这几个角度对应展开。

1. 民法——法律行为

法律行为的概念产生于18世纪的德国，系统化的理论则形成于19世纪，是当时德国法律科学的主要议题。弗里德里希·卡尔·冯·萨维尼（Friedrich Carl von Savigny，1779－1861）在《当代罗马法体系》中将法律行为的概念和理论系统化、精细化，将这一概念提炼为"行为人为创设其意欲的法律关系而从事的意思表示行为"。①

---

① 董安生：《民事法律行为》，中国人民大学出版社2002年版，第1页。

对于“法律行为”与“意思表示”之间的关系,有两种观点相反的主张。依传统观点,这两个术语经常被作为同义词使用,具体又分为3种情况:(1)当法律行为由一个意思表示构成时,法律行为与意思表示概念重合;(2)当法律行为由多个意思表示构成时,应区分法律行为与意思表示;(3)当法律行为包括除当事人意思表示以外的其他事件,如官方行为和第三人同意时,此一区分亦有意义。因此,使意思表示独立于法律行为的意义在于“当法律行为中出现的问题涉及意思表示时,将其转化为意思表示的问题更加便于掌握”。① 2011年柏林自由大学民法学教授Detlef Leenen出版《民法典总则:法律行为论》一书,对意思表示和法律行为的传统认识提出批评,认为意思表示真实和法律行为生效在法释义学上处于完全不同的层面。Detlef Leenen教授通过“工具—分层”模型将意思表示和法律行为区分为两个层面,并在它们各自内部再区分“成立”、“生效”和“效果发生”3个阶段,由此建构起一种双层六阶段的体系,重新构造了严格区分意思表示和法律行为的理论,被视为德国法上法律行为理论的最新发展。②

法律行为通常被置于法律事实(Rechtstatsachen)概念框架下讨论,③但其并非一个一般的、具体的概念。现实中不存在“某一”法律行为,而仅存在各种因法律秩序认可而形成的各种行为类型,因此,可以把法律行为的概念理解为所有在法秩序中形成的行为类型的抽象集合。对法律行为的类型划分为多种方式,大多数分类为互补型分类,如单方法律行为与多方法律行为、财产行为与身份行为、有偿行为与无偿行为、诺成行为与要物行为、生前行为与死因行为等,也有未能涵盖所有法律行为类型的分类,如处分行为与负担行为。

税法的主要规制对象为私法交易,这是税法与民法联结紧密的缘由。征税行为的效力,涉及税法对私法契约进行调整的公私法交汇领域,这在税法中体现为实质课税原则等一系列税法基本原则,在法律行为中体现为民法强制

---

① [德]维尔纳·弗卢梅:《法律行为论》,迟颖译,法律出版社2013年版,第32页。

② 参见王琦:《德国法上意思表示和法律行为理论的新发展——兼论对中国民法总则立法的启示》,载《清华法学》2016年第6期。

③ 对法律事实的分类有不同的标准,如分为“自然事实”与“行为”,或“法律上的行为”、“状态”和“事件”,“(具有法律意义的)行为”可进步分为合法行为(法律行为、准法律行为与事实行为)和违法行为(犯罪行为、侵权行为、公法上的违约行为)等。参见[德]亚图·考夫曼:《法律哲学》,刘幸义等译,台北,五南图书出版有限公司2000年版,第102页;王泽鉴:《民法总则》,北京大学出版社2009年版,第192页;孙宪忠主编:《民法总论》,社会科学文献出版社2004年版,第86页;等等。

性规范对法律行为效力的影响。这一领域涉及公法与私法、国家公权与自然私权、公共利益与私人利益、实质理性与形式理性、强制与自由的问题,是法律行为效力判断上最为复杂的问题之一。对此,学者从多种角度提出了解决方案。苏永钦教授在其3部专著中围绕自治与管制、国家干预、公私法关系等议题对民法强制性规范进行了系统研究。① 还有一些学者根据法律行为违法所处阶段、法律对私法违法行为进行管制的目的、基本权利影响法律行为的路径等角度进行了研究。②

我国民法在继受大陆法体系的过程中将法律行为制度纳入了制定法,并体现在1986年颁布的《民法通则》(已失效)第54条。但我国并未沿用"法律行为"这一术语的一般意思,而是创设"民事法律行为"概念指代生效要件齐备的(合法的)民事行为,并另创设"民事行为"这一概念指代以意思表示为核心要素的表示行为,作为具有不同效力形态的民法上诸合法行为的上位概念。这最初被认为是我国民法学的独创之举,旨在解决传统理论上法域区分与语用逻辑矛盾两方面的难题。③ 多年来,民法学的这一创新引发诸多争议,并出现了"意思表示要素说""合法行为说""私法效果说"④等多种学说,试图廓清这一民法上的重要概念。近些年,越来越多的民法学者主张回归罗马法上的本源意思,将法律行为看作实现私人意思自治的法律工具,抛弃视"合法性"为法律行为基本属性的理论。⑤ 该观点最终体现在2020年通过的

---

① 参见苏永钦:《私法自治中的经济理性》,中国人民大学出版社2004年版;苏永钦:《走入新世纪的私法自治》,中国政法大学出版社2002年版;苏永钦:《寻找新民法》,北京大学出版社2012年版。

② 参见耿林:《强制规范与合同效力——以合同法第52条第5项为中心》,中国民主法制出版社2009年版;刘志刚:《基本权利对民事法律行为效力的影响及其限度》,载《中国法学》2017年第2期;孙鹏:《私法自治与公法强制——日本强制性法规违反行为效力论之展开》,载《环球法律评论》2007年第2期;许中缘:《论违反公法规定对法律行为效力的影响——再评〈中华人民共和国合同法〉第52条第5项》,载《法商研究》2011年第1期;谢鸿飞:《论法律行为生效的"适法规范"——公法对法律行为效力的影响及其限度》,载《中国社会科学》2007年第6期;等等。

③ 参见梁慧星:《民法总论》,法律出版社1996年版,第190页。

④ 王利明:《民法总则研究》,中国人民大学出版社2003年版,第508页。

⑤ 参见薛军:《法律行为"合法性"迷局之破解》,载《法商研究》2008年第2期;薛军:《法律行为理论在欧洲私法史上的产生及术语表达问题研究》,载《环球法律评论》2007年第1期;易军:《私人自治与法律行为》,载《现代法学》2005年第3期;迟颖:《法律行为之精髓——私法自治》,载《河北法学》2011年第1期;朱庆育:《法律行为概念疏证》,载《中外法学》2008年第3期;等等。

《民法典》第 133 条。①

在梳理民法上的"行为"概念时,以下几个与本论题相关的问题需格外注意:(1)为与旧法统决裂,诸多承自大陆法系的基本制度在我国几经改造,然不仅未得突破,一些原本清晰的概念亦被改造得模糊难辨,民法上的"法律行为"即为著例。是以,在征税行为理论研究中要格外注意学术谱系的传承性与概念体系的逻辑性、同一性、稳定性。(2)从学术脉络的走向观察,民法法律行为概念的核心是行为人私人意思表示与法律效果之间"直接指向"的关联性,即私法自治。一些民法学者认为,在私法之外的其他法律领域中,当事人并不奉行自治原则,因此,只要公法与私法的界分尚存,"法律行为"概念便不应拓展到私法之外的法域。与此相对应,民法学界以外的其他法律部门学者则认为,法律行为并非民法独有,法理学、行政法、经济法等法律部门皆可使用。虽然在 2017 年修订的《民法总则》(已失效)中,依然使用了"民事法律行为"这一概念,但在立法过程中几经周折,引发学界诸多争议。鉴于此,财税法学在借鉴该理论时当对在何种意义上界定和使用"行为""法律行为""事实行为"等概念作出充分、合理的解释与说明。(3)从法律行为的概念起源来看,涉及"行为"的一般性法律术语,并不是从各种具体的法律行为类型中抽象归纳出来的。"法律行为"实为从"人的行为"(menschliche Handlung)这一上位概念演绎而来的下位概念,旨在构建法学公理体系。② 但这一推衍概念最终是由"类型"构成的,因此,征税行为概念的建构也可以突破演绎逻辑,而从模式化、类型化思维方式着手。

2. 行政法——行政行为及其相邻概念

明确行政行为之内涵是研究征税行为的前提,因为狭义的税收法律行为,即在征纳环节发生的征税行为,一直以来被认为是最典型的行政行为。行政行为是大陆法系行政法学最基础的概念。从世界范围来看,行政行为的概念最早可追溯至法国行政法学中"Acte Administratif"一词,用以说明行政当局处理具体行政事务的法定方式,即像法院作出司法判决一样依法律处理具体事件,并将其视为与法院判决具有同等性的权力行为。行政行为作为一个学术

① 我国《民法典》第 133 条对民事法律行为所下的定义与《民法通则》相比,不同点主要体现在两个方面:第一,强调了意思表示;第二,废弃了民事行为这一概念,使民事法律行为与大陆法系对法律行为的普遍定义保持了一致,即作为合法行为,民事法律行为与非法侵权行为相对应,但对具体法律行为依然可以作效力评价。

② 参见[德]维尔纳·弗卢梅:《法律行为论》,迟颖译,法律出版社 2013 年版,第 26 页。

概念最先由德国行政法鼻祖奥托·迈耶(Otto Mayer,1846 – 1924)提炼和概括。迈耶认为,行政行为是“行政机关决定个人权利义务的裁决,其效力及于行政之外”。[①] 迈耶的理论建立于19世纪警察国家背景之下,以强制性和命令性为基本特征,表现为相对人必须服从主权者单方面的决定或命令。此后,日本、韩国学者承袭大陆法系传统,在行政法学中引入行政行为概念,行政行为理论成为行政法学传统知识的基本范畴。

行政行为理论在我国只有30余年的历史。随公共行政理念的变革、民主行政模式的推广和行政方式的多样化发展,行政行为的概念、特征与范围不断遭受挑战,行政法学界目前已产生了数十种行政行为的学说,如最广义说、主体说、行政权说、公法行为说、行政立法行为除外说、具体行为说、最狭义说等。[②] 其中,最具代表性的有受民事法律行为影响较大的“行政说”,[③]早期行政法学教材专著中比较多见的“行政权说”[④]与“合法行为说”,将行政行为等同于行政处分的“具体行政行为说”,[⑤]以及当前行政法学界接受度较高的“行政法律行为说”。[⑥] 正如有学者观察到的,行政行为无疑是行政法中最有中国特色、研究最薄弱的一环,不同学说之间乃至学说内部都存在不小的理论鸿沟与观点争议。其他一些与行政行为紧密相关的概念,如行政法律行为、行政事实行为、具体行政行为、具体行政法律行为、抽象行政行为、抽象行政法律行为等,在行政法学研究中也存在或重叠、或矛盾、或不周延的情况。以行政法律行为为例,有学者认为,行政法律行为是与行政行为表意并无不同的简称

---

① [德]奥托·迈耶:《德国行政法》,刘飞译,商务印书馆2013年版,第65页。

② 参见杨海坤、蔡翔:《行政行为概念的考证分析和重新建构》,载《山东大学学报》(哲学社会科学版)2013年第1期。

③ 罗豪才、湛中乐主编:《行政法学》(第4版),北京大学出版社2016年版,第107页。

④ 如姜明安教授和叶必丰教授认为,行政行为包括行政法律行为、行政事实行为和准法律行为3类,不包括行政机关的私法行为。参见姜明安主编:《行政法与行政诉讼法》(第6版),北京大学出版社、高等教育出版社2015年版,第152页。

⑤ 参见叶必丰:《行政行为的效力研究》,中国人民大学出版社2002年版,第25页;章志远:《行政行为概念重构之尝试》,载《行政法学研究》2001年第4期;余凌云:《行政法讲义》(第2版),清华大学出版社2014年版,第218页;胡建淼、江利红:《行政法学》(第4版),中国人民大学出版社2018年版,第132页;等等。

⑥ 此说可被认为是行政法学界通说,罗豪才教授、马怀德教授、张树义教授、周佑勇教授等主编的一系列教材都采行政法律行为说。此说一般认为行政行为指行政法律行为,不包括行政事实行为和行政机关的私法行为,但对于是否包括内部行政行为、双方行政行为的观点则略有不同。

概念;[①]另有学者认为,行政法律行为是根据行政主体是否依意思表示及其法律效果所作出的与行政事实行为相对应的类型划分;[②]还有学者认为,应当破除民法传统中"法效意思"因素的影响,而将行政法领域一切具有行政法意义的行为称为法律行为。[③]

行政行为的常见分类数目亦达30余种。[④] 近些年来,随着行政主体的多元化与行政观念的不断更新,强制性行政方式的适用范围逐渐缩小,而以协商、交涉、激励、建议为手段的行政指导、行政合同等非强制行政方式愈加得到运用,建立在传统行政手段(行政命令、行政征收、行政许可、行政强制、行政处罚等)基础上的行政行为理论引发学者反思,主张容纳多种行政手段的广义行政行为说日渐获得重视。2014年11月1日全国人民代表大会常务委员会修订《行政诉讼法》,将所有条文中的"具体行政行为"一律修改为"行政行为",实现了行政行为学术概念和法律概念的统一。但与此同时,法律文本的修订也引发了新的学理争议和实践困境,即应当如何依照实定法的修法目的重新理解"行政行为"概念的外延。按照立法机关的解释,新《行政诉讼法》中的行政行为既包括了作为,也包括了不作为,还包括了学理上所说的行政主体所实施的不产生法律约束力但以影响或改变事实状态为目的的行为,[⑤]如行政调查等事实行为。[⑥] 这种扩大行政行为概念外延的做法固然与行政法理念的发展趋势相一致,使《行政诉讼法》的适用具有更大的包容性,有助于缓解"立案难"的问题,但也冲击了建立在原有概念之上的理论前见。如果按照这样的逻辑推演,作为法律概念的行政行为将与目前行政法学理上所谓的行政行为"最广义说"高度趋同,而注定同大陆法系行政法学理中含义明确的行政行为概念渐

---

① 如罗豪才教授认为,行政行为是行政法律行为的简称,与民事法律行为相对称。参见罗豪才主编:《行政法学》(修订本),中国政法大学出版社1999年版,第199页。

② 参见胡建淼主编:《行政行为基本范畴研究》,浙江大学出版社2005年版,第539页;姜明安主编:《行政法与行政诉讼法》(第6版),北京大学出版社、高等教育出版社2015年版,第364页;等等。

③ 参见张兆成:《行政法律行为论纲》,人民出版社2013年版,第88页。

④ 行政法上对行政行为分类最全面的归纳梳理,参见胡建淼主编:《行政行为基本范畴研究》,浙江大学出版社2005年版。

⑤ 参见全国人大常委会法制工作委员会行政法室编著:《〈中华人民共和国行政诉讼法〉解读》,中国法制出版社2014年版,第7~8页。

⑥ 事实上,最高人民法院在《关于执行〈中华人民共和国行政诉讼法〉若干问题的解释》(已失效)中已不再规定具体行政行为的含义。

行渐远。①

通过行政行为理论的发展过程,可以观察到:(1)在理论研究上,我国行政法上并无成熟的、区别于行政行为概念的"行政法律行为"概念,对这一概念的专题研究比较有限,②且常与行政行为混同使用,与民法传统中的法律行为理论迥然不同。(2)在实践中,2014 年颁行的《行政诉讼法》中"行政行为"所包含的行政活动方式比之前的"具体行政行为"有所扩大。一个狭义的"行为"概念有助于行政体系保持逻辑的严密性、体系的完整性与行为单元的类型化,但不可避免会面临法律关系简单化、理论适用范围狭窄、操作性弱等挑战。而广义的"行为"概念可将传统与现代行政权的表现方式都纳入其中,以应对公共行政对传统行政行为概念的挑战,但易衍生出"公法行为方式组合的系统性问题"。③ 这二者各有利弊,但都需建立在我国社会行政任务与角色变革的现实基础上。(3)行政行为理论所遭遇的现实困境,反映的正是时代变迁对行政法学传统理论和正式规则造成的冲击,而行政法学界为摆脱行政行为理论困局所进行的多向度的探索与适时革新,则为我们从整体上审视征税行为理论建构的必要性与可能性提供了重要参考。

3. 经济法

经济法采鉴民法上法律行为的理论外观,在"意思自治"中渗入了公权力因素,将经济法的社会本位价值基础与"私法自治"的价值目标结合,建立了经济法上的行为理论。具体来看,存在"经济行为说"④"经济法行为

---

① 参见章志远:《新〈行政诉讼法〉实施对行政行为理论的发展》,载《政治与法律》2016 年第 1 期。

② 大部分教材、专著和文章都使用"行政行为"的概念,以行政法律行为为主题的理论专著或文章不多,且常为同一研究者所著。参见王清云、迟玉收:《行政法律行为概要》,对外贸易教育出版社 1990 年版;王清云、迟玉收主编:《行政法律行为》,群众出版社 1992 年版;张兆成:《行政法律行为论纲》,人民出版社 2013 年版;张兆成:《行政法律行为论纲——对以往行政行为概念之反思与重构》,载《重庆与世界》2010 年第 13 期;余军:《行政法律行为理论的梳理与界别——从"法效意思"到"客观意思"》,载《求索》2004 年第 9 期;等等。

③ 袁曙宏等:《现代公法制度的统一性》,北京大学出版社 2009 年版,第 127 页。

④ 采"经济行为说"的学者认为,经济行为是由一定的组织或个人在其主观意志支配下自觉实施的,能够引起经济法律关系产生、变更或消灭的有意识的活动。参见李昌麒主编:《经济法学》(第 3 版),法律出版社 2016 年版,第 92 页。

说"[①]"经济法律行为说""经济法主体行为说"[②]"无明确称谓说""经济法域中的行为说""经济法中的行为说"等多种不同的表达方式。另有观点认为,经济法上的行为(包括经济管理行为和给付行为)与物、智力成果、人格和身份同为经济法律关系的客体。[③] 也有一些经济法学者认为,无法从理论上为经济法上的全部行为构建类似民事法律行为的形式化体系。对此,有学者明确指出,经济法中的行为理论,与其仿效民商法学或行政法学研究各种行为的共性以形成一般行为理论(如经济法律行为理论、政府经济行为理论),不如着力分别研究各类行为的一般理论,[④]或基于经济法上的强/弱假设模式,进行类型学上的分析。[⑤]

从总体来看,作为一个独立的研究领域,经济法行为理论的研究尚处于初阶,学界对经济法行为的本质属性还存在认识上的分歧,进而导致对经济法行为的具体内涵未能达成普遍共识。研究者在对经济法行为范畴进行提炼的过程中试图寻求一种相异于传统法律部门行为理论的研究路径,研究成果也蕴含一些共同性认识,比如,都强调经济法行为的意志性、客观性与法律效果性等,但总体来说并未脱离"意思表示(法律效果)+公权力因素"的传统部门法一般行为理论的基本框架。[⑥] 此外,在过去的一段时间内,征税行为是被放在经济法行为框架下展开研究的,这与早期的经济法研究将财税法定位为宏观调控法等观点不无关系。随着经济法和财税法自身理论的不断发展和完善,无论是财政行为还是税收行为恐怕都无法直接套用、照搬经济法行为理论,也无法在这一理论中获得充分、合理的解释。

4. 法理学中的"法律行为"

在我国法理学的研究框架里,法律行为同法律关系、法律责任、法律体系等构成法律本体论的基本要素,因而与部门法学研究的目的、特征和角度有所

---

① 采"经济法行为说"的学者认为,经济法律行为,是指能够发生经济法上效果的由人们自发意思所表现出来的一种法律事实。参见冯果、武俊桥:《超越局部与个体的经济法行为——以中央银行宏观调控行为为视角而展开》,载《法学杂志》2008年第3期。

② 采"经济法主体行为说"的学者认为,经济法行为理论中所要研究的行为都是经济法主体的特定行为,要体现出主体(国家一方与市场主体一方)的特定意志和意思,反映主体的不同利益追求和价值目标。参见张守文:《经济法理论的重构》,人民出版社2004年版,第367页。

③ 参见史际春、邓峰:《经济法总论》(第2版),法律出版社2008年版,第176页。

④ 参见王全兴、管斌:《经济法学研究框架初探》,载《中国法学》2001年第6期。

⑤ 参见彭飞荣、王全兴:《经济法行为类型化研究初探》,载《经济法论坛》2008年第00期。

⑥ 参见孟庆瑜主编:《经济法》,清华大学出版社2014年版,第57页。

区别。[①] 黄金荣详细地梳理了我国法理学中“法律行为”概念的衍变过程，认为在20世纪90年代以前，法律行为在法理学中一直处于微不足道的地位，直到1993年张文显教授在其著作《法学基本范畴研究》中将“法律行为”视为“法学基本范畴”，让它与“法”“权利和义务”“法律关系”“法律责任”“法律文化”“法律价值”“法治”这些概念并驾齐驱，才提升了法律学中“法律行为”概念的重要性。[②] 一方面，行为在法理学教材中被认为是检验法律规范效力和实效的主要标准，行为使法律中的各个要素（主体、客体、权利、义务、责任等）相互联系和转化，研究法律行为的目的包括为对人民的行为实行有效法律调整提供必要理论、为各部门法学研究具体法律领域的行为提供一般原理、为人们的行为中注入法律动机、为提高法律行为的效力和效率等。[③] 另一方面，受苏联法理论的影响，我国法理学学者大多在广义上使用“法律行为”这一概念，将法律行为看作一切具有法律意义和法律属性的行为，[④]这与传统大陆法系上的法律行为、行政行为概念有较大区别，而更类似英美法系上具有法律意义的行为（legal act）。[⑤]

（二）具体论题的基础共识

从目前掌握的资料来看，财税法学上多数行为理论的研究都是围绕税收行为展开的，少数研究比较系统地将财政行为与税收行为结合起来进行一体化讨论。

在税收行为的研究上，张守文在《税收行为范畴的提炼及其价值》一文中对税收行为的范畴采纳了一种广义上的界定，认为税收行为是税法主体围绕税收所进行的各种活动，即各类“涉税行为”，并在此基础上着重讨论了税收行为的同一性和差异性的问题，以及提炼税收行为范畴的理论价值和实践价

---

① 也有一些部门法学者认为，法律行为是行政法、民商法、诉讼法都会涉及的法律概念，准确定义这一概念对整个法律关系制度的构建以及对法律行为效力制度的构建都具有重要意义。这可以视为从广义角度对法律行为所作的理解。

② 参见黄金荣：《法理学中的“法律行为”》，载郑永流主编：《法哲学与法社会学论丛》（总第10期），北京大学出版社2007年版，第23页。

③ 参见张文显：《法哲学通论》，辽宁人民出版社2009年版，第220页。

④ 此种用法也见诸部分英美法系学者的研究中。See Donald Black, *The Behavior of Law*, Special Edition, Emerald Group Publishing Limited, 2010.

⑤ 一个可以借鉴的视角是，日本法学界对于“行为”概念选用的对应术语也是“act”，而非行为主义经济学研究中常用的“behavior”。田中英夫『英米法辞典』（東京大学出版会，1993年）3頁。

值。[1] 张晓婷在其专著《税行为研究》中运用系统论方法和行为分析方法，建立了税行为的基本范畴体系，并提出了征税行为的无因性理论。[2] 李刚在其专著《税法与私法关系总论——兼论中国现代税法学基本理论》中专门探讨了税收法律行为的概念、种类划分、性质、行为体系等基本问题。他认为，税法上的行为体系由税收法律行为与税法上的事实行为共同构成，其中，税收法律行为，是指由税法所规定的、能够发生税法上法律效果的行为，具有公私法交融的性质。[3] 此外，在《税收法律行为的私法学分析》一文中，李刚从国家、征税机关与纳税人三方主体的行为中各选取一到两种具有代表性的行为，分别从私法的债法、物权法、侵权行为法以及意思表示制度等角度作出了分析，进一步推进了学界对现代税法本质及税收法律行为性质的理解。[4] 阮家福从法律与道德两个层面讨论了税收行为规范依据的种类和特征，[5]在另一篇文章《税收行为法律规范研究》中，他指出，法律规范的客体是行为，税收法律规范的客体是税收行为，税收法律规范与税收行为法律规范可视为同一概念。[6] 因此，他实际上讨论的是税收的法律规范体系，而不是传统意义上的法律行为理论。姚文胜认为，财税行为、经济行为的独特性，源于财税法律关系、经济法律关系的独特性，对于经济法律关系来说，其制度渊源和目标是加强财政支出管理，实现宏观调控，因而经济法律行为过程体现了国家意志，相应主体既可能承担行政责任，也可能承担民事、刑事责任，具有多样性。[7] 施正文在《论征纳行为》一文中，对征税行为的内涵作了广义界定。他认为，征纳行为是税法主体征纳权利义务指向的主要对象和客体，是创建税收征纳法律关系的主要法律事实，承载税法主体的实体内容和程序内容。此外，他还探讨了征税行为的内涵、分类、特征、效力以及纳税行为的法律意义等问题，认为征纳行为是一种公法上的法律行为。[8]

在财税行为研究方面，最早提出财税（法律）行为框架的论著见于 20 世纪 80

---

① 参见张守文：《税收行为范畴的提炼及其价值》，载《税务研究》2003 年第 7 期。

② 参见张晓婷：《税行为研究》，北京师范大学出版社 2011 年版。

③ 参见李刚：《税法与私法关系总论——兼论中国现代税法学基本理论》，法律出版社 2014 年版，第 124 ~ 157 页。

④ 参见李刚：《税收法律行为的私法学分析》，载《税务研究》2008 年第 3 期。

⑤ 参见阮家福：《论税收行为的道德缺失及其治理机制》，载《税收经济研究》2011 年第 4 期。

⑥ 参见阮家福：《税收行为法律规范研究》，载《财政研究》2007 年第 8 期。

⑦ 参见姚文胜：《政府采购法律制度研究》，法律出版社 2009 年版，第 47 ~ 54 页。

⑧ 参见施正文：《论征纳行为》，载《当代财经》2004 年第 8 期。

年代，但只是套用了法理学行为理论作简单讨论，并未进行体系化研究。[①] 王桦宇在《财政收入行为及其调制研究》一文中，分析了财政收入行为的概念、范围、分类、特征、要件、效力等规范要素，但只考察了国家机关的行为，而未将纳税人的行为考虑在内。[②] 随着学界对财税法基础理论的研究越来越重视，系统性研究财税行为的现象在 2016 年以后集中显现。2016 年出版的《财税法总论》一书，比较系统地阐释了财税行为理论的研究意义、研究现状、基本概念、行为范式及法律评价，主张采用狭义的财税行为口径，认为财税行为只包括财税执法行为和除狭义法律以外的其他立法行为（财税法规、规章及其他规范性文件的制定行为），财税行为的基础类型则与财税主体的二元框架一脉相承，即“财税权力主体—财税权利主体”对应“财税权力行为—财税权利行为”。[③] 在期刊文章方面，陈立诚《财税行为构建论纲》一文的基本思想与《财税法总论》的相关内容基本一致，唯在分类方式的表述上略有不同。[④] 胡瑞琪在其硕士学位论文《财税行为的分类及其法律意义探究》一文中，以行为覆盖的完备性、行为划分的区分性以及行为界定的有效性 3 个原则为标准，采用领域、过程、法域 3 种分类标准，分别对综合框架下的财税行为进行了大类的界分和列举，并以对财税违法行为的处罚为例，将对财税行为类别化的思考延伸到实践中，初步展现财税行为类别化的应用前景。[⑤]

2016 年 11 月在上海召开的“财税法核心问题前沿论坛”上，多位财税法学者从立法宗旨[⑥]、概念和性质[⑦]、构成要件[⑧]、类型化建构[⑨]、效力评价[⑩]等角度

---

① 参见孙树明、郑里：《财政法律关系论》，载《财政研究》1988 年第 9 期。

② 参见王桦宇：《财政收入行为及其调制研究》，武汉大学 2005 年硕士学位论文。

③ 参见刘剑文等：《财税法总论》，北京大学出版社 2016 年版，第 243～261 页。

④ 参见陈立诚：《财税行为构建论纲》，载《北京社会科学》2015 年第 7 期。

⑤ 参见胡瑞琪：《财税行为的分类及其法律意义探究》，北京大学 2017 年硕士学位论文。

⑥ 参见席晓娟：《基于立法宗旨的财政行为梳理》，领域法学：财税法核心问题前沿论坛会议论文，2016 年 11 月于上海。

⑦ 参见孙邦娇：《税收法律行为的概念和性质分析》，领域法学：财税法核心问题前沿论坛会议论文，2016 年 11 月于上海。

⑧ 参见翟继光：《财税行为构成要件理论研究》，领域法学：财税法核心问题前沿论坛会议论文，2016 年 11 月于上海。

⑨ 参见吕铖钢：《税法构成要件理论的类型化重塑》，领域法学：财税法核心问题前沿论坛会议论文，2016 年 11 月于上海。

⑩ 参见张成松：《财政补贴行为的税法评价：基于税法文本与法理的分析》，领域法学：财税法核心问题前沿论坛会议论文，2016 年 11 月于上海。

讨论了财税行为,进一步促进了学界对这一问题的理解。不足之处在于,学者对什么是“财税法上的行为”理解各有不同,因此这一讨论是在对基本概念的理解、理论建构的价值等仍未达成基本共识的状态下进行的。这种相对分散的、随意的、忽略了理论建构的体系性与规范性的讨论,①势必在一定程度上“解构”了理论创设的根本意义与目的,此亦为财税法上行为理论建制未成气候之症结。

就税收行为这一具体论题而言,尽管当前学界进行了积极、有益的探讨,但仍存在三方面的问题:其一,学者通常比较关注税收行为的分类方法和具体的行为类型,缺乏对构成要件、行为特征等重要问题的体系化提炼与抽象;其二,由于税法上的行为理论起步相对较晚,缺乏共识基础,因此大多数学者都是在通常意义上使用“财政行为”“财税行为”等概念,唯有税收行为的范畴相对较明晰,但也缺乏对名称界定、分类标准、研究范式等的共识和富有洞见的实证研究;其三,对税收行为的理解,在研究框架上受经济法与行政法理论的影响较大,在方法论上部分取向法解释学的研究方法,但尚未有与之相对应的规范、系统的研究,亦少见与本土经验结合的理论提炼或实证分析。

二、理论脉络与内容结构

任何法律术语中都包含历史形成的非逻辑选择的部分与经过法体系自身逻辑演绎而成的建构性的部分,因此,我们既需要“历史”地认识税收法律现象,也需要在税法规范理论的帮助下超越既有经验,从批判性的视角进行审视与反思。本书在研究思路上亦遵循“历史的演绎”与“理性的建构”两条主脉:前者意味着,征税行为理论的建构,在纵向上当探求大陆法系行为理论的知识传统,在横向上当考察其与行政(法律)行为、民事法律行为、经济法行为以及财税法上的其他行为理论之间的关系,遵循规范意义上的法律行为理论的基本结构与创设目的;后者意味着,在对影响征税行为演进脉络的结构性基础之现代转型作历史学描述的基础上,引申出这一概念在本土语境中的功能定位、创设目的、范畴边界、规范含义与行为的运作方式,进而在对现行税法作全面细致的分析基础上,提炼行为类型,明确构成要素,探析效力制度。当然,提炼

① 当然也不排除个别论文试图廓清这一命题的价值体系与范畴等基本问题,如徐梦堃:《税收法律行为的价值取向与范畴界定》,领域法学:财税法核心问题前沿论坛会议论文,2016 年 11 月于上海。

全部的征税行为类型,毕竟是一项浩大的学术工程,囿于篇幅与能力所限,本书更多是框架性的探索,但仍希望通过对最典型征税行为的锻造,确立它们在总体上与税法规范的价值秩序之间的关系,概括把握税法上"行为"的结构形态与发展趋势。

本书各章的主要研究内容分别为:

第一章将"征税行为的创设目的"作为讨论的起点。通过回溯大陆法系行为理论的创设过程,明确征税行为理论建制应当遵循的知识传统与规范品格,并从个别规范、研究方法与"作为规定功能的法概念"3个角度论证这一概念的规范性意涵,进而明确作为实现财税法治概念工具的征税行为所具有的价值层面与技术层面的双重意义。在此基础上,梳理征税行为与各部门法上行为理论——尤其是行政行为理论——之间关系发展的学术脉络,考察后者对前者形成、发展之影响,评析晚近征税行为理论逐渐与行政行为、经济法行为的分离趋势,进而定位这一理论补正的基本进路。最后,在厘清税法上"行为"的多重语意、甄别与本书相关的诸要素在具体表达上的区别基础上,明确本论题的讨论维度,阐释征税行为的基本内涵、成立要件与法律特征,以期为后四章的行为研究起到"端本正源"的作用。

第二章首先在决定征税行为品格的关键性要素(主体资格、税收职能、权力结构与研究范式)变迁与征税行为所欲实现的法秩序目标之间建立起联系,进而考察征税行为与作为制度背景展开的现代法治国税法秩序之间的关系。其次,作为税法秩序构成要素的重要一环,征税行为本身即是一项在法治国原则下的理论创设,征税行为的根本目的与价值追求就在于通过将不断扩容、流变的税收活动锻造为型式化、规范化的行为类型来塑造税法秩序,服务于建构法治国之目标。最后,在明确税法上法治国思想与原则之概观全貌基础上,回到微观层面,勾勒征税行为价值目标的实现机制,检视和锤炼分别取向税法秩序安定性与实质正义的征税行为约束原则。

在上述观点归集、背景铺陈、价值确立与原则指引的基础上,第三章重点勾勒征税行为的范畴边界,分析关键性的征税行为构成要素。在严格主义与宽泛主义的可选范畴中,依征税行为功能之考量,可将征税行为基本范畴初次类型化为"征税规定行为"与"征税决定行为"两个板块。在此基础上,前者可二次类型化为解释性征税规定、裁量基准性征税规定、事实认定性征税规定与组织性征税规定,后者可类型化为常规征税决定与特殊征税决定。常规征税决定需满足征税行为成立的一般要件和全部个别要件,特殊征税决定的构成要件则依类型不同而有所区别。在依次对不同类型征税行为之构成要件、法律特征、典型类型等作分类考察与深入分析基础上，本章后半部分专门探讨作为征税行为最主要构成要素之主体制度与意思表示制度的核心特点与适用条件。

作为征税行为概念外延的另一表述，征税行为的分类是型式化与类型化的起点，是对各类税收现象具体性、概括性、原初性的认识，沿“分类—类型”之思维进路，将更清晰地认识征税行为的内在构造与外观呈现、程序价值与结果理性、效力规则与制度运作。因此，第四章在归纳现有分类及其症结基础上，以征税行为之权力与契约的双重属性为基础，以合意的程度与强制的程度为自变量，建构征税行为的分类模型，并在这一模型框架下阐释征税行为的发展趋势与演变规律。

第五章讨论征税行为的效力规则与效力来源。以本书第三章确立的征税行为结构性范畴为逻辑限定，依次考察征税规定、常规征税决定与特殊征税决定的效力规则，辅之以典型个案检视和验证其效力。征税规定的效力体系由内部“外溢性”效力、间接外部效力与直接外部效力三部分组成；常规征税决定的效力规则由以存续力为核心的三重效力构成；与常规征税决定不同，特殊征税决定的效力则展现出“不完备公法效力”之特征。为回应现代税收国家国家法不足的问题，挖掘税收法定原则的深层内涵，本章最后一部分的讨论将落脚对征税行为效力来源的追问。

三、研究方法

本书的写作以规范分析为核心，在方法上将规范分析与其他研究方法结合，在研究对象上不排除政治现象和社会现象，对税法上的“行为”进行综合性的提炼与阐述。

（一）法教义学方法

行为理论是传统的欧陆法命题，历来为传统民法理论与行政法理论所重视，在研究这一命题时，法教义学方法无疑是最基本的方法，如果忽视这一方法的运用，税法与其背后的基础理论将会成为冗繁的概念堆砌与逻辑游戏。从某种程度上来说，税法基础理论的研究、税法教义学的运用和税法实践是一个多向交流互动的发展过程，一套概念、形式与结构精密的财税法教义学资源有助于理论税法学的发展，而理论虽不能直接用来解决实践问题，但可以借助法解释学推动财税法在实践中的解释与适用。具体而言，这一方法的运用并未超出阿列克西定义的对实定法进行描述(经验描述向度)、对实定法进行概念性与体系化演绎(逻辑分析向度)以及拟定解决法律个案的基本框架(规范实践向度)这几方面。在解释方法上,除语意解释、逻辑解释、体系解释和历史解释这 4 种普遍适用于各部门法的解释方法外,本书还会运用目的论和社会学意义上的解释方法,重视从法律的目的、法事实和社会效果出发进行解释。

(二)其他社会科学方法

本书试图从历史性、规范性等多个角度解释征税行为的基本逻辑。因此,在征税行为理论的制度展开背景、权力结构基础与制度发展趋势等宏观梳理与叙事部分,本书将尝试在常规的法学研究方法之外,运用政治学、公共政策学、社会学等其他学科的分析方法,如社会学中结构化理论,将实践中的征税行为模式置于行动与影响行动的结构中,展开多重视角的研究。此外,在讨论影响征税行为建制的诸要素时,将借鉴传统财政社会学的比较历史分析、新财政社会学因果分析(theoretical or causal importance)等研究方法,为征税行为的初步建构提供更为广阔的观察视角。

四、研究难点与创新点

(一)研究难点

第一,“征税行为”在税法领域是一个相对较新的理论命题,对这一命题的研究仍然处于托马斯·库恩所说的“前范式时期”,尚未形成权威的分析框架。在这一时期,征税行为的价值功能、概念要素、范畴边界、分类类型、法律效力等问题尚未形成基本共识,对性质相同的行为会有多种解释路径和解释方法,研究内容的价值暂时无法区分,且研究者的观点时常大相径庭,也并不存在每位研究者都必须遵从的前提规则、标准方法或被迫解释的标准现象。因此,尽管可以相对自由地选择支持性的观察和论据,但也易因缺乏扎实的理论分析框架而“跑偏”。

第二,怎样吸收、汲取、借鉴、整合其他部门法的行为理论资源。税法兼具公法与私法的双重属性,其公权力属性与形式正义彰显于税收法定原则,而税法之实质正义层面则借由量能课税与受益原则而无限接近于私法,这是税法日渐脱离传统行政法而自成体系的主因。因此,征税行为理论之创设,既需同时参借民法法律行为理论与行政行为理论之前见,又需与其作出清晰区分,这既是一个法技术问题,又是一个涉及价值判断、权衡与取舍的问题。在迈耶创制行政行为之初,行政法并无法律行为与事实行为的区分,即使在后来的发展过程中,行政法学者参照民法理论区分了行政法律行为与行政事实行为,但行政事实行为在行政法体系中始终处于相对固化的、不重要的地位。与行政行为并列的概念,与其说是民法行为或经济法行为,不如说是制定法与行政司法。制定法、行政司法裁决与行政行为共同构成了一个从价值上来说取向法安定性和法治国稳定性的法秩序。[①] 尽管随着民主化进程的加快和基本权利理论的发展,行政行为不断整饬调整和修补续造,但行政行为学理的发展过程依然表明其对于法安定性、稳定法秩序价值的肯认优位于个体权利保护与实质正义。民法上的法律行为理论以私法自治为核心追求,如果抽去公法规制性与拘束性特征,而将国家与纳税人之间的关系界定为债时,如何在不偏离"债"之基本意涵的前提下理顺作为公权主体的国家与作为私权主体的纳税人之间的关系、公法意思表示的规制性特征在"公法之债"关系中的适用、征税行为的合法/违法与行为有效/无效的概念关联等基本问题,以及如何设计接下来的效力制度、救济制度等,都需对已有的理论共识与前见进行系统的梳理与辨识,这既涉及跨学科、跨部门法、跨历史时空的大量整理工作,又需对税法程序性规范与实体性规范的公、私属性作出价值权衡与选择。

第三,如何确定征税行为的基本类型。为实现征税行为制度化、衔接与储藏之功能,提供法释义学上具体、明确的操作方法,征税行为的理想类型既需覆盖传统的税收行政公权行为,亦需回应税法理念跃迁中行为类型的拓展创新;既需明确各行为类型的事实构成要件、类型特征和法律效果,亦应借鉴"行为规范—权利救济""行为形式—权利保障"之分析框架与分析路径,以确保理论体系的价值统一和逻辑闭合。然而,随着社会的高速发展、税收领域交易形式的加速创新,以及经济生活形态的复杂变化,征税活动亦呈现不断扩容的、多元化的趋势,合理认定与解释新兴征税活动的属性的难度亦增大。因此,据何标准确立征税行为的基本类型,需要更为审慎的判断。

第四,对哈贝马斯理论的理解与运用。征税行为效力理论表面上是一个取向税法实践的法技术问题,旨在规范、协调税法主体间的权利义务分配关系,但在"税收法定"这一基本逻辑的限定下,其实质是需回应如何面对国家法之不足,以及发展中国特色社会主义财税民主和法治的价值取向的根本问题。哈贝马斯从语言学视角提出交往行为理论并在法学领域予以运用,对法律的

---

① 参见赵宏:《法治国下的目的性创设——德国行政行为理论与制度实践研究》,法律出版社2012年版,第110~131页。

事实性与有效性、公共自主与私人自主、形式法范式与实质法范式、法律与道德等重大议题提出了新的思考路径并成为当代人文社科领域最具原创力和建构性的学者。以征税行为效力理论的建构为契机，将这一理论引入，并以此推进对税收法定这一根本性原则的理解，对中国的财税法治实践具有重要的意义。但哈氏理论背景复杂，体系庞大，汇聚思想广博，论证过程独特，将其思想用以解释税法领域的基本思想，既具有重大的理论意义，也是对笔者智识的重大挑战。

（二）研究创新点

第一，本书在梳理各部门法行为理论和财税法内部行为理论的认识和分歧基础上，首次系统性讨论征税行为的概念要素、历史脉络、分类类型、范畴边界、分析范式与效力评价体系等理论构成基础，厘定征税行为主体、意思表示等相关制度的基本内涵，明晰征税行为理论在税法整体秩序中的结构性定位与理论建制的价值目标，辨明其与行政行为理论、民事法律行为理论之间的关联，以及与制定法、税收司法之间的关系，试图结束对税法上“行为”术语的分散的、非规范的、脱离大陆法上行为理论传统的研究状态。

第二，本书界定、明确了征税行为的基本范畴。本书认为，整合行政行为与民事法律行为难以成为税法上征税行为理论的建构思路，只有从税法的秩序要素与秩序目标出发，方可有效界定征税行为的基本范畴。因此，本书选取了一种整体性的观察视角，认为征税行为之于税法秩序的基本功能不同于税收制定法和税收司法。在此基础上，一方面，应将不受既有制定法与司法规则监督的税收规范性文件纳入考察范围；另一方面，应进一步提炼税法中具有私法属性或影响效果等的特殊行为类型，从而构造更符合税法发展趋势与实践模式、更具有理论包容性与适配性的征税行为范畴。

第三，本书不仅关注公权力主体与职权行为，还将税收法律关系的多元主体纳入研究视野，这一视角符合近些年公法理论的整体发展趋势。① 在这种观察视角下，征税行为主体不再局限于征税机关，而是涉及纳税人以及更多边的主体，税收征纳双方的权利义务亦不再彼此隔离，而是涵盖在由不同类型征税行为所构造的税收法律关系主体关联互通之下。征税机关具有外溢性效应的内部活动亦被纳入视野，这将导致国家渗透理论和特别权力关系理论的持续

---

① 如行政法上德国学者提出的行政法律关系理论、日本学者提出的行政过程理论以及我国学者对行政法上多元主体、行政相对人权利法治化等的讨论，皆取向于此。

式微，实现由征税行为所建构的税法秩序的明确、稳定与公正。

第四，本书提出了征税行为的分类模型。在考量现有的税法上行为分类方法之症结基础上，本书以税法权力与契约的双重属性为理论标识，以合意程度和行政强制力的介入程度为判断标准，将征税行为分为“低合意—高强制”“高合意—低强制”“低合意—低强制”“高合意—高强制”4 种类型。这一模型展现了我国税收行政活动在实践中的多元性、复杂性及税收权力性质的演变规律，可为透析新兴征税活动特征、建构税收效力制度、完善税收责任立法提供分析框架。

第五，本书从法律行为性质角度探讨、界定税收法律关系的公私属性。随着公法/私法区分理论的式微与税法债权债务关系说的盛行，越来越多的学者借鉴私法理论解释财税现象，包括当前已有的税法行为理论也主要以民法法律行为理论为借鉴对象。但如果宽泛允许传统公权领域随意转换到私法领域，并享有如私人主体般的私法自治，会有行政遁入私法进而规避公法规制（如瑕疵理论、存续力理论及高密度合法审查）的危险。因此，如何理解税法的公、私性质，税收行政机关究竟能否有行为选择的自由、能否通过选择私法方式主张私法的适用进而决定争议的私法救济途径，可从征税行为理论角度进一步予以明晰。

第六，本书将对征税行为效力规则的讨论推进到行为效力来源的层面，在“合法律评价”基础上，借鉴哈贝马斯的商谈理论，区分征税行为的价值判断（生效/无效）与法政策选择（合法/违法）、合法性与合法律性、事实性与有效性之差异，说明为何在现代税收国家，可以支配并作为征税行为效力来源的将仅仅是由程序主义法范式生成的“合法之法”。

第一章　征税行为的界定：立论前提与基本观点

如福柯在“权力—知识关系”的分析中所揭示的，不相应地建构一种知识领域就不可能有权力关系，不同时预设和建构权力关系就不会有任何知识。[①] 通过对法律史上行为理论产生的地域性特征与创设目的的考察，我们会发现，“行为”这一人为创造的法律术语是如何通过将自然事实和社会事实意义上的行为纳入法律的范畴，而对包括公域和私域在内的各个领域的生活秩序发挥重构性力量的。税法上征税行为理论之挖掘，无法背离法学研究传统预先设定的历史场景与基本规则。以此为基础，界别税法中不同维度“行为”语意的含义，设定作为本文核心词之一的“行为”之层次、内涵与外延，梳理征税行为理论的观点与分歧，归纳征税行为的规范意涵、创设目的与理论补正的基本进路，对与本论题相关的语词选用与具体表达作出解释，将有助于我们从“作为现代权利基本策略之一的法律主题词”[②]的角度为后四章的讨论奠定基础，明确作为社会知识专业化的结果，征税行为理论的研究应当秉承怎样的知识传统与研究方法，其本身应具备怎样的秩

① 参见[法]米歇尔·福柯：《规训与惩罚》，刘北成、杨远婴译，生活·读书·新知三联书店1999年版，第29页。

② 左卫民、谢鸿飞：《司法中的主题词》，载《法学研究》2002年第2期。

序追求与基本品格。

一、作为规范命题的征税行为

无论是法学传统学科还是新兴学科，均存在各自法律部门的行为理论，然而各个学科对于法律上“行为”内涵之理解差异巨大，此一情形割裂了基础概念的继承传统，且在促进法学学科内部体系化整合、方法论统一以及实现各部门法核心目标方面无有助益。“我们不能认为法律是由一套孤立规范组成的体系——每一规范冲突都拥有各自独立的功能，法律是一套共同决定其规范内容的（潜在冲突的或者强化的）理由体系。”①为维持一个具有“内在的理性”②的法体系与法秩序，确立征税行为概念的创设起点与创设目的，是首先要完成的工作。

（一）知识传统：“行为”的法律内涵

法学是研究和规范人类行为的科学，理论法学与法学各分支学科内部皆发展出旨在阐释本部门法律实践规律的行为理论，如民法学中的“法律行为”、刑法学中的“犯罪行为”、行政法学中的“行政（法律）行为”、宪法学中的“宪法行为”、诉讼法学中的“诉讼法律行为”、经济法学中的“调制行为”等。这些“行为”范畴构成各部门法理论的要素甚至核心，各自发挥不可替代的功用。

从知识传统上来看，大陆法系上对“行为”的分析缘起于盖尤斯在《法学阶梯》中对诉讼概念之解读。③ 此后，“诉讼”经莱布尼茨等学者的扩大化解释，逐渐成为广义上与私法自治相连的民法上的行为。这一行为概念产生的背景为主张法律源于个人的主观意志的法学思潮，产生的理论基础为中世纪后期经院哲学和自然法学对个人主观意志的法律意义证成，产生的根本原因是为解决意思自治的正当性与法律效力的问题。但促成民法上的行为发展为经法律确认的概念体系的直接原因，却是出于一个功利主义的目标——在法律操作

---

① ［英］约瑟夫·拉兹：《法律的权威》，朱峰译，法律出版社2005年版，第28页。

② 拉伦茨认为，对于一个开放、可变的体系的探寻，以及在所有原则性问题上均以此等体系为准则，两者乃是法律工作必不可少的构成部分。参见［德］卡尔·拉伦茨：《法学方法论》，陈爱娥译，商务印书馆2003年版，第50页。

③ 参见［古罗马］盖尤斯：《盖尤斯法学阶梯》，黄风译，中国政法大学出版社2008年版，第207页。

的层面上,个人的主观意志必须被置换为可通过外部认知和评价的某种行为。[①] 欧洲私法理论对“行为形式”的法技术性分析,解决了民法上主观意志外化的问题。此后,经学说汇纂体系的演绎,法律行为概念在18世纪成为一般性的民法概念。[②] 这意味着,民法上的法律行为从一开始就是作为一个理论工具而被创设出来的,这一法技术工具贯通了行为人主观意思与客观表现,搭建起了个人意志与法律规范之间的桥梁,从而为法律框架下的个体自由和个人自决创造了可能。

行政法上的行为概念起源于作为行政法母国的法国,彼时“行政行为”并非一个精确概念,而仅仅被理解为行政机关的全部行为。迈耶在1895年出版的《德国行政法》中对这一概念进行了重述,赋予了行政行为与此前完全不同的内涵与功能。迈耶曾提出一个著名的口号:“没有行政法的制度,就没有法治国家;没有行政决定的制度,就没有行政法。”[③]依迈耶之见解,行政行为是法治国家中“依法律统治”的支柱,是克服极权国家与警察国家弊端的方式,是“使行政活动在其内部也逐渐形成一些确定内容,以保证个人权利及个人对行政活动可预测性”[④]作用的法律制度。迈耶所创设的行政行为代表了在大陆法系国家影响最大的概念法学对行政行为功能的基本理解:首先,它建立了行政行为的逻辑体系,有利于认识和分析各种行政行为的特征;[⑤]其次,它创设了行政法上的一系列重要概念,为行政法学的研究提供了话语基础与理论工具;最后,它还提炼了行政活动的主要类型,为通过行政法来规范复杂多样的行政活动提供了可能性。但究其实,行政行为概念的提出,只是意味在欧陆法制影响下,对此类行政行为“有意识地加以综合化或者说型式化罢了”,[⑥]因为自有现代意义上的行政法规后,行政行为便以许可、确认、核定、撤销、处罚等样貌形态出现在行政领域中了。因此,拥有严密概念体系的行政法上之行为,自创设时起就如同民法上的法律行为一样,被赋予了实现某一特定目标的功能。与

---

① 参见薛军:《法律行为理论在欧洲私法史上的产生及术语表达问题研究》,载《环球法律评论》2007年第1期。

② 参见[德]维尔纳·弗卢梅:《法律行为论》,迟颖译,法律出版社2013年版,第32~33页。

③ 此处之行政决定即为德国法上的行政行为。参见陈新民:《中国行政法学原理》,中国政法大学出版社2002年版,第132页。

④ [德]奥托·迈耶:《德国行政法》,刘飞译,商务印书馆2013年版,第99页。

⑤ 参见叶必丰:《法学思潮与行政行为》,载《浙江社会科学》2000年第3期。

⑥ 翁岳生编:《行政法》(上册),中国法制出版社2009年版,第599页。

民法试图通过法律行为实现私法自治的目标不同,行政行为的目标在于实现法的安定性。正如有学者所指出的,行政行为之于迈耶,或是之于迈耶所塑造的德国现代行政法,绝不仅仅是一个一般意义上的、具有高度概括性或整合性的学术概念,它首先而且最重要的是迈耶为达成行政法治而创设出的概念工具。① 尽管随着法律现实主义运动、法社会学思潮的兴起和公共行政的发展,行政行为理论不断被补充、修正和发展,但从未背离其"依法律行政"之精神内核。

此后,随着社会科学分工的精细化和法学分支学科研究的日益精细、深入,不同法律部门行为理论研究的分离趋势愈加明显,"行为"这一大陆法系上的规范概念,在基本意涵、内在功用、外在体系等方面均形成了各自独立的理论话语体系。"行为"概念逐渐背离了通过目的明确的法技术创设达成某种"形式理性"之目标的初衷,而成为一个一般意义上的法学概念或本学科内部的专业语汇。前者如法理学上的法律行为,后者如刑法上的犯罪行为,前者过于宽泛,②后者过于狭窄。法理学试图建构一个法学上具有统摄性的上位行为概念体系,认为一般意义上的法律行为应是各法律部门中的行为现象的高度抽象,是各部门法律行为与各类别法律行为的最上位法学范畴,而法理学上的法律行为,是指人们所实施的、能够发生法律上效力、产生一定法律效果的——具有法律意义的——广义的行为。③ 而在刑法上,行为理论地位确定以前,犯罪"不是一个实体概念,而是一个虚无缥缈的概念,正是行为使犯罪获得了实体性的存在"。④ 以行为为中心,刑法学发展出自然主义行为说(因果行为论)、社会行为说、目的行为说和人格行为说等。无论采哪种学说,刑法上的行为都是围绕"犯罪行为"或"危害行为"而展开的,行为在刑法学上的功能也主

---

① 参见赵宏:《法治国下的目的性创设——德国行政行为理论与制度实践研究》,法律出版社2012年版,第48页。

② 一些由法理学上最广义的法律行为理论推演出的部门法行为理论,以及对行为的认识尚处于探索阶段的、未能抽象出涵盖具体法律制度的或未达成理论共识的部门法行为理论,也可理解为因概念外延过宽导致无法发挥理论探索或实践指导的功用,如环境法上的行为理论。

③ 参见卓泽渊:《法学导论》(第2版),法律出版社2015年版,第144~159页;高其才:《法理学》(第3版),清华大学出版社2015年版,第127~132页;李龙主编:《法理学》,武汉大学出版社2011年版,第373~384页;张文显主编:《法理学》(第5版),高等教育出版社2018年版,第150~155页;张文显:《法哲学通论》,辽宁人民出版社2009年版,第226页;等等。

④ 陈兴良:《无行为则无犯罪——为一条刑法格言辩护》,载《中外法学》1999年第5期。

要服务于犯罪论体系,即定义犯罪以及对犯罪类型进行划分。①

从规范意义上的法律行为起源——民法上的法律行为与行政法上的行政行为的创设过程可以看到,行为这一概念随着欧洲法律科学化的努力而产生于现代国家法兴起的背景之下,是作为一个规则主义的、自主性的法律秩序②的一部分而发展起来的。同时,它又是一种更多遵循了形式逻辑的法律上的制度创设,每一种行为理论在如今看来都有其清晰的价值取向与制度目标。如果说,早期民法上法律行为的创设目的在于实现私法自治,行政行为的创设目的在于实现依法律行政,刑法上危害行为的创设目的在于惩罚犯罪,那么后来法理学、经济法、环境法等行为理论的创设目的除追求本部门法的价值实现外,也可以被理解为试图融入一个已相对成熟稳定的规则主义的法学理论话语系统,或者是试图突破"传统法律部门规范集成方式"③的努力。当然,这一韦伯意义上的"形式理性法"理论创设背后所遵循的却是特定社会历史环境的经验逻辑,当为法律上的构想提供资源的经验法则发生改变时,理论本身的创设目的与范畴边界也会被重新考量,这突出反映在行政行为理论的发展变迁上。从这个意义上来看,税法上的征税行为理论,也无疑将是一种遵循法学行为理论知识产生传统的目的性创设。而我们首先需要回答的问题便是,这一经由特定目的追求而产生的法概念的存在形式为何。

(二)规范品格:作为规定功能的法概念

从税法体系与税法秩序的整体视角观察,征税行为理论产生过程的逻辑创设性所映射的是其理论构造上的规范性。本书认为,征税行为应成为分析实证主义方法下的一个规范概念,这一规范品格可以从以下两个层面理解。

---

① 对刑法中行为的具体功能与基本任务的认识存在不同表述,如分类机能、区别功能、定义犯罪、作为联结因素而获得体系化意义等,但并未超出服务于犯罪论体系之目的。参见[德]克劳斯·罗克辛:《德国刑法学总论:犯罪原理的基础构造》(第1卷),王世洲译,法律出版社2005年版,第147~148页;[德]汉斯·海因里希·耶赛克、[德]托马斯·魏根特:《德国刑法教科书》,徐久生译,中国法制出版社2001年版,第267~285页;[德]汉斯·韦尔策尔:《目的行为论导论:刑法理论的新图景》(增补第4版),陈璇译,中国人民大学出版社2015年版,第6页;[意]杜里奥·帕多瓦尼:《意大利刑法学原理》(注评版),陈忠林译评,中国人民大学出版社2004年版,第101页;马克昌:《刑法中行为论比较研究》,载《武汉大学学报》(哲学社会科学版)2001年第2期;童德华:《刑法中的行为:机能、概念与犯罪论体系》,载《法学评论》2001年第6期;等等。

② 参见[美]诺内特、[美]塞尔兹尼克:《转变中的法律与社会:迈向回应型法》,张志铭译,中国政法大学出版社1994年版,第31~80页。

③ 熊伟:《问题导向、规范集成与领域法学之精神》,载《政法论丛》2016年第6期。

1. 征税行为应成为遵循传统大陆法系行为理论传统的规范命题,①追寻某一税收法律规范的效力与否及具有何等效力。

首先,征税行为在语意上与我国法理学上广义的"一切具有法律意义的行为"——德国法上"法律上的行为"(juristische Handlung)或"具有法律意义的行为"(Handlung im Rechtssinne)——相区分,属于具有规范含义的客观行为。

在广泛的学说中,法律规范为一般规范,无法指向具体行为,具体化的任务由法律适用(司法裁判与行政行为)完成,而凯尔森主导的纯粹法学将规范的概念拓展至具体行为范畴。"理由的概念是理解规范与行动之关系的一个必备要素。"②在区分法律规范与法律规则的基础上,凯尔森指出:"法律无疑并不只是由一般规范组成的。法律包括了个别规范(individual norm),即它决定一个人在一个不重复发生的状态下的行为,并从而只对一个特殊场合才有效而且只可能被服从和适用一次。这样的规范之所以是'法律',就因为它们是整个法律秩序的组成部分。"③

在凯尔森的语境中,公法的司法裁判、行政行为与私法上的法律行为(契约)都处于"规范"的链条之中并表现为"应为"命题,具有规范创制的特性,只是其所创制的规范系与一般规范有所区分的"个别规范"。如果我们在国家法一元论的背景下理解行为(包括私法上的行为与公法行为),则行为之规范性源于法律的授权,个人依法律而行为,与法律的效力直接相连,因此,这种融入国家法意志的法律行为与其他立法行为一样具有规范性,以"应为"与"效力"的方式表达。回答"我为什么应当做那个事情"的实践理由是规范性理由(normative reasons),规范性理由证成了以这些理由为根据的行动。④ 在这样一种理论语境下,作为公法的税法上的行为应当被理解为适用一般规范和创制共同规范相结合的行为,征税行为的规范品格体现在征税主体具有规范创制者的地位。征税主体不仅能适用作为一般规范的法律,当他们的行为符合规范的特性时,其创制规范的行为特征则被凸显出来。在一般情况下,征税主

① 与此相对应的是区分"真""假"的描述命题,此二者共同构成"规范"与"事实"的二分。

② Cristima Redondo, *Reasons for Action and the Law*, Kluwer Academic Publishers, 1999, p. 1.

③ [奥]凯尔森:《法与国家的一般理论》,沈宗灵译,中国大百科全书出版社 1996 年版,第 39 页。

④ See Garrett Cullity & Breys Gaut, eds., *Ethics and Pratical Reason*, Clarendon Press, 1997, p. 1.

体创制个别规范，[①]在特殊情况下，征税主体创制一般规范。此二者间的联系在于，一般规范个别化的过程也是一般规范的有效性通过有效的个别规范间接实现其效力的过程。[②] 个别规范因处于规范秩序下，故取得了规范的地位，因此对征税行为提出了这样的要求：征税主体创制的税法个别规范，需立足于税法的规范秩序。与征税行为的创设目的与价值目标相关，后文的讨论将展示，征税行为如何被整合于由税法高阶规范所统摄的规范体系的层级构造之中，与制定法等共同构成了税法的整体性秩序。

其次，征税行为在研究方法上主要遵循法教义学上的规范研究，与法社会学上的行为研究有所区别。第二次世界大战以来，美国的多元化思潮动摇了法条研究传统，社会科学界发生了一场行为革命，早期应用于心理学、工程学及医学等学科的认知行为研究开始向社会科学领域渗透，法学家们开始借助行为学的方法来研究法律现象，主张用“法即行为”（law as behaviors）取代分析法学派的“法即规则”（law as rules）。[③] 在社会科学的逻辑中，实证研究提供了对行为实然状态的理解，规范研究建立应然的理想目标，规则研究寻找从实然到应然的路径。[④] 正如劳伦斯·弗里德曼教授所指出的：“我们花大力气研究法律规则和结构，但在大部分情况下，规则只是被预设为可以得到遵守。任何法律制度的关键因素都是‘行为’而非法律规则本身，也即人实际上做了什么……我们需将注意力放在被称为法律行为的问题上，否则便无法理解包括我们自己的法律制度在内的任何法律制度。”[⑤]行为主义法学派深受法律现实主义、法律与社会运动等思潮的影响，具有以法律行为为研究对象、强调研究方法的多样性、注重解释法律在实践中的运作规律等特征，其本质是一种法律

---

① 另值得考虑的是，如果从税收法律关系的债务属性上来看，征税行为又是一种不同于国家法而存在的自治行为，纳税人唯有通过这种与征税行为相对立的纳税行为，才能捍卫纳税人共同体的“自治”范围。

② See Hans Kelsen, *General Theory of Norms*, trans. by Michael Hartney, Oxford Clarendon Press, 1997, p. 50.

③ See D. Black, *The boundaries of Legal Sociology*, The Yale Law Journal, Vol. 6, 1972, p. 87.

④ 参见葛岩：《法学研究与认知—行为科学》，载《上海交通大学学报》（哲学社会科学版）2013 年第 4 期。

⑤ Laurence M. Friedman, *American Law*, W. W. Norton & Company Inc., 1984, p. 199.

社会学的研究思路。[①] 研究法律现象的学者既可以意在陈述实情，提供关于既有法律实践或理解的概览，也可以意在建构理想，提出解决法律实践问题的一般性标准或模型。[②] 如在文献综述中所总结的，当前对税法上行为理论的研究其实更倾向法社会学上提供概览之描述性的研究，在一般语境与社会语境下使用这一概念。[③] 本书认为，征税行为的规范意涵同时意味税收法律规范要求人的行为或某种事态应当以特定的方式作出，其最终目的或意旨在于引导和规范现实，而非描述和理解现实，因而应秉持法教义学的规范性研究立场。[④]

2. 征税行为是税法体系中“规定功能的法概念”。

所谓“规定功能的”概念是法体系中“原则”与“抽象概念”的连接者。在与前者的关系上，原则指向具体化，而规定功能的概念回归于原则；在与后者的关系上，规定功能的概念为“基础或结构性概念”，这一概念对于涵摄无用或只有极有限的价值，但却可以成为隐藏于法律技术性概念之后、起到“透视”作用的更丰盈的概念。[⑤] 基于此等连接，规定功能的概念同时具备了原则之目的论性质与抽象概念之技术性功能的双重属性。在税法体系中，征税行为的概念亦具有这二重功用。就其“目的性”功能而言，征税行为旨在通过与支撑税法内在体系的各项原则形成意义上的关联，实现特定税法原则的功能；而“技术性”功能则体现为通过类型化、型式化的方法实现税法的秩序目标。“随着部门法的发展，法律原则可能产生新的价值导向，并与‘规定功能法概念’之间形成某种新的意义关联，这个概念所发挥的技术性功能也会随之作出调整。”[⑥]

---

① 在法律社会学进路之外，也有学者从法律经济学视角解释法律刺激或者抑制某种社会行为的目的与冲动，但此类研究成果相比法律社会学进路的成果在数量上与质量上不占据显著位置。See Kenworthey Bilz & Janice Nadler, *Law, Moral Attitudes, and Behavioral Change*, Northwestern Public Law Research Paper 13 – 25, 2013, p. 1 – 20; Eyal Zamir & Doron Teichman, *The Oxford Handbook of Behavioral Economics and the Law*, Oxford University Press, 2004, p. 241 – 242.

② 参见雷磊：《法教义学的基本立场》，载《中外法学》2015 年第 1 期。

③ 作出这一说明是因为在税法领域，诸多研究都是在描述意义上使用“行为”的，如偷税行为、财政补贴行为、预算行为、财政收入、支出与管理行为、博弈行为等。

④ 法教义学的规范立场主要体现在“对现行有效法律的描述、对这种法律之概念—体系的研究以及提出解决法律争议的建议”三方面。参见［德］罗伯特·阿列克西：《法律论证理论——作为法律证立理论的理性论辩理论》，舒国滢译，中国法制出版社 2002 年版，第 331 页。

⑤ 参见［德］卡尔·拉伦茨：《法学方法论》，陈爱娥译，商务印书馆 2003 年版，第 316 ~ 362 页。

⑥ 余军：《“行政处分”与“民事法律行为”之关系——作为规定功能的法概念》，载《法学》2007 年第 7 期。

在税法上,经由征税行为所建构的联结,税法原则与税法技术将保持与税法价值目标上的同一性,这一概念亦可成为贯通"外部体系"与"内部体系"的桥梁。(见图1－1)

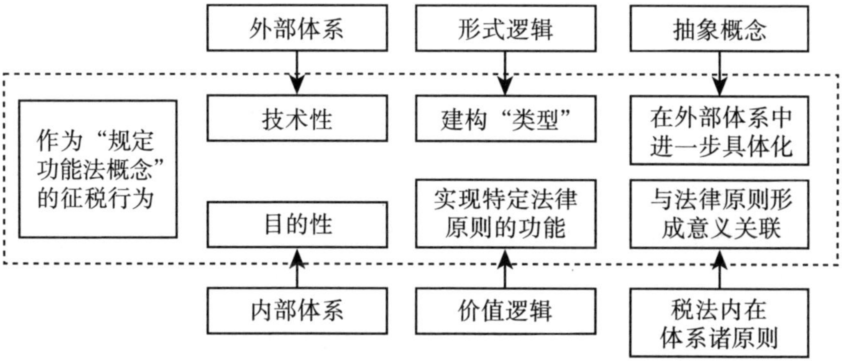

图1－1　作为"规定功能法概念"的征税行为

(三)创设目的:实现财税法治的概念工具

作为一门正在成长中的法学学科,税法学除需要"征纳权利""征纳主体""征纳关系"等理论范畴外,还应当有自己独立的行为理论范畴。① 征税行为除具有上述创设性与规范性特征外,还具有工具性②的特征。作为实现财税法治的概念工具,征税行为的创设目的与存在意义有两个方面:一方面是价值层面的意义,即征税行为概念可以贯彻税法上法治国诸原则的理念,尤以法定原则与量能原则为重;另一方面是技术层面的意义,即征税行为概念有助于从理论化、体系化的角度提炼、整合、梳理与分析全部的税收行政活动。

1. 对税法上法治国诸原则的贯彻

法治国思想之本质在于传达国家应受法律的规范与限制的观念,公民个人与作为公民政治集合的国家之间的生活关系应当通过法律的方式予以界定。在我国当前的财税法治语境下,期待受法律拘束的国家行为主要是行政与司法(如主张税收法定原则入宪、全国人大收回税收立法权、规范税收行政机关权力行使等努力),税收立法则更多被赋予了帮助纳税人抵御政府无限度干预的角色期待。法律作为客观规则的面向被特别强调,税法整体秩序被认为应在税收法定的原则下展开,进而引发"立法如何发动对税法秩序的实体规

① 参见施正文:《论征纳行为》,载《当代财经》2004年第8期。
② 此处之"工具性"也可被理解为创设性特征的具体内容。

范控制”这一议题。

在这一背景下，征税行为作为国家行为的重要面向，具有与法治国理念相符的指向性功能，可成为服务于财税法治化与税收法定的目的性创设，整合税收立法与司法，或与税收立法、司法一道同构税法秩序，进一步提升财税法秩序的可理解性、可预测性与可接受性。

进一步来看，征税行为对法治国目标的建构基于如下逻辑：20世纪以来，税法理论的发展趋势与学界对税法性质的基本判断都表明，发轫于自由法治国时期的行政行为理论无法为解释税法上的行为提供有效的理论工具。① 征税行为与制定法、司法判决共同构成了税法的整体秩序，而征税行为所欲建构的，正是现代分权宪制结构中“行政”部分的秩序规则。② 经由法技术上的型式化构造，在制定法与税务司法之间的这部分秩序空间内，不同类型的税收活动被置于不同的行为类型中进行规范化设计，构成要素、效力制度、诉讼关联等具体化为具有操作意义的技术性概念。进而，通过将不同类型的征税行为所发挥的技术性功能置于税收正义的诸项原则之下并与之发生意义关联，即在与作为法律渊源的制定法以及“活着的法律宣示者”③的司法裁判秩序保持逻辑上的一致与结构上的对称的同时，塑造这二者无法覆盖的税收行政领域独立的秩序格局。

2. 对税法的体系化建构

财税法中的任何一项制度都需在一个体系化背景下加以理解，也只有学科体系均衡发展的财税法才可以完成学理建构、法律改进等任务。当前，我国的财税法研究距体系化、系统化仍有相当的距离。基于不同的价值定位与研究偏好，理论界对整体的财税法问题常条块分割、自说自话，制度实践中也惯用试点先行与渐次改良的办法实现整体推进，导致财税法学理往往缺乏整体视野和通盘考虑，基础理论的体系整全和逻辑周密难以达成，随之而来的是制度安排无法通盘统筹和相互协调，在很多环节呈失衡之势。而建构包括价值功能、类型区分、基本要素、范畴边界、合法/违法、生效/无效等面向在内的征税行为学理的过程，也是从我国法秩序的整体逻辑中导出税法理论逻辑与制度

---

① 具体阐释见本章第三节以及本书第三章。

② 参见赵宏：《法治国下的目的性创设——德国行政行为理论与制度实践研究》，法律出版社2012年版，第88～131页。

③ [美]本杰明·卡多佐：《司法过程的性质》，苏力译，商务印书馆1998年版，第7页。

逻辑的过程,进而可以逐步发展和完善财税法总论与财税法教义学,并使其发展成为对财税现实的法解释、法适用与法评价的工具,在财税法的应然和实然之间建立起关联。体系化建构的具体意义有以下几点。

第一,征税行为理论将多方主体纳入研究,有助于弱势一方的权利博弈与权利保护,维护实质的程序正义。随着纳税人日益增强的参与合作愿望及对纳税人基本权的重视,纳税人行为的意义越来越重要,纳税人参与、实施的税收活动日渐成为税收法律关系的重要组成部分。征税行为理论不仅关注征税机关等主导税收法律关系的公共行政主体,同时也关注、确认、保护并具体化纳税人主体的权利及其行为效力。

第二,征税行为理论将未型式化行为纳入研究视野,促其向制度化、法制化转型。从行为类型上看,大陆法系传统行政行为理论虽将税收行为纳入研究视野,但多关注职务行为及型式化税收法律行为,而对职务行为以外的其他财税法律活动及未型式化的事实行为则缺乏关注。但在中国语境下,特别是在横向和纵向的财政分权实践中,大量存在的是税收机关实施的没有处理内容和法律约束力的非正式行为,这些行为既包括无固定模式的行为,也包括已形成一定模式但尚未被法制化的行为;既包括原属于行政法领域但无法由行政行为理论解释的独立行为类型,也包括专属于税法领域的行为类型。非正式行为的产生源于税收实践对现实的适应和税法学理的发展变迁,但亦需逐步纳入法治轨道。

第三,征税行为理论的体系化有助于减轻法律实务上的负担。在税收行政与审判实务中,存在甚多不断重复发生的相似案件,这些案例具有相同或类似抽象形式的内涵。就此而言,征税行为的法律形式发挥重要作用。通过征税行为法律形式与行为类型的提供,税收征纳活动或可精确地归入某一类征税行为的概念,进而直接援引后续行政程序与诉讼程序加以处理;若无法精确定性某一类新兴税收行政活动,一个结构严谨的征税行为体系仍然提供了辅助性的标准,使某一税法事件与相邻征税行为制度之间的比较成为可能,进而导出其在体系内的合理坐标。

第四,征税行为具有监督功能,有助于加强对征税机关的控制,促成税收法定主义的落实。征税行为的类型化提炼具有法的安定性功能,具有根据不同的征税行为类型改进税收活动方式的合理化作用,可为征税机关之间、征税机关与纳税人之间划定各自的权力(利)范围,具体化和量化权力(利)分配。

第五,征税行为理论可以作为税收法律关系理论和税权理论的补充。20世纪80年代中期以后,我国税法学的研究遵循国内法理学预设的进路,以税收法律关系研究为中心。但由于税收法律关系的多质性(异质性),这一研究路线存在一定的局限性。20 世纪 90 年代末,以税权为核心重构税法理论的研究在国内兴起,为税法学的研究提供了新的思路,但也在确定税权概念的含义上产生了不少分歧。行为理论可从"法律形式理论的规整力"①角度予以补足,即依据不同标准将征税过程中产生的诸多活动方式在理论上进行归纳、总结,使税收活动整体性地置于行为类型的观察视角和规范框架下。

二、征税行为理论的传统观点及其解释力的局限性

征税行为理论在我国并非不存在,而是多被置于行政行为、经济法行为或财税行为的框架下讨论。本部分的目的在于梳理征税行为与各部门法上行为理论——尤其是行政行为理论——之间关系变化发展的学术脉络,考察后者对前者形成、发展之影响,评析晚近税法上行为理论逐渐与行政行为、经济法行为的分离趋势,为税法上的行为研究"端本正源"。

(一)行政高权之征税行为

历史地看,迈耶创设的"处理具体行政事务"的行政行为概念源起于警察和税务行政活动。自由法治国时期的行政活动以警察行政、租税行政等侵害行政为中心,因而在行政法上,税收与防卫、警察共同构成秩序行政的主体部分,长期被置于行政法的框架下讨论。行政法学理论体系的核心是关于行政行为的理论,强调行政行为具有区别于私法上的法律行为的特殊效力。② 在我国税法实践中,税赋征收作为行政征收的一部分,在行政法中占据重要地位③,与维护国家安全和社会秩序的行为共同构成了较完整的行政行为体系。税法学界也承认此二者之间的密切关系,尤其认为在税法的执行主体、税收征管程序、税收行政复议、税务诉讼等方面的基本原理和制度与行政法并无二致,但一般认为二者在调整对象、宗旨、职能、法域等方面有较大区别。④

---

① [德]施密特·阿斯曼:《秩序理念下的行政法体系建构》,林明锵等译,北京大学出版社 2012 年版,第 279 页。

② 参见何勤华:《德国法律发达史》,法律出版社 2000 年版,第 198 页。

③ 例如,1950 年政务院公布的《税务复议委员会组织通则》是我国最早的关于行政救济的行政法规,常被行政法学者用以证明社会主义计划经济体制下依然存在行政法客观现象的论据。参见章剑生:《现代行政法总论》,法律出版社 2014 年版,第 137 页。

④ 参见张守文:《财税法学》(第 6 版),中国人民大学出版社 2018 年版,第 170 页;陈少英主编:《税法学》(第 2 版),格致出版社、上海人民出版社 2011 年版,第 11 页;张怡主编:《税法学》,法律出版社 2010 年版,第 96 页;等等。

随着税收性质与目的变迁,行政行为与税收活动出现了结构性的互异。一方面,行政行为形式论本身正面临被行政法律关系理论和行政过程理论等替代的问题。如有行政法学者基于对行政法分论的观察指出,行政行为形式理论对于个别行政领域之理论发展,如租税法、教育法、环境法,都是计划法、建筑法等领域,则因其长期依附于前述行政法学教义(Dogmatik)理论之下,而难以依各该领域之特殊性质或目的,形成具有独自特色之法学体系及法教义。[①] 另一方面,征税行为何以脱离行政法体系而成为一独立体系与税法何以脱离行政法而构成独立的法律领域亦有同样的基于根本理念上的考虑,如税法观念的变迁(税法以规定税收债权债务关系实体法为中心)、[②]税法规制对象的特殊性(税法的规制对象是私法活动,私法上经济活动的复杂愈加推动税收作用的复杂化)、税法上的特殊原则(尤其是量能原则与实质课税原则)、税收行政内容的稳定性(税法上多为干预行政而少有给付行政、风险行政)等。在这样一种以纳税人权利为中心的理论基调中,税法理论直接源于宪法理论,行政法的一般理论不可用来阐释税法原理。如北野弘久所指出的:"在租税行政法研究领域,应从宪法,人权论角度直接构筑税法理论,并始终将租税行政法当做特别税法理论的一环来构筑。"[③]这一差异具体表现在税法理念、税法原则与税法技术3个层次上。

1. 理念差异:纳税人主导之"自我赋课"

纳税申报[④]是税收确定的方式之一。税法上的税收确定由纳税人的自我确定(self-assessment)和征税机关的确定(administrative-assessment)构成。各种形态的税收活动是否、何时以及以何种方式展开,都与税收确定密切相关并

① 参见赖恒盈:《行政法律关系论之研究——行政法学方法论评析》,台北,元照出版公司2003年版,第54页。

② 如将《税收征收管理法》中强制征收权力的来源解释为税收债权的自身效力,对这一效力规则的立法政策选择,是将与民事债权同样的强制征收程序适用于税收债权,而非行政上的强制性权力。

③ [日]北野弘久:《日本税法学原论》(第5版),郭美松、陈刚译,中国检察出版社2008年版,第14页。

④ 此处之"纳税申报"不包括核定征收中的申报义务。此二者之区别在于,核定征收中的纳税人虽负有申报义务,但不要求自行计算应纳税额,而是由税务机关根据纳税人提交的纳税申报表评估其应纳税额,纳税人据此缴税,因此这类纳税申报并无确定纳税义务的效力,而只是征税机关作出税收决定的参考;此处之纳税申报特指自行申报,纳税人不仅需提交纳税申报表,还需根据法规要求,自行确定税基,计算当期应纳税款,其行为具有独立的法律效力。

最终指向应纳税额的确定。[①] 现代税法将纳税人的自我确定程序,即纳税申报定位为税收确定程序的核心,而将行政机关的税收核定作为辅助性的程序,通过这种以纳税人为主导的自我确定制度,重塑了税法上公私主体之间的关系,回应了税收法律关系性质的变革。

首先,纳税申报是一种由纳税人主导的独立的税收活动。纳税人申报的数额具有确定应纳税额的法律效果,税务机关在这一过程中主要承担协助纳税人确定具体应纳税额的服务性工作,而非通过行政决定设定纳税义务。这一制度安排的意义在于从根本上改变了税收征收过程的性质,即从由税务机关为主导转化为以纳税人为主导。通过将纳税申报与税收核定比肩并列,纳税人的行为具有了一种与征税机关的权力行为相类似的法律地位。在形式意义上,纳税申报不仅属于纳税义务人管理领域内之"协力义务"[②]的一种,它还构成了纳税人确立其主体资格与地位的事实性前提。如北野弘久所言:"如果承认税法学立基于税收债务关系说,则税收债务在税法规定的租税要件具备时成立,则课税处分与纳税申报制度中的纳税申报行为性质相同,即纳税义务人实施的申报行为也是一种具体地确认租税债务的行为。"[③]从税收正义的角度观察,纳税申报亦与税制结构的正义标准紧密相关。大多数间接税的征税对象是不特定的,因此与人们的消费行为之间无紧密关联,其后果是将实际负税人的意思表示从税收法律关系中排除,进而"架空"其在法律上的权利。[④] 而在直接税中,税法预设纳税义务人与实际负税人相统一,纳税人具有税收法律关系当事人的地位。申报纳税是与直接税相关联的制度设计,纳税人可以通过自行计算申报与缴纳税金的方式参与政治,在选择与自身具体状况相符合的税率之后,纳税人通过填写表格的方式确定其应税收入,最终应承担的纳税义务的质与量从此由税法条款确定。[⑤] 因此,申报纳税行为以及与此紧密相关的直接税税制体系,共同构成了与税收行政行为方向相反、相互补充的对应体

---

① 参见施正文:《我国纳税评定制度的法律构建》,载《中国税务》2012 年第 9 期。

② 《德国租税通则》第 90 条将纳税申报、账册及会计记录的制作并列为"当事人之协力义务"。

③ [日]北野弘久:《日本税法学原论》(第 5 版),郭美松、陈刚译,中国检察出版社 2008 年版,第 9 页。

④ 当然,在间接税中,消费税的课税对象被明确限定在某一具体范围内,因此为纳税人提供了选择消费行为的空间。

⑤ See Marvin A. Chirelstein & Lawrence Zelenak, *Federal Income Taxation*, 13th Edition, Foundation Press, 2015, p. 20.

系。进一步来看,正如有学者指出的,这种程序参与的意义远远超过了制度本身,因而只有从"纳税人主权的高度"①或"宪法中的国民主权原理"②中才能得到诠释。在由征税机关主导的行政核定的税额确认方式下,纳税人仅作为被动受体承担实体上的金钱给付义务,却被剥夺了程序上的对等性权利,纳税申报则通过赋予其行为以法律效力而还原了纳税人的主体性身份,使其在纳税过程中"立于税收法律关系自主履行的中心地位",③进而强化纳税人的权利意识与责任意识,促进纳税人共同体意识之觉醒。

其次,纳税申报虽因受制于税收构成要件法定原则而具有"观念通知"之准法律行为的性质的一面,④但纳税人可在纳税申报中选择是否进行申请退税、税收减免、税收优惠,以及选择列举扣除额或是否进行合并申报等,因此亦具有"法效意思之表示行为"⑤的一面。纳税人的自我评估申报机制更依赖纳税人的遵从与合作意愿,而研究表明,税收遵从又与"纳税人声称的对政府的信任程度正相关",⑥这为政府提供了改善纳税人处境、建立与纳税人之间良性合作关系的需求和动力,体现了这一税法行为的参与性、合意性、互动性的特征。

最后,从性质上来看,纳税人的自行申报是纳税人自我课征赋税的"私人公法行为",⑦可取得与税收核定一样的确定应纳税额的法律效力。税收核定为行政法上独立的行为类型,纳税申报亦应为税法上与征税机关相对应的纳税人所为之独立行为类型。

---

① 刘剑文、熊伟:《税法基础理论》,北京大学出版社2004年版,第347页。

② [日]北野弘久:《日本税法学原论》(第5版),郭美松、陈刚译,中国检察出版社2008年版,第174页。

③ 刘剑文:《个人所得税自行申报是义务也是权利》,载《中国税务报》2007年4月18日,第5版。

④ 参见康炎村:《租税法原理》,台北,凯仑出版社1987年版,第129页;陈清秀:《税法总论》,台北,元照出版公司2014年版,第496页。

⑤ 陈敏:《租税稽征程序之协力义务》,载《政大法学评论》1988年第6期。

⑥ Joel Slemrod, *Cheating Ourselves: The Economics of Tax Evasion*, Journal of Economic Perspectives, Vol. 21, 2007, p. 25 – 48.

⑦ 田中二郎认为,私人公法行为是私人在公法关系中所为的、以导致公法效果的发生为目的的行为。除登记、申请、申诉等传统意义上的私人公法行为以外,直接请求的署名、纳税申报等也被认作为私人公法行为,并且私人公法行为在意思能力、行为能力、代理、行为方式、效力发生规则、对行政行为的影响等方面都具有独特的公法特色,是私法制度所不能规范的。田中二郎『法律学全集6行政法総论』(有斐阁,1979年)245頁。

2. 原则适用差异

征税行为与行政行为之区别亦可由基本原则上的差异窥得一隅。征税行为受依法征税原则约束,如同行政行为受依法行政原则约束,此为二者近似之处。但税法中这一原则的适用与一般行政法相迥异。例如,在一些行政领域,行政机关在事实上可基于行政效率与便宜性之考虑,决定是否或何时开始行政程序;[①]在税收领域,税收程序的法定原则和严格的平等原则要求征税机关在税收核定与征收中,不得根据课征目的、稽征费用与所收税额是否合理相当等理由,依职权决定税收程序的启动。[②] 征税机关只有依法课征之义务,无程序发动之裁量权力。又如,依法征税原则禁止征税机关以类推方式征税,但依法行政原则并不禁止类推原则之适用。另外,在比例原则、信赖保护原则、诚信原则等原则的适用方面,税法也有其特殊的规则意涵,如税法上课税原因事实认定所需之信息极大程度依赖纳税人协助提供,因此征税行为所受之比例原则(禁止过渡)限制不仅及于实体法(税收负担的公平分配与对人民自由权利侵害之间的平衡),也及于纳税人的协力义务。[③] 又如,在纳税人相信征税机关之违法承诺(如承诺给予某种违法税收优惠)并因此获得保护之必要时(如已进行某些商业安排),税收法定原则应让位于信赖保护原则。

3. 具体制度差异

首先,行政行为中某些行政活动形态的性质判定与类型划分,与现代税法的基本理念相左,这类重要的税法活动无法在行政行为理念与原则下得到全面、合理的阐释。例如,在行政法上,"税的征收"与"土地征收""房屋征收""费的征收"等一同构成"行政征收与征用"行为,且此种征收"其基本目的在于满足国家为实现其职能而对物质的需要",[④]行政征收行为的成立是行政主体单方面意思表示的结果,无须征得行政相对人的同意,因而具有单方面性。[⑤]

---

① 大陆法系国家多承认便宜原则,一般行政程序的发动属行政机关裁量权之范围,行政机关得依合义务裁量决定是否或何时开始行政程序。我国尚未在行政法中引入这一原则,但却存在事实上的便宜原则的适用,如在交通道路安全执法中,少有严格依《道路交通安全法》第 89 条、第 93 条等追诉处罚。

② 参见葛克昌:《行政程序与纳税人基本权》,北京大学出版社 2005 年版,第 7 页。

③ 纳税人协力义务应以"期待可能性"为界限。

④ 姜明安主编:《行政法与行政诉讼法》(第 6 版),北京大学出版社、高等教育出版社 2015 年版,第 271 页。

⑤ 参见马怀德主编:《行政法与行政诉讼法》(第 5 版),中国法制出版社 2015 年版,第 243 页。

这种判定从税收程序法和传统税收三性角度来看有一定的合理性,但并未反映现代税法作为公共财产法与纳税人权利保障法的性质,因而具有一定的片面性。再如,有行政法学者认为,“命令纳税”属行政行为中的“行政命令”,①即行政主体要求特定的相对人履行一定的作为或不作为义务的意思表示(或行政执法行为)。这一观点将纳税义务的发生理解为征税机关的下令处分而非确认处分,亦与税法“公法之债”的本质属性有所偏差。

其次,税法领域诸多征税活动遵循不同于行政法的特殊规则。例如,税法上的合同与行政法上的政府特许经营合同、国有土地出让合同、政府采购合同等典型合同的缔结规则、成立与生效要件等截然不同,税收合同作为特殊征税决定的一种,受制于特殊税法上的特殊原则,如构成要件法定原则。又如,行政行为中的行政证明属依申请行为,而非依职权行为,为避免暴露当事人信息,除行政相对人向行政主体提出申请外,行政主体一般不主动出具行政证明。但在税法上,依《税收征收管理法》②的规定,税务机关对是否向纳税人出具完税凭证并无自由裁量权。因此,在行为的启动上,税收证明为与依申请获得行政证明不同的依职权行为,③税收优惠在行政法上被认为是“与行政活动有关的行政奖励”,④是“具有倡导性、赋权性、非强制性特征”⑤的授益性具体行政行为的一种。但在税法上,税收优惠本质上是一种“与税法基本价值相冲

---

① 参见胡建淼:《行政法学》,法律出版社2015年版,第383页;杨生、孙秀君:《行政执法行为》,中国法制出版社2003年版,第681页。

② 我国《税收征收管理法》第34条规定:“税务机关征收税款时,必须给纳税人开具完税凭证。扣缴义务人代扣、代收税款时,纳税人要求扣缴义务人开具代扣、代收税款凭证的,扣缴义务人应当开具。”

③ 纳税人往往需要到主管税务机关(或扣缴单位主管税务机关)纳税服务大厅或各纳税服务大厅的ARM自助终端上开具税收完税证明,但这并不能视为一种“申请”行为,而是基于行政效率与便宜的考量。另外,我国《税收票证管理办法》(国家税务总局令第28号,已被修改)第17条规定的税收完税证明的具体适用范围,如“纳税人、扣缴义务人、代征代售人通过横向联网电子缴税系统划缴税款到国库(经收处)后或收到从国库退还的税款后,当场或事后需要取得税收票证的”“扣缴义务人代扣代收税款后,已经向纳税人开具税法规定或国家税务总局认可的记载完税情况的其他凭证,纳税人需要换开正式完税凭证的”“纳税人遗失已完税的各种税收票证(《出口货物完税分割单》、印花税票和《印花税票销售凭证》除外),需要重新开具的”等,应视为一种管理性规定,而非对何时开具完税凭证的实质性规定。

④ 钱宁峰:《论〈行政奖励法〉的立法思路》,载《河北法学》2014年第8期。

⑤ 傅红伟:《行政奖励研究》,北京大学出版社2003年版,第36页。

突的租税特权”,[1]应“受量能原则、比例原则与税收法定主义的严格限制”,[2]不可由征税机关任意运用。

再次,在行政法上被视为辅助性、程序性等的非独立行政行为,往往是征税决定之核心,并构成税法上独立的行为类型。如在行政行为中,行政调查程序多未被视为独立的行为类型,只作为其他行政行为的前置性条件或中间阶段,或仅以影响和改变事实状态为目的,不涉及实体权利义务,如人口普查、地震损害调查评估等。但在征税决定中,税收调查为重要的行为类型,征税机关具有法定调查职权,经由税收调查将产生“阐明课税事实”与“未阐明课税事实”两种结果之一,进而引发征税机关税收核定等后续行为,并涉及产生纳税人协力义务之可能,纳税人不履行协力义务将会导致不利后果。税法上的一些常见的调查方法如查询存款账户,[3]则直接关系纳税人的储蓄保密权等权利,从而产生特定的法律效果。

最后,行政行为的诸多典型形态在税法领域并不存在或极少涉及,因而排除于征税行为范畴,如行政裁决、行政征用、行政规划、行政给付[4]等行为。而税法领域的纳税申报及其举证责任、涉税信息情报的提供、税收评定、个案批复与预先裁定、转让定价和预约定价安排、特别纳税调整中的异议和复核等制度安排,是税法领域的特殊活动,很难并入既有的行政行为类型中。

事实上,早在19世纪末,行政法上对税收性质的认识便出现了转向,法国行政法制度理论的奠基人莫里斯·奥里乌在其1892年出版的《行政法与公法精要》中便指出捐税之债权性、合作性与法定性特征,“现代税捐可被定义为被治理者为合法建立的公共开支提供的与个人财产成比例的金钱捐助,这种捐

---

① 叶金育、顾德瑞:《税收优惠的规范审查与实施评估——以比例原则为分析工具》,载《现代法学》2013年第6期。

② 熊伟:《法治视野下清理税收优惠政策研究》,载《中国法学》2014年第6期。

③ 我国《税收征收管理法》第54条第6项规定:“经县以上税务局(分局)局长批准,凭全国统一格式的检查存款帐户许可证明,查询从事生产、经营的纳税人、扣缴义务人在银行或者其他金融机构的存款帐户。税务机关在调查税收违法案件时,经设区的市、自治州以上税务局(分局)局长批准,可以查询案件涉嫌人员的储蓄存款。税务机关查询所获得的资料,不得用于税收以外的用途。”

④ 税法上几乎不涉及给付行为,但如果将具有支付内容的行为都理解为“给付”,则对税务违法案件的举报奖励也可理解为一种税收给付。我国《税收征收管理法》第13条规定:“任何单位和个人都有权检举违反税收法律、行政法规的行为。收到检举的机关和负责查处的机关应当为检举人保密。税务机关应当按照规定对检举人给予奖励。”此处之“给付”与民事诉讼法上的“给付之诉”含义接近。

助一旦被法律认可,政府部门的债权就由此产生”“因为税捐的征收是有公共部门执行的捐献行动,这不免使人联想其一种行政合作事业,该事业在公共权力的管理下运行并由被治理者提供帮助”。[①] 德国在 1918 年设立帝国财政法院作为审理税务案件之最高法院可谓宣告税捐法是一门独立于一般行政法之法律的外部象征。[②] 当然,尽管行政行为与征税行为存在诸多差异,但当人们不断地通过行政法上的理论阐释税法上的征收行为时,也意味着这样的理论研究进路在持续不断的论证中逐渐获得了某种理论上的正当性。

(二)经济行为之征税行为

经济法上对征税行为的理解有以下几种表现形式:一是“单刀直入”,直接在经济法总论或行为理论中讨论税法上的行为。[③] 二是“曲线救国”,即并未直接讨论行为,而是在经济法总论中将行为作为经济法律关系的客体,在分论中讨论税收法律制度,这也是将征税行为间接理解为经济法上的行为的一种表述。[④] 三是“隐而不彰”,即以制度安排替代理论讨论,将税收法律制度归入宏观调控制度中,这是目前大部分经济法教材和著作的体例安排。此外,还有根据经济法上的其他行为分类方法理解税法上的行为,如将依法纳税行为理解为纵向对策行为中对国家调制行为的遵从、合作行为,将逃税、避税行为理解为对国家调制行为的规避、不合作行为等。[⑤]

无论从上述哪种观点上来看,对征税行为的理解都是从经济层面展开的,更准确地说,是在我国逐渐由计划经济走向社会主义市场经济过程中,在经济学与财政学推动国家财政向公共财政的转型过程中,在经济法学援引、借鉴经济学宏观经济调控理念的过程中,基于“强化征税行为的经济属性,淡化行政属性”[⑥]之目的,而将征税行为理解为一种广义上的宏观调控行为。尽管近些

---

① 参见[法]莫里斯·奥里乌:《行政法与公法精要》(下册),龚觅等译,辽海出版社、春风文艺出版社 1999 年版,第 1073 页。

② Heinrich Wilhelm Kruse, Lehrbuch des Steuerrechts Band. Ⅰ, Allgemeiner Teil, Munchen, 1991, S. 18ff. 转引自黄茂荣:《法学方法与现代税法》,北京大学出版社 2011 年版,第 295 页。

③ 参见顾功耘主编:《经济法教程》(第 3 版),上海人民出版社、北京大学出版社 2013 年版,第 52 页;李昌麒、刘瑞复主编:《经济法》,法律出版社 2004 年版,第 70 页。

④ 参见李曙光主编:《经济法学》(第 2 版),中国政法大学 2013 年版,第 61 页;徐孟洲主编:《经济法学》,北京师范大学出版社 2010 年版,第 68 页;刘瑞复:《经济法学原理》(第 4 版),北京大学出版社 2013 年版,第 391 页。

⑤ 参见张守文主编:《经济法学》(第 7 版),北京大学出版社 2018 年版,第 56 页。

⑥ 潘亚岚:《征税行为的属性刍议》,载《税收征纳》2000 年第 3 期。

年来我国的调控方式发生了重大变革,从大一统式的直接行政调控向间接调控偏重,即主要运用经济手段和法律手段进行调控,但税收调控所具有的"调控手段的多样性、调控范围的广泛性、调控方式的灵活性"①特征使其容易背离税法上追求安定性秩序的价值目标与组织收入的基本功能。

法学界对征税行为性质的这一定位配合了具体时期的国家政策目标,并取得了较好的综合效果。经济法行为理论的研究路径与研究成果也对税法行为理论的研究具有重要的借鉴意义,如"主体—行为"的分析进路、角色理论等。但与此同时,这一理解也产生了一定的局限性,提高了学理研究中寻找概念工具的成本,降低了理论指导实践的实际效益。从理论构造上看,宏观调控其实只是税法非常态的、次要的和附随的功能,税法的主要功能在于规范理财行为、促进社会公平、保障经济发展,②进而实现财税法"理财治国"之终极功能。③ 征税行为与经济行为之差异也可以从财税法学和经济法学关系角度区分,此二者在产生时间、核心问题、"财税"定位、功能取向和制度结构皆有不同。④ 此外,经济法上的行为理论研究本身的薄弱和行为概念的尚未统一,也不利于理解税法上的行为。

(三)法律行为之征税行为

从法秩序的整体视角观察,税法上的行为与民事法律行为经由3个契机而紧密联结:(1)债务关系说在税法中的导入,使纳税人在税法领域获得了类似"主观公法权利"⑤的主体性地位,纳税义务可由税法中有关金钱债务的诸项规定予以调整,此为二者之间接联结;(2)税法的课税对象为法律行为本身(以私

---

① 张正钊、李元起主编:《部门行政法研究》,中国人民大学出版社2000年版,第103页。

② 参见刘剑文:《财税法功能的定位及其当代变迁》,载《中国法学》2015年第4期。

③ 参见刘剑文、侯卓:《"理财治国"理念之展开——另一种国家治理模式的探索》,载刘剑文主编:《财税法论丛》第13卷,法律出版社2013年版,第4页。

④ 简言之,在产生时间上,经济法产生于垄断资本主义时期,财税法产生于国家形成之初;在核心问题上,经济法的核心问题在于协调经济运行,财税法的核心问题在于规范公共财产;在对"财税"的定位上,经济法将其作为宏观调控的工具,财税法将其作为组织公共财产和收入分配的规范;在功能取向上,经济法以规范和保障国家对经济的调节为宗旨,财税法以控权、限权为宗旨;在制度结构上,经济法以宏观调控和市场规制为主要内容,财税法则为财政基本法统率下的财政收入、支出和监管法。参见刘剑文:《财税法——原理、案例与教材》(第3版),北京大学出版社2017年版,第5~6页。

⑤ 耶利内克通过"主观公法权利"的概念论证了公民针对国家的法律请求权,进而指出没有公法权利就没有私法权利。参见[德]格奥格·耶利内克:《主观公法权利体系》,曾韬、赵天书译,中国政法大学出版社2012年版,第10页。

法行为进行的经济活动与经济现象)以及法律行为的后果(财产、所得等),此为二者之直接联结;(3)从财产法的角度来看,私法与税法从各自的规范目的出发,对私人财产权形成民法规范在先、税法调整在后的不同层次的法律秩序,[①]此为更深层次之联结。

二者之差别则可从本质差异、顺位差异与具体制度差异3个层次解读。

首先,征税行为与民事法律行为的差异的本质在于公法债权与私法债权属性上的不同。一方面,公法上的债权债务结构与私法契约结构不同。私法债权债务关系当事人之间系"私益—私益"的对立与妥协关系,二者利益协调经由私主体自主的意思表示一致达成,其关键命题在于"提供对等法主体间自由而无须强制说理为决定的框架秩序",[②]在这一框架下,个人可自我形塑与自我调控其利益。作为公法债权人的国家在本质上代表纳税人共同体的整体利益,二者之间为"公益—私益"之对立,纳税人所争取之个体"私益"亦寓于"公益"之中,二者利益协调既不能采取偏向国家的"国库主义",[③]亦不能偏向纳税人个体,[④]而应依量能课税原则予以调整。另一方面,作为公法债权债务关系一方的国家居于公权力主体的地位,作为债权人的国家与作为债务人的纳税人之间地位不对等,这意味着公法债权人之行为可不受纳税人意思表示的"拘束",[⑤]但税收债权的产生与实现受到法律保留原则和量能平等负担原则的严格约束。

其次,从发生顺位上来看,民事法律行为较征税行为具有先在性,税法需借鉴民商法上的概念描述税收构成要件、[⑥]征税的间接前提要件[⑦]及征税的

---

① 刘剑文:《私人财产权的双重保障——兼论税法与私法的承接与调整》,载《河北法学》2008年第12期。

② [德]施密特·阿斯曼:《秩序理念下的行政法体系建构》,林明锵等译,北京大学出版社2012年版,第267页。

③ "国库主义"倾向本质上即是将国家与纳税人视为平等私主体的民法上的思维。

④ 有学者认为,"疑则有利于纳税人"解释本质上为"罪刑法定主义""疑则无罪"之刑法思维模式,亦不可取。参见葛克昌:《行政程序与纳税人基本权》,北京大学出版社2005年版,第18页。

⑤ 如果从纳税人自由意志角度看(具体讨论参见第三章),则税收公法主体虽不受其"拘束"但受其"影响"。

⑥ 如财产交易、股息利息所得等税收构成要件。

⑦ 如继承或财产转让。

原因事实,[1]这也是引发税法领域"民法规范进入税法"[2]这一理论议题的根源。

最后,征税行为与民事法律行为在原则适用与制度设计上亦有诸多不同。例如,在效力上,税法与民法所规范者,皆为人民经济生活,通常民商法适用先于税法,但民法之效力并不优先于税法,因民法系以契约自由为结构性原则,尊重私人间决定、登记、章程等形式,以维护法安定性;税法则以量能平等原则为结构性原则,原则上虽尊重私法契约,但如与量能课税原则不符仍得依实体课税原则及"脱法"避税予以调整,亦即现行之各国税法,多采税法独立说,但不以干扰其他法域之核心价值为限度。[3] 例如,民法有效契约,有时税法不予承认而需予调整。[4] 反之,因违反民法上的强制禁止规定或善良风俗而无效的行为,仍可保有其行为的经济效果,不影响税捐课征。[5]

(四)财税行为之征税行为

如文献综述中所指出的,学界尽管一直试图建构税法上的行为体系或使用行为理论解释税收法律关系的性质与特征,但对这一理论体系的讨论较粗浅,或失之规范性,在通常意义上使用"行为"一词,概念界定与分类大多直接移植民法或行政法行为理论,未在区分税法的公法与私法属性、实体法与程序法区别的基础上进行讨论,或对法的拘束性与税收行为的高权性、正当性基础讨论不足,尤其未与行政私法行为进行区分,也并未运用这一理论解释实践中出现的问题。如果一定要对税法上的行为理论梳理一个理论源流或脉络,则其大致经历了"理念的缺失""观念的隐现""概念的提出""征税行为语意的失范"4 个阶段。在税收债权债务关系说成为学界通说之前,征税行为被置于行政行为理论之下讨论,独立的征税行为基本都处于"缺失"状态;"隐现"以将征

---

① 如住所、共有财产关系。

② 具体讨论参见杨小强:《论税法与私法的联系》,载《法学评论》1999 年第 6 期;叶金育、熊伟:《民法规范进入税法的立法路径——公法与私法"接轨"的规范配置技术》,载《江西财经大学学报》2013 年第 4 期;李刚:《税法与私法关系总论——兼论中国现代税法学基本理论》,厦门大学出版社 2014 年版;李刚、丛中笑:《税法与私法关系探源——对(私人)财产权的确认和保障》,载《法制与社会发展》2003 年第 6 期;等等。

③ 参见葛克昌:《税法适用:第 1 讲——税法独立性与统一法秩序》,载《月旦法学教室》2008 年第 66 期。

④ 例如,滥用自由而从事不具商业理由之非常规交易("脱法"避税行为)。

⑤ 参见葛克昌:《税捐行政法——纳税人基本权视野下之税捐稽征法》,厦门大学出版社 2016 年版,第 243 ~244 页。

税行为纳入其中的经济法行为的提出为标志;“提出”阶段为对税收征纳行为、税收法律行为、税行为、应税行为的专门研究;“失范”则无疑为当前之状态,即并未赋予征税行为以规范化的含义或遵循一致的研究路径,而是借“行为理论”之名讨论其他税法问题。

三、征税行为理论补正的基本进路

(一)逻辑对应:税收债务与征税行为

无论是最狭义的作为法律行为之起源的民事法律行为与行政行为,①作为中间形态的经济法行为,②还是最广泛意义上的法律上的行为,③“行为”与“关系”之间都存在一定的对应性。在直接针对税收行为的研究中,也有学者提及此种对应关系:“由于税法的直接功用,是规范税法主体的行为,并由此来调整主体之间的税收关系,因此,如果承认税收关系的独立性,以及‘关系与行为的对应性’,就应当承认行为的独立性。此类具有独立性的行为,可以先大略综括为‘税收行为’。”④基于此种对应性,我们有理由认为税收法律关系性质的变化与税法上行为的性质与构造之间具有某种“隐性连接”与“联动效应”。

对税收法律关系性质的理解,经历了由权力关系说向债务关系说的转变。自由法治国时期,税法作为特别行政法的一种,与其他行政法在性质上没有差异。以奥托·迈耶为代表的德国传统行政法学派认为,租税法律关系是依靠财政权力(Finazge Walt)产生的关系。⑤ 在这种关系中,国家课税权的行使以“税收法规—课税处分—滞纳处分—税务罚则”的模式进行,因而税收法律关

---

① 民法上的法律行为即为萨维尼所创设之“法律关系”理论下的设权行为。

② 经济法上的行为理论认为,行为是主体与其权利、义务的媒介,是主体之间建立相应社会关系的桥梁;或者说,行为是法律直接的调整对象,而社会关系则是法律间接的调整对象。如将权利、义务理解为法律关系的内容,则在这一语境下,行为与关系之间具有直接的指向性。参见全国高等教育自学考试指导委员会组编、张守文主编:《经济法概论》,北京大学出版社 2005 年版,第 86 ~ 87 页。

③ 法理学上的法律行为(legal act)指法律将关注其法律结果的或具有法律意义的行为,法行为(jural act)为直接产生、变更、终止法律关系的行为。

④ 张守文:《税收行为范畴的提炼及其价值》,载《税务研究》2003 年第 7 期。

⑤ 参见[日]北野弘久:《日本税法学原论》(第 5 版),郭美松、陈刚译,中国检察出版社 2008 年版,第 158 ~ 159 页。

系是通过查定处分这一行政行为来“创设”纳税义务[①]而构成的权力服从关系。[②] 因此,权力关系说尤其强调行政行为在租税法律关系中的重要性。

1919 年《德国租税通则》[③]以立法的形式确立了税收债务说的地位,这一规定动摇了权力关系说的地位,改变了由行政行为创设纳税义务的观点,税收债务的成立不再以行政行为的介入为必要条件。税收之债的理念由实定法确认后,经债务关系说的主张者阿尔拜特·海扎尔(Albert Hersel)和权力关系说的代表人物奥特马路·比拉(Ottmgar Biihler)于 1926 年在明斯特召开的德国法学家大会上的论战,以及德国税法学界的不断解释阐发,税收法律关系所包含的债务属性逐渐被认可。此后,经日本和我国台湾地区学者的引介与发展,税收债务关系说的内涵逐渐成熟、丰富,并在其内部发展出不同的观点。以杉村章三郎、田中二郎和金子宏为代表的“二元论”者一般认为,税收实体法律关系为债务关系,而实体事项之外的程序性法律关系(如课税处分、税收救济、税务处罚等)则为权力关系。[④] 以北野弘久为代表的“一元论”者则认为,采取割裂的方式无法对整个租税法律关系作出令人信服的结论,以法实践论为标准将税收法律关系统一理解为债务关系,才不背离纳税人权利保护的主旨。[⑤] 我国台湾地区税法学界吸收了德国、日本的理论,大多承认税收法律关系所具有的债务属性。[⑥] 同时值得注意的是,晚近德国税法实践中,行为概念已经在实质上与德国税制中征税主体、纳税义务、纳税人等要素形成同质且互构的关系。

---

① 查定征收是一种税收征管的方法,即征税机关根据纳税人的生产能力和一定时间内的实际产销情况,核定一个实物量作为纳税标准,分期征收应纳税额,一般期末进行结算。当实际产销量超过核定量时,经由纳税人报请补征,不羁核定量时,可由纳税人报请重新审定。参见张富强主编:《税法学》,法律出版社 2007 年版,第 170 页。

② 这一模式与警察权的行使以“法律—行政处分—执行处分—警察罚则”的模式如出一辙,是权力关系的例证。参见[日]金子宏:《日本税法原理》,刘多田等译,中国财政经济出版社 1989 年版,第 18 ~ 19 页。

③ 《德国租税通则》第 81 条规定:“租税债务在法律规定的租税要件充分时成立。为确保租税债务而需确定税额的情形不得阻碍该租税债务的成立。”

④ 参见刘春堂:《租税优先权研究》,台湾地区财政事务主管部门财税人员训练所 1980 年版,第 19 页;[日]金子宏:《日本税法》,战宪斌、郑林根等译,法律出版社 2004 年版,第 21 页。

⑤ 参见[日]北野弘久:《日本税法学原论》(第 5 版),郭美松、陈刚译,中国检察出版社 2008 年版,第 163 页。

⑥ 参见陈敏:《租税债务关系之成立》,载《政大法学评论》1989 年第 39 期;邓海波:《论赋税法与债法》,载《朝阳大学法律评论》第 38 卷 1972 年第 2 期;许智诚:《我国租税债权之保全与强制执行》,台北,联经出版事业公司 1986 年版,第 2 页;康炎村:《租税法原理》,台北,凯仑出版社 1987 年版,第 116 页;陈清秀:《税法总论》,台北,元照出版公司 2014 年版,第 275 ~ 276 页;等等。

对税收法律关系性质的理解,在我国则经历了“无论无争”、“有论无争”以及“有论有争”3个阶段,[①]并有“在税收债务关系说的基本定性基础上借鉴私法之债的理念来发展税法理论”[②]的整体趋势。近些年,税收法律关系兼具公法与私法的二重性质渐成通说。诸多学者已将税收债务说作为理论研究的前提,表现在关注税法与私法的联系、重视以债为核心加强税法制度建设、加强对纳税人权利的保护和对税权的制约等。[③]

税收法律关系由此分为实体法上的税收债务关系与程序法上的税收义务关系:前者为一种财产法上的权利义务关系,债权人可向债务人请求金钱给付,税捐债务人将以自己的所有财产对税捐债权人担保;后者为程序法上的权利义务关系,此时的税捐债务人为非财产法上的行为义务人,只负有程序法上的作为与不作为义务。从纳税义务的角度来看,纳税人负有的行政法上的义务,成为税捐债务法律关系上的一种“附随义务”或“协力义务”。[④]

基于税收法律关系与税法上的行为在性质上的同质性、互构性与对应性,如果固守传统税法中征税行为仅为设权行为或权力行为的狭义含义,就是对税法实践中已经出现的除权力行为外的契约行为、形成权行为等新的具体表意行为类型的忽视,并导致现实生活中相关制度的缺失。坚持狭义的税收行政行为概念,无法构建结构完备、逻辑自恰的税法总论体系。为弥补上述应然与实然间的鸿沟,实现税收法治理念基础上的纳税人基本权以及税法总论结构的逻辑自恰,需重新审视征税行为这一概念的内涵与价值。

(二)观念统合:税收程序法的内在价值

税收之债理论自创设起,引发最多学理争论的,也是最难与行政行为相调和的是如何理解税收程序法的性质。税收债务的观念不可及于税收程序,这是早期德国税收权力关系说的支持者、日本持“二元论”者以及在我国反对税

---

① 参见李刚:《现代税法学要论》,厦门大学出版社2014年版,第41～74页。

② 史学成:《税收法律关系理论的国际比较研究与本土化建构》,载刘剑文主编:《财税法论丛》第5卷,法律出版社2004年版,第362页。

③ 参见刘剑文、熊伟:《二十年来中国税法学研究的回顾与前瞻》,载刘剑文主编:《财税法论丛》第1卷,法律出版社2002年版,第17页。

④ 葛克昌:《税捐行政法——纳税人基本权视野下之税捐稽征法》,厦门大学出版社2016年版,第9页。

收债法的学者①所持观点的“最大公约数”。迄今实务界也普遍认为,税收程序法为传统行政法的范畴。② 尽管税法由侧重程序法层面转向以实体法为核心,税法乃是“以税捐债务的观念为中心所构成的独立法律领域”,③但对实体法与程序法在性质理解上的差异,使税收之债的理念更多成为一种抽象意义上或是“应然”层面的建构,④而非可在制度层面贯穿于税收征纳程序全过程的指导性原则。

在实体法的灵活性和程序法的确定性之间,存在一个一边是确定性,另一边是正义的中间地带,二者在逻辑和效用方面有怎样的价值,这涉及对他们所促进的社会利益的评估。⑤ 事实上,税收实体法和程序法的区分只在理论上存在,在税法实践中,前者表现为为实现税收债权的金钱给付请求权,后者表现为为实现税收债务请求权而成立的各项作为、不作为与忍受的义务,二者辅车相依、形同一体,共同构成了税收征纳运行过程的全部。当符合实体法课税要件的事实发生时,税收实体法所规定的抽象性纳税义务转化为可实现的具体纳税义务,需按照程序法要求对纳税义务予以确认。在实定法上,税收实体法规范中常规定有程序性内容,实体法规范的修订一般伴随程序性的配套征管措施;程序法上的规定也常会产生实体法和程序法上的双重效果,如流转税课税环节的确定,既会影响实际负担税率,⑥也会影响在已定税基上的征管效率。当然,法律程序有其独立价值:一是作为达求良好结果的手段;二是程序自身的德性。⑦ 前者将税收程序性权利视为“纳税主体为行使、主张或保障其实体

---

① 参见蔺翠牌:《税法理论热点问题探寻》,载《法学杂志》2005 年第 1 期;蔺翠牌:《对中国税法理论的突破与创新的几点疑问》,载《税务研究》2005 年第 2 期;王家林:《也从纳税人的权利和义务谈起——就一些税法新理论求教刘剑文教授》,载《法学杂志》2005 年第 5 期;等等。

② 当然,这与现行《税收征收管理法》在程序上并未以纳税申报、纳税评估等税收确定程序为核心,而是以税务管理、税款征收和税务检查为主体不无关系。

③ 陈清秀:《税法总论》,台北,元照出版公司 2014 年版,第 5 页。

④ 参见刘剑文、熊伟:《税法基础理论》,北京大学出版社 2004 年版,第 67 页。

⑤ 参见[美]本杰明·N. 卡多佐:《法律的成长》,李红勃、李璐怡译,北京大学出版社 2014 年版,第95 ~96 页。

⑥ 如在普遍征收的单环节税中,选择在生产环节、批发环节和零售环节征税将产生不同的税收负担。在生产阶段课征同等税率的从价税会导致在零售阶段的税负率不同,因为各种产品的零售价与生产价的比率是不同的,但若考虑到这种差异而实行差别税率,又会造成极高的征管负担,这既体现了在量能课税与稽征便宜原则之间的权衡,也体现了税收实体法与程序法的一体两面。

⑦ 参见陈端洪:《法律程序价值观》,载《中外法学》1997 年第 6 期。

权利而必须具有的做一定行为(少部分情况为不做一定行为)的能力或资格”,[①]即将程序性权利视作实现实体性利益的方式;后者强调程序所具有的除“结果有效性”外的独立价值,如维护作为理性的人的尊严与自由意志。

在税法学乃至公法学发展至今日之程度,再来花费笔墨争论税收法律关系的性质究竟为何实无必要。正如村井正指出的,梳理这段历史之目的只在于其“对租税法学之发展又不少的贡献,而有赋予历史性评价的必要”[②]而已。而此处之“不少的贡献”,可理解为税法在整体上接纳了一种根植于税收债务理念的契约精神、平等原则、公共财产法和纳税人保护的理念,这些理念在“税收之债”提供的土壤内生根发芽,日益呈现参天之势。在实体法上,征税行为是判断实体纳税义务成立的关键。在一项可能涉税的事实中,如果我们能够确定主体和行为两个方面,那么就可以作出是否发生纳税义务的判断。[③] 在程序法上,征税行为关注其程序上的特殊性,将征纳的过程看作公共服务行为以及各主体间达成合意的过程,并将其作为使抽象的税法上权利义务关系具体化和明确化的中介。如果将实体法上的理念贯彻于程序法的任务无法由“公法上的全权债务关系”理论完成,或许经由征税行为,可弥合税收实体法与程序法理念上的差距。征税行为正是在此基础上,试图通过“行为”这一理论工具进一步修正征税主体与纳税人之间的不平等性。随着税收实体法价值与程序法目标的区分愈加不明显,二者皆与现代税法取向公平正义的几重维度紧密关联,统一于同一价值体系之内。

(三)宪法立场:从纳税人权到纳税人基本权规范

税法为富含强烈宪法意识之法律,正确的税法解释应来自宪法立场。[④] 一方面,在现代税收国家,税捐体现着表现在经济上的国家的存在。国家以从私人财产处获得的税收收入为前提提供公共物品,国家与人民之间最主要的关系就是税收关系。税收必须被看作帮助纳税人构建的总体财产权制度的一个

---

① 施正文:《税收程序法论——监控征税权运行的法理与立法研究》,北京大学出版社 2003 年版,第 162~163 页。

② [日]村井正:《现代租税法之课题》,陈清秀译,台湾地区财政事务主管部门财税人员训练所 1989 年版,第 71 页。

③ 参见李大庆:《财税体制科学化与税收程序契约化的法律路径——兼评我国〈税收征管法〉的修改》,载《税务研究》2014 年第 6 期。

④ P. Kirchhof, Rechtstaatliche Anforderungen an den Techtsschutz in Steuersachen, DStG18, 1995, S. 38. 转引自葛克昌:《税捐实质正当性与违宪审查》,载刘剑文主编:《财税法学前沿问题研究:依宪治国、收入分配与财税法治》,法律出版社 2015 年版,第 182 页。

组成部分。[①] 这既意味着税收制度通过筹集收入维持了政府系统与现代国家机器,也意味着"通过由税收制度定义和支持的法律体制和法律合约限制了一些特定类型的财产权,从而对经济体制的其他因素产生重要影响"。[②] 另一方面,征税是一种以国家强制力为保障的垄断性权力,国家权力介入社会经济生活行使管辖权,具有强大的渗透力和影响力,会直接或间接地侵犯最广大人民的财产权(减损人民生存发展的物质基础)、生存权(对基本生存物品课税)、平等权与工作权(如征收具有管制诱导性目的的税收)等基本权利。国家的课税权与人民的基本权利之间存在不可避免的对立冲突,因此税法在先天上较其他法域更应受宪法基本价值观,特别是基本权理念的拘束。[③] 宪法中的税需具有符合国家根本任务的价值取向,以宪法为纲要的税法合宪解释与违宪审查当为其努力方向。[④]

税法解释当秉持宪法立场的直接原因在于更好地保护纳税人权利。近些年,作为现代税法的最高价值追求,保护纳税人权利的宣示几乎出现在所有晚近税法学著作中。纳税人基本权作为公民基本权利的具体表现形式之一,体现在税收立法与适用的全过程。在税收立法领域,纳税人不仅要求通过自己选举的代议机关以民主立法程序制定税收征收的法律、代行课税权,同时要求对税收的支出享有民主管理的权利;在税收执法方面,坚持严格的法律保留与授权禁止原则,限制不确定概念和概括性概念的存在,限制对税法的类推解释和扩张解释,禁止对纳税人的不利益溯及既往,严格限制征税机关自由裁量权等;在税收司法领域,除要求设置专门的税务法院、税务法庭外,纳税人诉讼(taxpayer's suit)的立法化亦渐成趋势,纳税人不仅可以对与自己有法律上直接利害关系的税务行政行为请求司法救济,也可以国家或地方政府为被告,对在法律上与自己无直接利害关系的违法税金支出提起要求国家确认税金支出不

---

① Murphy et al. ,*The Myth of Ownership*,Oxford University Press,2002, p. 8.

② Steven M. Sheffrin,*Tax Fairness and Folk Justice*,Cambridge University Press,2013,p. 28 – 68.

③ 参见钱俊文:《国家征税权的合宪性控制》,法律出版社 2007 年版,第 6 页。

④ 从实定法上来看,除《宪法》第 56 条对公民纳税义务的直接规定外,《宪法》序言规定国家的根本任务是"沿着中国特色社会主义道路,集中力量进行社会主义现代化建设";第 62 条则分别规定了全国人民代表大会制定和修改基本法律的权力、审查和批准国民经济和社会发展计划和计划执行情况报告的权力以及审查和批准国家的预算和预算执行情况的报告的权力;第 15 条规定"国家加强经济立法,完善宏观调控";第 33 条规定"国家尊重和保障人权",如上规定皆应理解为税收实定法之"价值取向"。

违宪或返还税金的诉讼请求，这是典型的基于重大公益、国民主权与权力制衡目的[①]的宪法上的请求权。如美国地方和州的纳税人诉讼制度[②]、日本[③]、英国地方自治体住民的纳税人诉讼制度以及法国的纳税人越权之诉。

纳税人权利保护的观念源于现代税收国家宪法框架下对基本权利的认识，是围绕基本权利保护而展开的对征税权力正当性的探索。基本权利，是指个人作为特定国家的社会成员而享有的最起码的权利，在英美国家这种权利多被称为"人权"，德国称"基本权"，日本则多用"基本人权"的概念。现代宪法意义上的基本权理论具有主观权利与客观价值两种面向。[④] 作为一种主观权利，基本权赋予个人抵御国家公权力侵害以及要求国家积极作为的权能，是个人在公法上所拥有的、可以请求救济的权利。除强调权利主体的个人性和权利的可救济性外，基本权利还具有客观之面向。在客观意义上，基本权包含了一个"客观价值秩序或价值体系"，[⑤]这一价值秩序就是对国家权力产生直接约束力的法律，是直接约束立法者的规则，[⑥]立法、行政和司法都应该从宪法的价值秩序中获得行为准绳与驱动力。[⑦] 上述二重性理论构成纳税人基本权利的宪法解释框架，在这一框架下，我们既应从纳税人作为私主体针对公权力（如国家）享有的权利，如公共产品的请求权与选择权、财产权保障、纳税人在税收征纳程序中的具体权利等角度解释宪法上的纳税人基本权，亦应重视其作为"客观规范"的性质，强调纳税人基本权对整体税法秩序的约束作用，强调

① 有学者认为，纳税人诉讼的理论基础区分为政治上的民主、人权和法治理论，经济学上的税收价格理论和宪法上有关公民监督权的规定，此观点可视为从《宪法》第 41 条"由于国家机关和国家工作人员侵犯公民权利而受到损失的人，有依照法律规定取得赔偿的权利"出发的理解。参见施正文：《我国建立纳税人诉讼的几个问题》，载《中国法学》2006 年第 5 期。

② 美国联邦宪法法院由"Forthingham"案和"Flast"案确立了以禁止为原则、允许纳税人提起诉讼为例外的惯例，但州宪法并无此禁止规定，因此地方和州纳税人更易获得纳税人诉讼中的诉讼主体资格。See Forthingham v. Mellon. 262 U. S. 447 (1923) and Flast v. Cohen, 392 U. S. 83 (1968).

③ 日本《地方自治法》第 242 条规定："地方自治体内的住民可以对地方自治体的违法支出行为提起停止支出、取消或确认该支出行为无效、对违法支出进行损害赔偿等。"

④ 参见赵宏：《作为客观价值的基本权利及其问题》，载《政法论坛》2011 年第 2 期。

⑤ ［德］罗伯特·阿列克西：《法、理性、商谈：法哲学研究》，朱光、雷磊译，中国法制出版社 2011 年版，第 256 页。

⑥ 在基本权客观价值之起源的德国，这是一项有实定法依据的规则，《德国基本法》第一章第 1 条第 3 款明确规定："基本权利拘束立法、行政及司法而为直接有效之权利"。

⑦ 参见张翔：《基本权利的双重性质》，载《法学研究》2005 年第 3 期。

包括立法权在内的所有公权力对宪法价值的尊重,从而强化纳税人基本权的实效性。

由民主、公平、人权保障这些崇高价值目标所形塑的纳税人基本权,赋予了税法以正当性的基础,使其更具实质理性。但各国对于纳税人权利的保障和落实,却受到诸多现实因素——如一个国家的财政传统、收入结构与预算制度、纳税人权利保护规则构造本身的理性——的影响而呈现不同面貌。如宪法学者所言,作为一个转型期宪法,我国现行宪法内在的价值秩序是颇为复杂的,其中既体现了国家主义的价值取向,同时也蕴含了立宪主义的价值立场,彼此之间形成了一种复合并存的结构。[①] 我国《宪法》规定的"中华人民共和国公民有依照法律纳税的义务",从某种程度上说,便是这一复合结构的映射,是转型期宪法结构性特征和复合价值的典型体现。宪法对基本权利的保障方式是通过法律的具体化实现的,与违宪审查制度相比,这是一种保护强度较低的方式,因为法律在将各项基本权利加以具体化的过程中,完全有可能对其保护范围和内容也进行限制,[②]尤其在行政立法居于主导、征税机关对税收立法提案具有重要话语权的当下更是如此。例如,在尚无违宪审查制度的现实下,税法对《宪法》第 33 条人权保障原则的具体化即存在"进一步加剧了《宪法》中抽象性的人权规范与个别性的人权保障之间所已经存在的巨大张力"[③]的可能,在进行权利保护的同时又造成对纳税人权利的另一重限制,这一寓于宪法条款具体化过程中的矛盾亦是税收行政过程需要解决的问题。

因此,纳税人权利的保障需要经历一个从"移植的实质理性"到"形式理性",最终回归"本土的实质理性"的过程,这一过程的实现既有赖一套法权结构的落实,亦有赖对形式理性层面税法技术的精巧设计和税法文本逻辑构造的产生性分析。征税行为所需秉持的宪法立场,正是在这一层面展开的。征税行为这一命题发生于宪法这一最高场景之中,宪法上的"税"概念在"以主权原理为形式、以人权理念为内容、以岁入岁出为外延"[④]的开放性结构中,为征税行为划定了其在宪法秩序中的内涵边界。征税行为的重要功能之一是从行政角度强化纳税人基本权的客观价值秩序。一方面,作为法律的适用者,征税

---

① 参见林来梵:《转型期宪法的实施形态》,载韩大元主编:《依宪治国》,社会科学文献出版社 2016 年版,第 173 页。

② 同上书,第 171 页。

③ 林来梵、季彦敏:《人权保障:作为原则的意义》,载《法商研究》2005 年第 4 期。

④ 陈丹:《论税收正义——基于宪法学角度的省察》,法律出版社 2010 年版,第 1 页。

行为服从于税收法定之最高原则；另一方面，又以纳税人基本权保护为指标，拷问立法本身的超越实证法的正当性问题。征税行为需经历对税法的构成要件进行解释，对案件事实是否符合税法构成要件进行涵摄以及对法效果进行选择的过程。在将抽象规范具体化的步骤中，征税行为的主体具有相当的意志形成自由和自我决定的空间，而并非完全受法律规范支配的“木偶”，因此可以说，征税行为本身也是在建构和形成秩序——征税行为精确、理性的程度也间接决定了宪法能在多大程度上为纳税人提供“制度性保障”，[①]以及纳税人基本权在多大程度上具有直接有效性和可实现性。

四、征税行为的体系性关联

征税行为如同一个呈辐射状的蛛网结构系统，彼端连接决定其属性与构成的诸要素。任何成熟的法制度都有相互协调的体系脉络，体系化的研究这一系统，需首先界定相关要素指称的具体含义和内涵边界。为避免相关要素基于不同分类标准而有不同表达进而引发混淆，需先对与本论题相关的诸要素在具体表达上的语词选用进行甄别，并阐释理由。

（一）“税收主体—征税行为”视角

税收主体可基于不同的标准而有不同的分类和表达。如果从“行为—关系”之对应性角度来看，征税行为的主体与税收法律关系的主体具有一致性。我国台湾地区学者在学理上区分了税捐权利人与税捐义务人、税捐债务人、税捐缴纳义务人、税捐负担主体与责任债务人等概念。[②] 此种分类是在区分实体法上的纳税义务与程序法上的纳税义务、财产法上的权利义务与非财产法上的权利义务基础上对主体所作的划分。实体法上的主体为税捐债权人（国家及地方自治团体）与税捐债务人，程序法上的主体是税捐稽征机关与行为义务人（税捐当事人），分别对应公法上的债务关系与行政法律关系。德国税法上只区分了租税义务人与非租税义务人，并未对税捐债务人与税捐义务人

① “制度性保障”所针对的是立法者，这一理论的内涵在于，某些私法上或公法上的制度，对社会生活具有特别的重要性，宪法应对其特别加以保障，严禁立法者将这些制度完全废弃，或是通过对核心内容加以改变而将其掏空。

② 参见陈清秀：《税法总论》，台北，元照出版公司2014年版，第285页。

加以区分。[①] 随着税收法律关系性质的转变，我国税法学理开始强调税收债权人与税收债务人等实体法上的主体概念，并以此为基础探索各种分类，如依据参与各方主体是否直接介入公法之债，或基于权利性质、权限依据与税法体系内容的不同来分类。这些分类的主要目的在于区分不同性质的税法关系，解释和重述不断出现的新兴税法现象。但在实在法意义上，通行的观念依然是按权力关系“两造”将税收法律关系的主体分为征税主体与纳税主体，前者为享有国家税收征管权力、履行国家征税职能的政府部门，后者为法律、行政法规规定负有纳税义务的单位和个人。[②]

为避免不必要的语意混淆，本书在论证征税行为的主体范围与主体内涵时，将依税法研究中的语用习惯，在广义上使用征税主体与纳税人的概念，并在讨论征税行为的具体面向时，替代使用征税机关[③]、纳税人、税收债权债务人、纳税义务人、税收相对人、涉税行为相对人、税收行为参与人等学界常用表述。[④] 在这一语境下，征税主体可以指代：(1)宪法意义上的国家或政府；(2)主导税收法律关系、在法律授权的范围内享有决策权与裁量权的公权主体；(3)税收收益权与行政权的归属主体，即具体行使征税权并享有征税权利的国家职能机关；(4)在区分税法的财产法与非财产法性质情境下，享有税收债务法上的金钱给付请求权人；(5)受征税机关委托代征税款的单位和人员。[⑤]

纳税主体可以指代：(1)宪法意义上享有纳税人基本权的纳税人；(2)参与税收法律关系，在法律规定的范围内享有行政程序参与权和博弈权的私权主体；(3)在区分税法的财产法与非财产法性质情境下，负担税收债务法上金钱给付义务的税收债务人；(4)负担税务登记义务、税收申报义务、接受调查与忍

---

① 《德国租税通则》第 33 条第 1 款规定：“称租税义务人(steuerpflichtiger)者，谓负担租税债务，负担租税债务担保责任，应为第三人之计算收取并提缴租税、提供担保(sicherheit)，制作账册及会计记录(Bucher und Aufzeichnungen)或履行税法所规定之其他义务之人”；第 2 款规定：“因他人之租税事件，而应为陈述，提出文书，制作鉴定书(sachverstandigengutachten)或应容许进入其土地、营业所即工作间(Geschafts-und Betriebsraumen)之人，非租税义务人”。因此，在德国法上，税捐债务人与税捐义务人统称为租税义务人，而对他人的税捐事件负有调查协力义务之人则不是税捐义务人。

② 参见刘剑文：《税法学》(第 5 版)，北京大学出版社 2017 年版，第 84 页。

③ 依行政法上的观点，“主体”与“机关”应有所区分，主体为严格的法学概念，强调“正在行使”行政职权的动态性，征税机关则为法律概念，强调“可以行使”的前提性。

④ 至于各类主体享有和承担的实体法和程序法上的具体权利义务，本书第三章将予以详述。

⑤ 征税机关以外的社会组织和人员也可以成为征税主体，这一区分目的在于引导人们关注税收行为的多中心化特征和多元主体特质，而非仅仅解决税收行政诉讼中的被告确认问题。

受搜查义务等非财产法上各项权利义务的纳税(义务)人(见图1－2)。

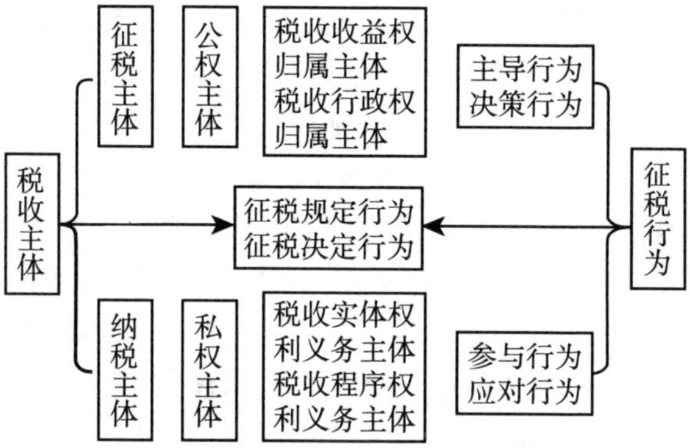

图1－2　“税收主体—征税行为”视角

(二)“税收关系—征税行为”视角

从“关系—行为”之关联视角出发理解征税行为，则征税行为的内涵构造又可基于税收关系与税收法律关系之差异而二分：

税收关系与征税行为的对应性。学界存在诸多对税收关系性质与分类之理解，但大体未超出税收分配关系与税收征纳关系的范畴。[①] 税收分配关系包括国家机关之间的税收权力分配关系以及国家与纳税人之间的债务分配关系。在税收征纳关系中，无论是具有保障税收债务关系实现的、具有实体性内容的税收征纳权利义务关系，还是纯粹程序法意义上的税收征纳关系，皆具有联结税收征纳双方的明确性，因此得由征税行为直接促成。而税收体制法和税收实体债务法所确定的是一种尚未发生的抽象性的关系，[②]因此理论上并不能与征税行为直接相连。

税收法律关系与征税行为的对应性。在债务关系说已成通说之今日，征

① 这种划分随着对税收关系性质认识的变化与理解角度之差异而在具体表述上存在不同，如税收分配关系也被表述为税收经济关系、税收实体利益关系、权利(税权)分配关系、税收权限关系、税收体制关系、财产流转关系等，而税收征纳关系也在一些分类中被认为是税收程序关系或税收程序管理关系，但在具体内涵上依然存在相当大的交互重叠。参见徐孟洲、徐阳光：《税法》(第5版)，中国人民大学出版社2015年版，第10～11页；刘剑文、熊伟：《财政税收法》(第7版)，法律出版社2017年版，第169页；张守文：《税法原理》(第7版)，北京大学出版社2016年版，第24～25页；孙树明主编：《税法教程》，法律出版社1995年版，第10页；严振生主编：《税法》(第3版)，中国政法大学出版社2007年版，第9页；刘隆亨：《税法学》，法律出版社2006年版，第68页；等等。

② 参见施正文：《论税收程序法的法域属性及税收关系划分》，载《现代财经(天津财经大学学报)》2006年第6期。

税行为的性质应具备公私法共通之契约化的观念。从内容上来看,征税行为并不与3种类型的税收法律关系具有直接对应性:(1)税收宪法性法律关系。宪法虽为征税行为之结构性基础,但税收宪法关系因其主体、生效规则的抽象性与“纳税者基本权”之主观性,而与征税行为的具体化、明确性特征不符。(2)税收责任法律关系中的税收刑事责任法律关系。税收刑事处罚的实体标准与程序标准通常由刑法及刑事诉讼法规定,救济机制也相对独立。(3)税收行政诉讼法律关系与行政处分法律关系。引发税收救济法律关系中的税收行政诉讼法律关系之相关行为目的并不在于引起税法上的法律效果。另外,税收行政处分法律关系具有内部性,一般不受税法评价,因此只要不对纳税人产生间接的外部影响,也不在本书讨论范围内(见图1-3)。

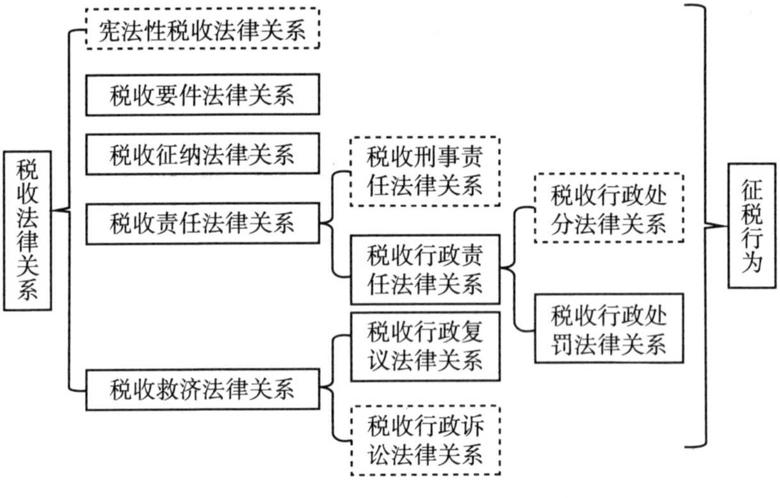

图1-3 “税收关系—征税行为”视角

(三)“权力结构—征税行为”视角

如依权力结构将税收活动分为立法行为、执法行为与司法行为,征税行为的覆盖范围有二:(1)征税机关制定征税行政规定的行为。行政机关在管理税收事宜时可依法制定行政法规(仅限于国务院)、规章(财税主管部门、省级人民政府和较大的市人民政府)和规章以下的具有普遍约束力的决定、命令等其他规范性文件。对此,税法中更常用的表述为“部颁税法行为”①或“其他立法行为”,意指广义上的税收立法行为,其范围既包括税收程序性规范也包括实体性规范。

① 滕祥志:《部颁税法规则正义:从形式到实质》,载《公法研究》2011年第2期。

在税法领域,这些规范性文件虽不是立法机关制定的,但却在法律授权的范围内进行税法条文的明确、税法的补充、税法事实的认定[①]等,因而成为重要的法源,塑造征税行为实践的基本形态。然而,虽然行政法规和规章是税法规范的主要形式,但国务院制定税收法规和财税主管机关制定规章的行为不属于征税行为,而是属于《立法法》规制的立法活动。税收主管机关制定规章以下的"其他规范性文件"属本论题讨论的"征税规定行为",是征税行为的一种类别和形式。(2)税收执法行为。以税收征纳行为为中心的税收执法行为是征税行为的核心构成。此处需对税收执法行为作广义上的理解,税收执法与行政执法在行政权力的行使方面有重合之处,但与行政行为不同的是,构成征税行为的主体具有多元化特征,参与税收法律关系的行为主体皆应受到税法评价。

(四)"税权—征税行为"视角

税收法律关系是征税主体和纳税主体之间的关系,从权利的角度来说,是国家税权和国民税权的关系。[②] 税权是税收法律关系的内容,征税行为是税收法律关系产生的直接原因,征税行为效力源于税法上的权力(利),因此,对税权性质与范畴的理解直接影响征税行为的核心价值与构成要素。

税法学界对税权的阐释可谓百家争鸣,并随着税收法治的进程而不断充实丰富。从权属属性来看,早期税权被认为是由国家主权派生出的一项获取和使用税的权力,即课税权与支出权。随着传统纳税义务论的纠偏,纳税人基本权逐渐受到重视,并在最初被认为是保障税权来源和行使方法的手段。[③] 随后,权利作为税权的另一面向被纳入其中,税权是权力与权利的统一或合一,是取得财产所有权之权。[④] 进而,税收债权、纳税人权利、税收同意权、国家征税权等实体性与程序性权利被渐次纳入,[⑤]税权配置的最高原则被认为是"主权在民",有关税权的全部事项都必须根据众人的意志来进行,[⑥]这也是一种完全从"权利"视角进行的解读。随着法权论、税收债权债务论和社会契约论等

---

① 如对私人经济活动中的具体的交易类型,如资产重组、股权转让、售后回租、限售股解禁等进行的评价和调整。

② 参见丛中笑、翟中玉:《税权平衡论纲》,载《河北法学》2014 年第 2 期。

③ 参见陈刚:《税的法律思考与纳税者基本权的保障》,载《现代法学》1995 年第 5 期。

④ 参见张守文:《税权的定位与分配》,载《法商研究》2000 年第 1 期;赵长庆:《论税权》,载《政法论坛》1998 年第 1 期;许善达等:《中国税权研究》,中国税务出版社 2003 年版,第 3 页。

⑤ 参见王相坤、刘剑文:《论税权的理论根据——以法权为视角》,载《山东警察学院学报》2007 年第 2 期。

⑥ 参见岳松:《税权制衡机制的若干问题》,载《税务研究》2004 年第 8 期。

理论范式被应用于税权分析，税权逐渐突破了传统理念束缚，逐渐显现出私权性、契约性、债权性、民主性等特质。

对于税权概念的范畴，无论是全国人大发布的官方文件、国务院及各部门发布的行政法规、规章还是学理讨论，都对其采取了一种广义上的理解，即与税收相关的权力（利）。[①] 税收的分配、征收与监督使用的全过程，以及国家权力、国民权利、国家财产权等宏大议题都被纳入这一概念予以讨论。

如果将税权认定为一项综合性国家权力，则与征税行为相对应的是税收行政权范围内的税收行政立法权、确定权、征收权、检查权、处罚权等。下列与税权相对应的行为不属于征税行为的权力来源：(1)税收法律的立法初创权、修改权、解释权与废止权，即税收债务的构成要件确定权，如税种的开征与停征、税目与税率的确定、税收优惠的调整权等；(2)在相关国家机关之间分配税权的行为；(3)包括税收司法权在内的广义的税收监督权。另外，尽管征税行为目的之一是国家税收权力运行的程序化与制度化，但纳税人的税收立法参与制度（税收立法听证、授权《立法法》质询等）、税收财政支出的监督制度（包括政府内部监督、代议机构监督和公民舆论监督等）并不在本选题的讨论范围之内。

五、征税行为的理论界定与解析

（一）税法“行为”语意的多维意涵与本文限定

税法上的行为有多重语意，“行为”既可作为税收客体、税收法律关系的客体，也可作为具体税制的名称，还可指代特定主体的活动。分析征税行为，首先需厘定税法上行为的多重含义，以及在哪个层次上讨论这一主题词。

1. 作为课税对象的行为

“行为”在税法上最常见的是作为表示纳税人税收负担能力的税收客体，

---

① 税权非为法学上的固有概念，最早提及“税权”的官方文件是1991年4月9日第七届全国人民代表大会第四次会议通过的《中华人民共和国国民经济和社会发展十年规划和第八个五年计划纲要》，在“改革财政税收体制”部分要求“统一税政，集中税权”；在2011年3月14日第十一届全国人民代表大会第四次会议批准通过的《中华人民共和国国民经济和社会发展第十二个五年规划纲要》中，要求按照“完善税权配置”的原则健全税制体系；此后，在全国人民代表大会财政经济委员会关于第十二届全国人民代表大会第三次会议主席团交付审议的代表提出的议案审议结果的报告中，认为对中央与地方的税权划分等基本问题尚未形成一致认识，有关部门需加强研究，加快立法工作进程。从权威机构适用该词的语境与语意分析，其包含意思有二：一是强调中央与地方财政（事权）与支出责任的划分；二是国家组织税收收入与进行宏观调控的权力。

即课税对象。日本学者认为,“行为”是与“物”和“事实”并列的税收客体,如高尔夫球场的利用税等直接消费税的税收客体是高尔夫球场的利用消费行为,登记执照税的税收客体是登记、注册等行为。[①] 行为是否为征税的直接对象或标的,存在两种观点。一种观点来自我国经济学界,认为行为并非征税客体,只有商品、所得与财产才构成税法的课税对象,税法学界也有学者持有此观点,认为“行为不是课税的最终客体”[②]“征税涉及的所有行为和事实都与生产经营的商品、取得的收入或使用的财产相关,具有‘物化’的特征”。[③] 但另一种观点是更多学者还是将行为作为税法的课税对象看待。[④]

“行为”的表述还常见于行为税法律制度中。行为税是特种税制,是指政府为实现一定目的,对某些特定行为征收的税收。按课税目的可将其分为调节行为税和监管行为税,前者如我国曾征收过的固定资产方向调节税,后者如印花税;按课税行为的属性可将其分为财政行为税和约束行为税,前者如屠宰税、筵席税,后者如对某些博彩和娱乐性质的行为征收的税收。我国当前征收的行为税有城市维护建设税、印花税与烟叶税、车辆购置税、耕地占用税等。事实上,行为税是一个泛指概念,因纳税人的特定行为的不同而呈现多样性,是对征税客体的集合,因此行为税中的行为与作为征税对象的行为事实并无不同。

2. 作为税收法律关系客体的行为

在税法上,“行为”也被认为是税收法律关系的客体,是税收法律关系产生的前提和联结税收权(力)利义务的中介。作为税收法律关系客体的行为的具体含义,在税法上亦有两种不同的理解:

一种观点认为,作为税收法律关系客体的行为是一种行为事实。[⑤] 这种观点是从税收客体的角度来理解税收法律关系的客体,认为行为是税法确定的产生纳税义务的标的与依据。依据法理学的观点,法律关系的客体为法律关系主体权利义务指向的对象,包括国家权力、人身与人格、行为、法人、物以及

---

① 参见[日]金子宏:《日本税法》,战宪斌等译,法律出版社2004年版,第127页。

② 施正文:《税收债法论》,中国政法大学出版社2008年版,第55页。

③ 张守文:《税法原理》(第7版),北京大学出版社2016年版,第54页。

④ 参见徐孟洲、徐阳光:《税法》(第5版),中国人民大学出版社2015年版,第24页;刘剑文、熊伟:《税法基础理论》,北京大学出版社2004年版,第65页;等等。

⑤ 参见刘隆亨:《中国税法概论》(第4版),北京大学出版社2003年版,第74页。

精神产品等。[①] 由此引申出税收法律关系的客体为征税主体和纳税主体的权利义务共同指向的目标，包括物与行为，[②]前者如依所得额、财产额、流转额等物计算出来的应纳税额，后者如证券交易、书立、受领凭证、特定的燃油行为、建筑行为等。这类行为的存在，构成了某些税收法律关系中主体权利义务指向的目标，是一种特定的行为事实。因此，此处之行为与作为税收客体的行为并无本质区别。也有观点认为，税收法律关系客体范围除物与行为外，还包括权力、权益[③]等，如税收宪法性法律关系的客体为税收权力，国际税收收益分配法律关系的客体为税收权益，税务机关在税收征管活动中作出的相关行为是税收救济法律关系的客体。

另一种观点认为，作为税收法律关系客体的行为是税收法律关系的参加者的特定行为，[④]如税收征管行为、应纳税的营业行为、纳税登记与申报行为、缴纳税款的行为等。类似的观点认为，行为是税收程序法律关系的客体，是税收程序法律关系主体所为的有目的、有意识的活动。[⑤] 这一观点将行为理解为税法主体的税收征纳活动，税收法律关系主体的权利义务内容都通过行为来实现，比如，征税权的客体一般为纳税人的协力行为等，纳税人权利的客体则为征税主体核定税款、举行听证等行为。

3. 本书讨论的"行为"维度

如本节第一部分所分析的，税法中的行为具有多重含义。本书讨论的行为，是税收法律关系参加者所为的特定活动，即"作为税收法律关系客体的行为"的第二种观点。这一系列活动是创建税收法律关系的主要法律事实，承载税法主体的实体权利和义务，具有税法上特定的内涵、特征与效力。与税收法律关系这一描述各种税法关系外在表现形式的抽象、集合概念不同，征税行为是理解特定税收活动的具体方式，是把握税法上各项制度设计的关键所在。

税法上讨论的任何行为，都是特定主体的行为。不同主体可能从事不同的行为，具有不同的权力(利)、义务，追求不同的利益和价值目标，承担不同类

---

① 参见葛洪义主编:《法理学》(第3版)，中国政法大学出版社2017年版，第359～360页；卓泽渊:《法学导论》(第2版)，法律出版社2015年版，第142页。

② 在计划经济时期，税收指标等也被认为是税收法律关系的客体。

③ 参见刘剑文:《财税法——原理、案例与材料》(第3版)，北京大学出版社2017年版，第192页。

④ 参见朱大旗编著:《税法》(第3版)，中国人民大学出版社2015年版，第18页。

⑤ 参见施正文:《税收程序法论——监控征税权运行的法律与立法研究》，北京大学出版社2003年版，第199～200页。

型的责任。税法上的主体主要为征税主体与纳税主体,征税主体的行为往往在税收法律关系中居于主导性地位,是税法限权的对象和调整的重点,也是本书关注的重点。但现代征税活动的理念强调,纳税人在征税过程中享有广泛的参与、博弈、协力与共同决策等权利,尤其在税收合同、纳税评估等特殊征税决定中,征纳双方主体的地位、行为的社会效果与法律效果等更趋于同等重要。事实上,对纳税遵从的研究表明,纳税人的行为模式成为影响税收征管决策的首要因素。[①] 无论是基于经济学中理性效用最大化理论建构的"威慑模型",[②]还是从道德动机[③]、对税收公平的认知[④]、程序公正[⑤]、社会心理[⑥]等"柔性"角度的研究都表明,纳税人的行为不仅会影响对征税活动的满意度,也会

① 参见于希信、郭凤晓主编:《现代税收征管过程模型研究》,中国税务出版社2010年版,第365页。

② 税收遵从的威慑模型理论认为,逃税决定本质上是一个赌注,纳税人是否向征税机关申报纳税、申报多少税收主要取决于其对逃税风险的成本和受益的衡量。目前,基于威慑的强制性遵从理论依然是经济学界的主流观点。See Allinham, M. and A. Sandmo, *Income Tax Evasion: A Theoretical Analysis*, Journal of Public Economics, Vol. 1, 1972, p. 323 - 338. Mark D. Phillips, *Individual Income Tax Compliance and Information Reporting: What Do the U. S. Date Show?* National Tax Journal, Vol. 67: 3, 2014, p. 531 - 567. Joel Slemrod, *Cheating Ourselves: The Economics of Tax Evasion*, Journal of Economic Perspectives, Vol. 1, 2007, p. 25 - 48.

③ 道德价值观会在很大程度上影响个人缴税或逃税的决定。一方面,实证经验表明,提高税收道德会增加纳税人行为违法的道德成本,减少逃税的动机,另一方面,征税机关对纳税人的尊重程度也会以影响税收道德的方式影响纳税人的遵从意愿。See Benno Torgler et al., *Causes and Consequences of Tax Morale: An Empirical Investigation*, Economic Analysis and Policy, Vol. 38, 2008, p. 313 - 339. Bruno S. Frey & Benno Torgler, *Tax Morale and Conditional Cooperation*, Journal of Comparative Economics, Vol. 35, 2007, p. 136 - 159.

④ 即政府是否以纳税人满意的方式支配税收收入、提供公共物品与纳税人的缴税态度之间的相互影响关系。See James Alm et al., *Russian Attitudes Toward Paying Taxes-Before, During, and After the Transition*, International Journal of Social Economics, Vol. 33, 2006, p. 832 - 857; Roberto Dell'Anno, *Tax Evasion, Tax Morale and Policy Maker's Effectiveness*, The Journal of Socio-Economics, Vol. 38, 2009, p. 988 - 997.

⑤ 研究表明,对一般纳税人而言,征税机关的礼貌和尊重会提高纳税人对程序公平的看法,当纳税人没有感觉到被尊重的对待时,其满意度和纳税意愿会下降。See Loretta Stalans & E. Allan Lind, *The Meaning of Procedural Fairness: A Comparison of Taxpayers' and Representatives' Views of Their Tax Audits*, Social Justice Research, Vol. 10, 1997, p. 311 - 330.

⑥ 有学者提出了征税机关与纳税人之间的"心理契约"(psychological contract)的概念,用以描述理性化契约之外的情感联结对征税机关与纳税人的行为模式与征税后果的影响。See Bruno S. Frey & Lars P. Feld, *Deterrence and Morale in Taxation: An Empirical Analysis*, CESifo Working Paper Series 760(2002).

影响征税结果本身。因此,讨论征税行为势必会涉及纳税人的参与行为、协力行为、遵从行为等纳税行为。

(二)对征税行为内涵与外延的把握

1. 相邻概念的区分

为明确"征税行为"这个核心词的具体维度,有必要通过区分相邻概念,进一步把握其内涵与外延:

第一,征税行为与征税机关的行为。征税行为是征税主体作出的行为。从理论上来说,征税权是国家主权的一部分,因而国家是享有征税权的征税主体。在具体的税收征纳法律关系中,征税的权力由通过立法授权的各级税务机关、财政机关和海关行使,其中,国家税务总局和地方各级税务机关是最重要的税收征管机关。但征税行为并不等同于征税机关的行为。征税行为一般由征税机关作出,但不限于征税机关作出,非征税机关得到法规授权也可在一定范围内作出征税行为。此外,征税机关具有多重法律身份,征税机关的行为性质也相应地具有多样性。当征税机关以征税主体的身份出现时,它的行为是征税行为,征税机关可依税法规定制定税法规范、实施税务稽查检查、采取强制措施、签订税务和解协议等。当征税机关并非以征税主体的身份出现时,它的行为就未必是征税行为。例如,当征税机关以下级政府机关的身份依法申请转移支付、以预算单位的身份提交部门预算等行为便不是征税行为;当征税机关以民事主体的身份出现时,它的行为则是受民法调整的民事行为。因此,不能认为征税行为就是征税机关的行为,征税行为只是征税机关以特定身份从事的一种行为。

第二,征税行为与税法上的行为。税法上的行为有多种分类,①从主体的角度来看,税法上的行为,是指由税法主体作出的受税法调整的行为,它既包括征税主体的征税行为,也包括广义的纳税主体的纳税行为。因此,征税行为属于税法上的行为,但税法上的行为未必都是征税行为。

第三,征税行为与征税主体的其他公务行为。征税机关的公务行为,是指征税机关及其工作人员的组织行为,与私人行为相对应,泛指个人行为以外的所有行为,不仅包括国家行为,还包括政党、社会组织的行为。因此,征税行为与税收征管机关的公务行为不能等同,二者存在交叉重叠的部分,征税机关一方的征税行为是其公务行为的一个种类,征税机关内部的党政工作及其人员的行为是公务行为但并非征税行为。在我国,职务行为与公务行为相同,因此

---

① 本书第四章将具体讨论税法上行为的分类。

与公务行为同理，征税机关一方所为之征税行为属职务行为，但征税机关的职务行为不全是征税行为，只有行政职务行为才有可能是征税行为。

第四，征税行为与征纳行为。征纳行为虽然是税法学中经常使用的概念，但并非理论上和立法实践中的统一、规范的概念。在日本、德国，这一概念通常被认为是程序法上的概念，是具体行政行为中的课税处分行为，范围较征税行为更窄。① 当然，如果把征纳行为视为由征税行为与纳税行为构成的二分概念，从这一角度理解，征纳行为构成征税行为的上位概念。

2. 部门法视角

(1)宪法中的征税行为

宪法意义上的征税行为，可以从宪法上的法治国原则、社会国家原则、民主原则与权力分立原则等基本原则角度来理解。现代法治国原则要求立法对征税权的控制，在形式上需遵循课税要件法定原则、明确性要求、不溯及既往与一事不再罚等原则，在实质上则需遵循量能课税、财产权保障与职业自由原则。作为法治国原则的核心，征税行为的作出还应以纳税人基本权的实现为出发点，严格遵守宪法意义上纳税人权的界限，此其一。就社会国家原则而言，税收政策为国家推行社会国原则的重要手段，具体表现为对纳税人的生存权保障、社会政策目的税收优惠、对婚姻及家庭的特别保护等，这也要求征税行为在传统干预行为和侵害行为的基础上丰富行为方式和手段，扶助并照顾经济上弱势之纳税人，为纳税人提供多样的民生福利措施和生存照顾，此其二。② 从民主原则的角度出发，为提升征税行为的民主正当性，现代税法学理主张、扩张纳税人在税收征管过程中的参与协作，纳税申报制度、听证制度的大量应用和纳税人协力义务的提出是这一原则的主要体现，此其三。从宪法学角度观察，现代税收国家以租税为主要收入来源，课税为国家取得收入的唯一合法形态，③这要求征税行为需遵循两项最重要的原则：课税平等原则与税源保持原则，前者要求征税当取向财政收入之目的，后者则要求征税方式需尊

---

① 例如，我国台湾地区"行政程序法"第92条规定：所称行政处分，系指行政机关就公法上具体事件所为之决定或其他公权力措施而对外直接发生效果之单方行政行为。《德国租税通则》第118条规定："具体行政行为是行政机关在公法领域为处理某一具体案例而采取的、对外部具有直接法律效力的每一项规定、决定或其他体现国家意志的措施。"日本《行政程序法》第2条规定："处分，谓行政机关之处分及其他相当于行使公权力之行为。"

② 参见葛克昌：《所得税与宪法》，台北，翰芦图书出版有限公司2009年版，第286～294页。

③ 在租税国家，规费、受益费等非租税之其他公课，只有在法律特殊规定的情况下方得成立。

重纳税人之纳税意愿,并保持其经济支付能力,不得摧毁其支付动机或削弱其支付能力,此其四。① 从功能分配的角度看,作为税法秩序的构成要素,征税行为既需遵循法安定性原则所要求的明确性和可预测性,又应保持相对的弹性和灵活性,与共同构成税法秩序要素的税收立法行为与司法行为各担其责,有所区分。

(2)税收实体法和税收程序法中的征税行为

征税行为首先应是一个实体法上的重要概念。抽象的税法构成要件需经征税机关与纳税人之行为的转换方可具体化和明确化。征税行为的提出,并未将偶有与其不符的其他行为样式排除在税法学的研究视野之外,而是为复杂多样的税收活动方式的解释与规制提供了一个基本的思考模式和判断标准,具有减轻学理负担和维持税法秩序一致的重要功能。这一行为体系主要以法定原则予以规范,以能力原则作为补充。

征税行为的主要目的是对征税机关与纳税人之间的法律关系进行实体规制,这一目的的实现需经由一定的程序作出,因此,程序法是理解征税行为的重要维度。随着纳税人程序权日渐受到重视,对纳税人权利的关注点已从静态的结果主义转向动态的过程主义。对程序的关注体现在征税行为的主体制度、效力评价制度等多个方面。

(3)诉讼法中的征税行为

基于“行为—责任”之逻辑关联,征税行为与司法审查制度之间枝附叶着,关系密切。司法对行政审查范围的宽度关乎国家税权的横向配置结构。尽管随着纳税人权利保护理念的变迁和行政诉讼范围的不断扩大,“诉讼通道功能”并非征税行为的唯一或主要功能,但型式化、类型化的行为形式依然可以为考察其与司法审查的关系提供判定基准。例如,不同类型的征税行为应分别授予何种强度的裁量权限,是否可在对征税行为的分类中依法律规范的效力程度不同将征税行为划分为羁束行为与裁量行为,征税主体只拥有规范裁量权还是具备一定程度的自由裁量权,以及税收领域是否可以“专门技术性判断”事由来规避法院的司法审查,哪些是仅适用于税收领域的司法审查理论,乃至学界一直在讨论的应否设置专门的税务司法机构的理论前提等问题,都

---

① 参见葛克昌:《租税国的危机》,厦门大学出版社2016年版,第113页。

可通过将征税活动类型化为征税行为的具体类型，从而置于裁量收缩理论[①]所设定的框架下分别讨论。

3. 语词的选择与厘定

税法上行为理论的建制面临应使用“行为”还是“法律行为”的语词选择。对其他部门法可否使用“法律行为”的表达，法学界有两种观点。在民法学界，相当一部分学者认为，只要公法和私法的界分尚存，法律行为概念便不能拓展到私法以外的领域。[②] 行政法上，迈耶在创制行政行为理论之初，行政行为并无法律与事实的区分，即使后来的行政法学者参照民法理论进行了这样的区分，行政事实行为在行政法体系中也依然处于一个相对固化的、不重要的地位，大陆法系国家更常用行政行为、行政处分、具体行政行为等表述，而少用行政法律行为。但在现实中，法理学以及诸多部门法学都发展出了本部门的法律行为理论。笔者认为，对于这类概念语词的选用，并不涉及价值判断问题、事实认定问题，也不是一个立法技术问题，而是一个解释选择问题，对此不存在真假对错，只存在可接受程度高低的问题，不同语词的选用不代表不同的价值判断，不同的解释路径可能得出不同的理论结论，因此在这个问题上，何种解释具有更多理论前见与共识，更便利理论沟通和司法实践，哪种表达便是更可以被接受的。

在税法上，行为是否具备意思表示要素，即该行为是否包含欲发生某种法律效果的意思表示，是决定应否区分税收法律行为与税收事实行为的核心标准。一旦认为税法上的所有行为都具备意思表示要素，那么使用“法律行为”无疑是更妥当的；但如果认为税法上有意思表示制度存在的空间，并非所有行为都具备意思表示要素，选用“行为”的概念则更妥当。

本书选择使用征税行为而非征税法律行为，一方面，考虑到在理论前见上，对税法上行为理论作专门研究的几位学者基本都选择了广义的界定，认为税收行为或税行为是税法学行为理论的基本范畴或税收法律行为与税法上的事实行为的上位概念。[③] 另一方面，本书第三章将论证，意思表示并非征税行为的必备构成要件，而只存在于某种特定类型的行为分类中，因而使用法律行

---

① 基于税收法定原则的特殊要求与税法“公法之债”的属性，对税收裁量与普通行政裁量、税收行政立法与税收规定行为的裁量、常规征税决定与特殊征税决定的裁量当有所区分，而裁量收缩理论在很大程度上为税收裁量权的收缩提供了根据。

② 我国《民法典》最终还是尊重其他部门法学者的观点，使用了“民事法律行为”的表达。

③ 在本书中，这一分类可以被理解为税收行为的结构性范畴之一。

为的表述易引发混淆。

(三)征税行为的成立要件与法律特征

1.征税行为的成立要件

公法上某一种行为的成立,一般要求具备主体要素(资格要素)、权力要素(职能要素)、法律要素(效果要素)、表示要素、功能要素、形式要素等。征税行为的成立要件,分为一般要件与特殊要件,前者是指任何类型征税行为的成立都需具备的前提要件,缺失该要件将导致征税行为无法成立;后者是指成立某一特定类型征税行为需具备的特殊要件。任何征税行为的成立都具备一般要件,但不是所有征税行为都需要具备全部特殊要件,特殊要件是划分不同类型征税行为、判断征税行为效力的标准。

(1)一般要件

征税机关的税收征管权是征税行为成立的唯一一般要件。征税权是国家主权的组成部分,包括税收立法权、税收征管权和税收收益权。[①] 税收征管权是狭义税权的重要构成,是指国家征税机关依照税法规定,行使税收管理、税款征收和税务监督的权力。在国家税权的3项权能中,税收执法权是国家征税权的核心。[②] 税收征管权是征税行为产生的前提条件,税收征管权直接调整国家与纳税人之间的权利义务关系,是实现私人财产向公共部门流动的保障。对国家征税权力的制约要求是征税行为产生的直接原因,规范化的征税行为有助于强化对征税机关活动的监督。征税主体的税款征收权、税务管理权、税务稽查权、获取信息权、强制执行权与违法处罚权等权力是贯彻国家征税意志、规范税收行政秩序、确保税款上缴入库的保障。税收征管权既是征税机关的权力,也是其义务和职责。征税主体需严格遵循税收实体法和程序法的规定依法征税,将为纳税人提供服务、保护纳税人的隐私权和商业秘密等视作其应积极履行之职责,这一职责上的要求促使征税行为得以顺利实施。

税收征管权在征税行为中的功能和作用不同于征税行为的个别要件,税收征管权具有识别行为性质的功能,它既决定了征税行为其他要件的性质,也是区分征税行为与征税机关其他行为的标准。一方面,征管权决定征税机关主体的性质,征税机关只有在行使税收征管职权时才是征税主体。当征税机关实施非职权行为(如申请转移支付)或处于卫生、环境、规划等领域时,则作

① 参见张守文:《税权的定位与分配》,载《法商研究》2000年第1期。

② 参见魏俊:《税权效力论》,法律出版社2012年版,第25页。

为行政相对人接受相应行政主体的管理;当征税机关以机关法人的身份参与政府采购时,则作为民法主体。另一方面,征税权还决定了征税行为的主观要件和行为性质,征税机关在租用内部会议场地时作出的意思表示是民法上的意思表示,是以平等主体的身份参与民法上场地租赁合同法律关系的民事主体,而征税机关故意作出的具有严重社会危害性的行为是刑法上犯罪的主观方面。只有基于税收征管权而对纳税人作出的意思表示才是征税的意思表示。因此,税收征管权与征税行为的其他构成要件并非处于同一位阶,前者对后者有主导性的决定作用。

(2)特殊要件

征税行为成立的特殊要件包括主体要件、表示要件与法律效果要件,但这些要件不是所有征税行为成立的必备要件,他们只构成征税行为成立后某种分类形式下的个别要件。

主体要件。不同类型的征税行为的主体要件构成不一样。征税规定和常规征税决定的作出主体是作为行政主体的征税机关,纳税人只能成为这类行为中不具有决策权的参与主体。特殊征税决定依具体的行为类型(如具有私法属性或"影响"效果)不同而具有法律属性与法律效果上的特殊性,既可能由征税机关单独作出,也可能由征税机关与纳税人共同作出。例如,在税收合同中,征税机关与纳税人都是征税行为的主体,只是鉴于公法合同的性质,征税机关起到更主导性的作用。因此,是征税行为的类型决定行为主体的资格和属性,而非主体属性决定征税行为的性质。

表示要件。以征税行为的意志因素为标准,可以将征税行为分为表示行为与非表示行为,表示行为又可分为意思表示行为与观念表示行为。依据是否有表意性因素以及具有何种表意性因素,征税行为包括征税法律行为、准法律行为与事实行为。意思表示是征税法律行为的成立要件,而非准法律行为与事实行为的构成要件,课税处分、税收处罚等常规征税决定往往是具备意思表示要素的征税法律行为。观念表示是征税机关的受理行为、证明行为、登记行为、确认行为、通知公告行为、咨询请示行为、答复行为等准征税法律行为的构成要件,征税机关在受理行为中对纳税人的退税申请、投诉等作出的接受或拒绝申请的表示、在税务登记行为中作出的予以登记或不登记的观念判断、向纳税人出具完税凭证以确认纳税人履行纳税义务等都属于观念表示行为。而征税机关日常的税收检查、调查及纳税辅导行为等事实行为中则不存在表示要件。

法律效果要件。与主体要件和表示要件一样,法律效果也不是所有征税行为都具备的要件。法律效果,是指对税收法律关系当事人权利义务直接或间接的影响效果,表现为税法上权利与义务的设定或消灭,增加或减少。征税行为依法成立后,有些纳税人的权利义务得到了直接的确认、处分,征税主体的行为同时被约束,这是直接的法律效果,如一般意义上的征税决定;有些行为只是产生直接对外效力的征税决定的一个阶段,这些行为有待征税机关的进一步行动来落实,因此尚未产生法律效果,如征税机关的受理行为、通知与答复行为、承诺行为等;有些行为因没有对纳税人设定新的税法上的权利义务,因此也没有产生法律效果,如税收确认行为、证明行为、指导行为、公告与信息通报行为等;有些行为因不直接设定与变更纳税人的权利义务内容而无直接的法律效果,但具有间接的法律效果,如征税规定行为。因此,征税行为是否具有直接针对纳税人的法律效果,具有直接还是间接的法律效果,是由基于征税管理权产生的征税行为的具体类别决定的。法律效果虽然不是征税行为的一般构成要件,一方面,是税收行政处罚、税务行政许可、即时强制等对纳税人的征纳权益产生直接影响的征税决定的构成要件;另一方面,可将征税机关在税收征管中的不作为行为、违法行为等纳入征税行为的范围,从而更好地保障纳税人的权利,因此对于传统的税收行政方式来说具有重要意义。

2. 征税行为的法律特征

首先,征税行为具有行政性。征税行为属国家活动,但它是税收立法活动、司法活动和其他国家活动以外的行政活动,是国家征税权而不是立法权和司法权的体现。征税行为的行政性表现在:在主体上,这种行为由国家征税机关进行,征税机关以外的其他国家机关如国家权力机关、人民法院、人民检察院不得实施征税行为。在法律法规有特殊授权的情况下,允许征税机关以外的社会组织或个人承担部分征税职能。在某些新兴的征税方式中,纳税人一方也可获得与征税机关一方近似的作出主体的地位。但无论如何,对征税行为的成立来说,征税机关税收征管权的行使都是不可或缺的行政性要素,其根本目标是依据税法的规定实现税收债权。

其次,征税行为具有过程性。征税行为的过程性表现在某一特定征税行为的过程性与数个相关征税行为的过程性两方面。① 征税行为不是静态概念,

---

① 参见施正文:《税收程序法论——监控征税权运行的法理与立法研究》,北京大学出版社 2003 年版,第 223 页。

而是一个动态、复杂的运行系统。税法对某一特定征税行为类型的合法性与合理性的考察,是置于对征税过程中各个行为的微观运行、相互关联的整体过程中实现的。

最后,征税行为具有受法律规制性。征税行为是受税法规制的行为,不受税法规制的行为不是征税行为,因此,不应当将由宪法、民法和刑法规制的行为纳入征税行为的范围,这是由征税权决定的征税行为的部门法属性。

六、本章小结

本章从征税行为理论的创设目的与价值、既有观点与争议、研究层次与角度以及语词选用与表达四个方面,界定了这一论题的基本前提,为接下来的讨论奠定基础。提出这一命题的原因在于,当前尚无可以有效整合税法上不同行政活动方式的适格理论工具:行政法上的行为理论与税收活动在基本理念上存在差异,经济法上的行为理论与税收活动在功能定位上存在一定分歧,民法上的法律行为理论与税收活动性质在属性上无法兼容,而财税法自身也尚未达成对“行为”的统一理解。征税行为理论的创设,应回归大陆法系行为理论所具有的规范性特质,传承这一套业已成熟的理论话语体系所具有的价值优势和技术优势,从“行为—关系”之逻辑对应、税收程序法内在价值的观念统合、纳税人基本权的宪法立场这3条进路实现理论延伸。回归到本书来看,征税行为中的“行为”是指税收法律关系参加者为实现税法上的权利义务内容所为之特定活动。在构成要件上,征税行为的成立分为一般要件与特殊要件,征税机关的税收征管权是征税行为成立的唯一一般要件,特殊要件则包括主体要件、表示要件与法律效果要件,一般要件是征税行为成立的必备要件,特殊要件的具体构成则随征税行为类型不同而有所差异。在法律特征上,征税行为则表现出行政性、过程性与受法律规制性的基本特征。

第二章　征税行为法治国功能的实现机理与约束原则

就发生条件而言,任何法制度的形成都既有特殊历史背景的作用,又有法体系逻辑演绎的成分。为什么税法学必须思考"行为"的问题?这一问题是如何产生的,是如何被"问题化"的?如果确有必要在行政行为理论的一般框架中分离出独立的"征税行为"制度,那么影响这一制度源起的非逻辑演绎的、自然形成的因素又有哪些?这一制度确立所导致的结构性效应又是什么?这一系列的"前问题"构成了本论题的"暗线"。只有通过对这些因素的考察,才能使我们跳脱法律专业术语的拘囿,从法学的外部来审视这一问题,从而回到经验的历史现实中来。那么,首要的工作是一种宏观层面的"知识考古学"工作,在影响征税行为建制的关键性要素变迁与征税行为所欲实现的法秩序目标之间建立联系,进而回到微观层面,在描述征税行为价值目标实现机制的基础上,检视和锤炼分别取向税法安定性秩序与实质正义的征税行为约束原则。

一、影响征税行为建制的理论要素变迁

征税行为之建制,深嵌税法主体资格、功能定位、权力结构与分析范式的"体系性演变"中,既是因应这一系列变革的附随行动,也是革故鼎新的必然结果。

(一)主体资格拓展对征税行为模式之挑战

主体资格是法律上的资格。从抽象、宏观的层面看,不同主体之间行为模式的变化与调整所引致的税收法律关系的变动,以及这些关系的变动催生的新征税行为模式,是观察征税行为实践的基本进路。在此,税收法律关系的主体成为理解全局的关键性要素。随着税收法律关系中各方主体资格的变化,国家与纳税人之间的税收关系一直处于不断的调整变化之中,这些变化中呈现并孕育不同行为主体的行为模式、特征、趋势与影响变量。在这样一种动态的观察视角中,税法主体随财政形态的演变与财税理论的发展而展现出了变动性的特征,这些主体在不同性质的税收关系中被纳入或被排除,主体特征随着行为模式的改变被强化或削弱。因而,尽管主体是理解真实的税收权力版图的重要因素,但主体资格并未自始作为稳定的要素出现。税收法律关系的主体资格范围是税收"行为—关系"的因变量,随着行为模式与关系类型的改变而呈现不同样态。在动态变动的税收法律关系与征税行为模式之间建立因果联系的想象,为理解征税行为提供了一个相对明确的切入视角。从整体趋势上看,税法上的"主体"概念一直随着"行为—关系"的变动而处于演进之中,主体的范围不断扩张,主要表现为纳税主体一方在征税活动中从没有主体资格到获得主体资格、从具备形式意义上的纳税主体资格到获得实质意义上纳税人主体资格的两次变迁。

1. 纳税人的隐没与税法失范的根源

1978 年以前,我国实行计划经济体制和财税体制。这一时期,我国处于坎贝尔所说的"自产国家"①阶段,财政收入占国内生产总值的比重常年保持在30%以上的"超常积累"速度,收入来源主要依靠国企上缴的利润,国有和集体经济税收收入居于次要地位。财政职能"横向涵盖了包括政府、企业和家庭在内的所有部门,纵向延伸到各类具体财务核算之中",②形成了一种"社会依赖国家"的国家与社会关系。③ 国家可以通过行政命令要求国企上缴利润,财政收入的汲取和实现无须征求纳税人同意,非税论与税收无用论的观点盛行。在纳税人的观念中,征税是税务部门的绝对权力。实行"一员到户、各税统管"

---

① Campbell, John L., *An Institutional Analysis of Fiscal Reform in Post-communist Europe*, Theory and Society, Vol. 25:1, p. 45 – 84(1996).

② 楼继伟主编:《深化财税体制改革》,人民出版社 2015 年版,第 9 页。

③ 参见马骏:《治国与理财:公共预算与国家建设》,生活·读书·新知三联书店 2011 年版,第 12 页。

的税收专管员制度，专管员既是征税机关的执法代理人，也是纳税人的纳税代理人，既集税收征、管、查的权力于一身，又负责税收政策宣传送达、纳税咨询辅导等任务，是一种“税收管理公共基本空白阶段下的保姆式管理模式”。[①] 在这样一种私权主体与公权主体力量相差悬殊的背景下，纳税人缺乏对税收在社会经济生活中的作用、税收征纳行为之间的关系、纳税人的权利等问题的基本认识和评价，缺乏纳税人的主体自觉。同时，基本权意义上的纳税人权利也并未充分受到法律制度的保障，因而无法称其为一种法律上的资格。因此，无论是在观念上还是在实践中，纳税人的主体性身份都处于一种隐没状态。

2.“纳税人的出场”与税法的规范化需求

1978 年我国启动了市场化的经济改革，随着改革的深入，国家的财政收入结构由“税利并存、以利为主”的模式向“税费并存、以税为主”的模式转型，私人部门缴纳的税收在财政收入中的比重越来越高，税收成为国家财政收入的主要支柱。中国开始由“自产国家”向“税收国家”转型。[②] 税收国家的根本理念是控制政府权力，即“一个构筑于课税权限制和其他限制（包括程序约束和选举约束）基础上的、权力受到限制的政府”。[③] 因为转让纳税人的私人财产意味着纳税人获得了某种可以和国家博弈的筹码，国家“不得不与私人部门讨价还价，并在某些关键时候做出让步”，[④]纳税人及其代表开始希望将国家的征税行为纳入制度化的约束，一种“纳税主体对公民角色及其价值追求在税法领域内自觉反映的公民意识”[⑤]逐渐萌生，纳税人的主体性地位开始隐现。这一变化表现在法律上，是 1982 年《宪法》的颁布和税收法制的复苏。1982 年《宪法》明确提出“发展社会主义民主，健全社会主义法制”，健全和发展了公民基本权利，并将“中华人民共和国公民有依照法律纳税的义务”重新写进宪法。1981 年 9 月国务院转批财政部《关于改革工商税制的设想》，明确了税制改革的基

① 王志荣：《税收管理公共化研究——基于新公共管理视角》，中国财政经济出版社 2008 年版，第 103 页。

② 参见马骏：《中国公共预算改革：理性化与民主化》，中央编译出版社 2005 年版，第 11 页。也有学者认为，我国向税收国家的转型是与晚清税制结构转型（从农业税为主体向以工商业税收为主体）同时展开的。参见任晓兰：《财政预算与近代中国的国家建构》，天津社会科学院出版社 2015 年版，第 19 页。

③ 王雍君：《税收国家与“依法治税”》，载《中国税务》2010 年第 2 期。

④ 马骏、谭君久、王浦劬主编：《走向“预算国家”：治理、民主和改革》，中央编译出版社 2011 年版，第 9 页。

⑤ 刘剑文主编：《纳税主体法理研究》，经济管理出版社 2006 年版，第 113 页。

本内容、指导思想和原则。以1980年《中外合资经营企业所得税法》和1981年《外国企业所得税法》的颁布为起点，大量的税收法律、法规颁布实施，所涉内容包括全面改革和完善工商税制、实行两步"利改税"、税利分流改革、改革和完善涉外税制、关税制度和农业税制。此时的税制体系突破了统收统支的财力分配关系，重新确立了国家与纳税人之间的初次分配与再分配关系。1986年我国第一部统一规范税收征管程序的行政法规《税收征收管理暂行条例》颁布，税收征管程序开始有法可依，纳税人的主体性地位作为一种法定的资格开始受到关注。此后，强调对纳税人权利保护和救济的相关法律不断出台，如1992年《税收征收管理法》从正面规定"为了加强税收征收管理，保障国家税收收入，保护纳税人的合法权益，制定本法"，1995年国家税务总局发布的《税务行政应诉工作规程（试行）》（已废止）、1996年颁布的《税务行政处罚听证程序实施办法（试行）》、1999年颁布的《税务行政复议规则（试行）》等规范性文件保障了纳税人程序性权利。此时可以认为，纳税主体已具备某种实定法意义上的资格，但这种资格依然是消极、被动的，是法制建设和税制体系改革背景下衍生的一种形式化资格。

3. 实质意义上纳税人主体资格的获得

纳税人获得实质性的主体资格，转折点当为税收债务关系说的引介与接受。人民主权的经济表达就是纳税人主权，即纳税人权利是国家权力的来源和服务对象。① 早期的议会制度便是国家为获得征税同意权与纳税人为保护自己的财产权而建立的制度。传统的税收性权力关系隐没了纳税人的主体地位，税收债务关系说则推动了宪法上国家与纳税人之间的平等关系，在实质意义上迎来了"纳税人的出场"。从税收权力关系确立的行政主体向行政相对人收取税费的强制性关系，到税收债务关系所确立的国家与纳税人之间的公法上的金钱给付关系，这一关系性质转变的背后，是不同主体间互动与博弈的动态关系，及其对包括征税规定行为、征税决定行为等征税相关行为模式的拓展与改变，如征税规定行为制定过程中纳税人的参与、传统征税方式的转变以及诸多新兴征税活动方式的出现。

（二）税收功能变迁对征税行为内涵之更新

税收在经济学、财政社会学与法学的观察视阈中分别具有不同功用，功能效应亦有不同，这是观察视角内、外有别所造成的差异，但皆构成理解征税行

---

① 参见刘剑文：《重塑半壁财产法：财税法的新思维》，法律出版社2009年版，第52页。

为制度生成、发展和演变的重要基础。

1. 经济学视阈:财政理论演进中的征税行为

在财政理论演进的宏观历史视野里,作为财政收入主要来源的税收在不同的国家形态下发挥不同的功能或职能。在奴隶制经济的封建国家时期,财政的本质为服务于少数统治阶层的家计财政,行政权力尚未从国家主权中分离,现代意义上的税法秩序尚未形成。在自由资本主义经济的"夜警国家"时期,财政已初具公共形态,但财政国库主义的色彩依然存在,国库在大部分时候被认为是私法权利义务的主体,此时税收的主要职能是为资本主义经济发展创造外部环境,与国家"守夜人"角色相匹配,税收维持最低的课征规模。在现代市场经济的社会国家时期,税收是为公共服务支付的对价。"一种有效的财政税应该是那种要求公共服务使用人支付其使用的机会成本的税收。"①财政逐步具备了公共形态,具有配置、分配与稳定三大职能,②包括公共产品的供应,即在私人产品与公共产品之间确定资源的划分和公共产品内部的构成;调节收入与财富的分配,使其符合正义之标准;利用预算政策保持高就业率、适当的经济增长率,稳定物价水平,保持国际收支平衡;等等。现代意义上的公共财政源于政府角色由社会秩序的"守夜人"向市场失灵的"矫正者"的转变,在此背景下,现代意义上的税法逐渐形成,并与民主政治和人权保障等观念相联结,具有效率、公平与稳定等组织收入外的更广泛的功能。

在我国整个传统社会期间,与不完全的产权、高度集权的政治相适应,财政方面呈现明显的非公共性。③ 新中国成立后,这体现为由"国家分配论"向"公共财政论"转变的过程。财政的公共性使国家与纳税人之间利益共融并形成了愈加频繁的互动。正如有学者指出的:"财政的产生与存在政治性的前提是存在社会性的权力中心。"④从这个角度来看,本书所讨论的征税主体的3类行为,在本质上也不再以国家权力为唯一的中心,而是形成了多中心的制衡格局。

---

① [美]理查德·A.波斯纳:《法律的经济分析》(下),蒋兆康译,中国大百科全书出版社1997年版,第625页。

② 参见[美]理查德·A.马斯格雷夫、[美]佩吉·B.马斯格雷夫:《财政理论与实践》,邓子基、邓力平译,中国财政经济出版社2003年版,第6页。

③ 参见冯俏彬:《私人产权与公共财政》,中国财政经济出版社2005年版,第128页。

④ 贾康:《从"国家分配论"到"社会集中分配论"》(下),载《财政研究》1998年第5期。

2. 社会学视阈:比较历史视野中的征税行为

在社会科学的逻辑中,实证研究提供对行为实然状态的理解,规范研究建立应然的理想目标,规则研究寻找从实然到应然的路径。① 社会学与其他研究税收与公共财政问题的学科路径的区别在于,它认为财税问题受到一系列政治的、经济的、文化的、制度的以及历史的广泛因素的影响,并且反过来影响这些因素,②这种相关性导致国家向私人部门的渗透及各种半政治、半经济的问题发生。"社会"被定义为一个由经济系统、政治系统和社会系统 3 个子系统组成的有机系统,而财政与税收则是联结各子系统的媒介,对财税现象因果机制的分析是认识、贯通各个社会子系统中一系列根本问题的渠道。社会学对税收功能的理解,为征税行为建制提供了一个更广阔的思想维度和扎根社会历史与政治生活本身的理论视角:首先,征税构建了个体与国家、社会之间最广泛而持久的联结。尽管现代社会充满文化、身份群体与角色的多元化分裂,缴税却是每一个人的义务。这种征纳税行为的普遍性,是构成"想象共同体"(imagined community)的重要因素。从某种程度上说,通过税收的统收统支,现代社会实现了多元化整合。其次,税收构建了国家与纳税人之间博弈、互动的取予、依存关系。国家与纳税人之间始终隐含潜在的利益冲突,冲突的程度因时因地而定,但正是由于这种潜在冲突的存在,使国家与纳税人之间充满活力的动态关系成为可能。纳税义务的形式随着不同的纳税人和统治者之间的对各自利益的重新协商而改变。③ 社会秩序依赖国家,而国家依赖税收提供的资源,这二者之间的关系可以重新界定但不会被割裂,也不可能被彻底解决。最后,税收为国家提供了可以转化的资源。不同于其他类型的国家对公民的要求,通过税收汲取的资源可以转化为其他资源,并使大部分的——如果不是全部的——国家行动成为可能。国家活动的范围越广,对税收的依赖程度便越高,税收政策的潜在衍生后果的影响也越宽泛。纳税人逃避或拒绝缴税的

① 参见葛岩:《法学研究与认知—行为科学》,载《上海交通大学学报》(哲学社会科学版)2013 年第 4 期。

② See J. L. Campbell, *The State and Fiscal Sociology*, Annual Review of Sociology, Vol. 19, p. 163 - 185(1993).

③ See Charles Tilly, *Extraction and Democracy*, in Isaac William Martin, Ajay K. Mehrotra and Monica Prasad, eds., The New Fiscal Sociology: Taxation in Comparative and Historical Perspective, Cambridge University Press, 2009, p. 173.

想法会挑战社会秩序，而国家的征税决定也会反过来塑造新的社会秩序。①

3. 法学视阈：税收法治理念转化中的征税行为

税收法治理念源起于税收法定思想，并通过“统治者需要取得被统治者的同意”这一理念的传播成为近代民主法治的重要推手。中世纪英国封建制度内部的权力斗争孕育了税收法定的观念。英国的宪制起源于对政府行为的控制，至少在最初的时候，主要是经由对收入的控制来实现的。② 1215年《大宪章》签署的重要背景之一为“封建负担所致怨怼”，③这份文件对王室的课税权力作出明确限制，“无代表不纳税”的精神成为现代税收法治理念的萌芽，并对美国联邦宪法及《人权法案》、法国《人权宣言》、英联邦多国之宪法及联合国人权公约等都产生了直接影响。④ 随着资产阶级革命在欧洲和其他地区的兴起，税收法定的观念在世界范围内得到确立，在“夜警国家”的自由法治国时期，这一观念体现在各国宪法或宪法精神之中。

19世纪中期，社会动荡和贫富差异加剧，国家开始积极主动地干预社会经济，国家权力向社会渗透，财政支出的规模逐步扩大。为确保一个负责的政府，财政收支行为开始受到程序性控制，立法机构开始监督政府如何行使这一权力。⑤ 财政立法权和行政权行使的规范化、制度化促成税收法治理念由税收法定向财政法定进阶，并突出表现在预算能力的提高和预算法定的实现。这一时期为自由法治国向社会法治国的过渡时期。作为社会国法典化的象征和代表，德国社会法典勾勒出了社会国的典型作用范畴：社会形成（Sozialgestaltung）、社会安全（Sozialsicherhei）、社会正义（Sozialgerechtigkeit）与社会衡平

---

① See Isaac William Martin, Ajay K. Mehrotra & Monica Prasad, *The Thunder of History: The Origins and Development of the New Fiscal Sociology*, in Isaac William Martin, Ajay K. Mehrotra and Monica Prasad, eds., The New Fiscal Sociology: Taxation in Comparative and Historical Perspective, Cambridge University Press, 2009, p. 17.

② 参见[英]弗里德利希·冯·哈耶克：《法律、立法与自由》（第2卷、第3卷），邓正来等译，中国大百科全书出版社2000年版，第426页。

③ [英]威廉·夏普·麦克奇尼：《大宪章的历史导读》，李红海编译，中国政法大学出版社2016年版，第89页。

④ 参见[英]弗里德利希·冯·哈耶克：《法律、立法与自由》（第2卷、第3卷），邓正来等译，中国大百科全书出版社2000年版，第2页。

⑤ See Caiden Nomai, *Shaping Things to Come: Super-budgeters as Heroes (Heroines) in the late-twentieth Century*, in Iren Rubin, ed., New Directions in Budget History, State University of New York Press, 1988.

(Sozialausgleich)。[①] 社会形成要求国家积极、主动、持续性地介入社会和经济领域,加强经济干预和社会救助,这种参与方式逐渐从命令和强制转向通过税收与补助等手段;社会安全要求国家在公民面临年老、疾病、残障、失业等困境时,提供必要的生存物资、社会救助以及必要的社会文化生活方面的基础设施,以保障公民合乎人性尊严的生存条件,这在税法上是最低生存权保障不得课税之原则的根本来源;而社会正义强调国家需通过对不同群体间的差异性保护与调整,缓和因教育程度、性别差异、权力分配等造成的社会矛盾,谋求一种衡平的正义。社会法治国家进行社会衡平的主要方式即为通过一个复杂的分配与再分配的财政供需体系,一边对富裕人群征税,另一边则对贫困人群提供救助。但在具有给付性质之社会国家中,"人民自我救助"与"国家救助"一旦失衡,会产生更严重的后果。因给付国家之最主要财源为租税,源于不符公平负担租税所为之社会给付,其规模越大,实际结果反而距离社会正义越行越远。[②] 因此,具有"社会国"性质的现代给付国家,若欲维护税收的公平正义,既需"维持法治国家基本理念,以租税国家形态表现其特征",[③]亦需遵循更严格的法定原则与量能负担原则。

(三)权力结构演化对征税行为外延之拓展

税收权力的结构性基础决定了国家与纳税人之间的行为模式,进而构造了不同样态的国家与纳税人关系,塑造、改变了非成文财政宪法意义上的财政权力配置结构。因而只有将实践中的行为模式置于行动与影响行动的结构中,方能理解征税行为的形式变迁与演化方向。一方面,财政权力的横向制度安排,即财政权力是如何在政党、立法机关与行政机关之间配置的,以及纵向的政府间财政分权(狭义的财政体制),在一定程度上决定了国家行为(中央行

① Badura, Peter, Staatsrecht, C. H. Beck, Muenchen, 1996, S. 77. 转引自赵宏:《社会国与公民的社会基本权:基本权利在社会国下的拓展与限定》,载《比较法研究》2010 年第 5 期。

② 参见葛克昌:《国家学与国家法》,台北,月旦出版社股份有限公司 1996 年版,第 43 页。

③ Forsthoff, Begriff und Wessen des sozialen Rechtsstaates, VVDStRL12(1954) S. 31ff.; Vogel, Der Sozialstaat als Steuerstaat in: Randelzhofer/Süβ(Hrsg.) Konsens und Konflikt, 1986, S. 133f. 转引自葛克昌:《所得税与宪法》,北京大学出版社 2004 年版,第 82 页。

为与地方行为)[①]以及由纳税人所代表的社会领域的行为模式和行动结果,这种结构安排同时也作为行为关系的媒介发挥作用;另一方面,主体在日常征税活动中的行动既维持着这种制度安排的分权结构,同时也改变着这种基本的结构。

在历史上,权力与权力的关系存在"控权"模式、"管理"模式、"平衡"模式等多种模式。在霍菲尔德之前,分析法学派的学者倾向用权力义务的范畴概括法律关系的内容。霍菲尔德鉴于"权力—义务"一词的复杂性所导致的法律适用尤其是司法实践的混乱,主张将法律中的权力、义务概念改造为相互关联的8个概念,并置于两组相互关联(correlative)和相互对立(opposite)的概念之中。[②] 征税行为的权力结构,或者说权利义务的分配关系,是从"权力—义务"关系向"权力—权利"关系转化的范式。此关系结构更符合征税行为之特征,有助于在实践中深入地研究各种税收关系与群体过程中的每一个环节,关注包括税权的发动、控制与税收关系产生与发展的具有动态意义的整体过程,关注不具备强制性、主导性权力但具有"规范的有效性"的面向,关注达成规范、稳定的税收法律关系过程中的正义与各主体间利益的均衡,从而在不同的税收法律主体之间建立一种良性互动、有机统一的关系。

税收"权力—权利"结构对征税行为的具体影响表现在以下几个方面:首先,以税收"权力—权利"范式为标准界定征税行为的基本范畴,排除受权力本位理念支配而不适合现代税法特征的行为范畴。其次,依"权力—权利"范式重新诠释征税行为的既有范畴。依"权力—权利"范式之分析,有些行为类型

---

① 预算制度是展现国家行为主体间的权力(权利)博弈互动过程的主要领域。从政府主导到政府与议会的并行,再到新近的公民参与的崛起,预算制度的历次变更都意味着权力(权利)关系的调整和发展。从历史的角度而言,预算制度不断处于发展和变革之中,其核心就在于预算绩效和政治民主关系的不断调整。以税收为核心的英国预算体制奠定了议会相对于政府的税收主动权,而美国的现代预算改革则确立了在支出上议会对政府的制衡。随着民主理念的进一步发展,传统的统治政治转向治理政治。权力中心的政治框架被击碎,转而代之的是以国家与公民社会的合作、政府与非政府的合作、公共机构与私人机构的合作、强制与自愿的合作。表现在预算上,则是预算公开、预算参与的兴起,以及对公民预算权的肯定。这是预算改革的方向,任何的发展和创新都不能脱离这个大框架。

② 参见[美]霍菲尔德:《司法推理中应用的基本法律概念》,陈端洪译,载陈端洪:《宪治与主权》,法律出版社2007年版,第353页;沈宗灵:《对霍菲尔德法律概念学说的比较研究》,载《中国社会科学》1990年第1期;王涌:《寻找法律概念的"最小公分母"——霍菲尔德法律概念分析思想研究》,载《比较法研究》1998年第2期;翟小波:《对Hohfeld权利及其类似概念的初步理解》,载《北大法律评论》第5卷·第2辑,法律出版社2004年版,第364~382页;等等。

与现代税法的性质一致,勿须修正;有些则应加以修正,如对征税机关制定税收规范性文件的行为应依法定原则的不同层次、不同程度的要求而有所区分。越来越多的新兴征税行为模式体现出其与严格的税收法定原则之间存在的张力,因而需要经过在当前税法秩序中的重新诠释而被纳入研究视阈。最后,依"权力—权利"增补、提炼新的征税行为范畴,如将传统的、非独立的、过程性的行为赋予独立的构造(如税收检查),或类型化纳税担保、税收和解等具有私法属性的新兴行为。也可考虑将相邻学科的行为模式,如经济学上的博弈行为等纳入其中,在"类型化"的基础上以"分类"的方式展现出来,[①]构造征税行为的多层次维度。

(四)分析范式转型对征税行为基本范畴之形塑

范式可以指导学者们的研究,使学者们集中深入地探索更具体的问题,以寻觅现实世界与范式之间相称性的方式来发展知识。[②] 包括行为理论在内的税法基础理论的研究,深嵌近些年财税法研究范式的变迁之中,影响这一命题的理论构造。

1."社会的/阐释的"命题:财税行为一体化的确立逻辑

早期我国财税法学的研究关注财政收入,忽略财政支出规范。不同于欧陆传统财政学基于曼彻斯特学派界定的国家最小消费性职能的税收思想,我国财政收支规制失衡是因为早期的国库主义财政观。这一方面使税权、税收法律关系、税法行为、税收债法、程序税法等理论日益丰富;另一方面也导致相关研究呈现"一边倒"的趋势,财政管控与支出等财政法领域呈现理论研究的弱势甚至空白。如今,财政法的研究逐渐获得重视,财税法的研究范式也正经历由财税分离到财税一体的转型。

财税一体的研究范式发轫于法学研究的外部视角,尤以财政社会学、经济学与政治学的研究最突出。1954 年熊彼特在《税收国家的危机》一文中观察到,税收汲取对于经济组织、社会结构、人文精神与文化乃至国家的命运息息相关。[③] 坎贝尔认为,财税问题受到一系列政治的、经济的、文化的、制度的以

---

① 本书第三章与第四章即为"类型"与"分类"的关系。

② 参见沈岿:《重构行政主体范式的尝试》,载《法律科学(西北政法学院学报)》2000 年第 6 期。

③ See Musgrave, R. A., *Schumpeter's crisis of the tax state: an essay in fiscal sociology*, Journal of Evolutionary Economics, Vol. 2, p. 89 – 113(1992).

及历史的广泛因素的影响，并且反过来影响这些因素。① 此后，新财政社会学更强调运用多变量解释框架，从经济、政治科学、法律、历史、公共政策等连接"国家—社会"的因素，综合研究国家财政收支行为与社会生活其他领域之间的互动关系，并通过将围绕税收展开的社会关系放置在历史与社会变迁的中心位置这一角度，以重述现代性进程。② 新财政社会学的研究突破了比较历史的研究范式，认为财政与税收不仅具有预测、观察重大社会变迁——如民主化以及民族国家的形成——的象征意义和方法论意义，还具有理论上的重要性。一些财税法学者从财政的角度重述了民主的起源等现代性的基本问题。经济学上的利益说与新利益说认为，市场交换的法则可以用来分析税收的本质，国家为社会成员提供公共产品和服务，人民为此支付价格费用，这是政府与纳税人之间的一种利益交换。③ 这一观念将公共事业的机会成本和税收联系在一起，并发展出公共经济、公共财产等理论。④ 在政治学上，政治科学学者一向关注福利国家与支出决策的民主理论，⑤探讨财政收支方式与国家建设⑥、经济活动组织⑦、劳动

---

① See J. L. Campbell, *The State and Fiscal Sociology*, Annual Review of Sociology, Vol. 19, p. 163 - 185(1993).

② See Isaac William Martin, Ajay K. Mehrotra & Monica Prasad, *The New Fiscal Sociology: Taxation in Comparative and Historical Perspective*, Cambridge University Press, 2009.

③ 当然，如瓦格纳指出的，由于大多数公共服务具有非物质性，也不通过销售来供给，因而无法估计他们的交换价值，只能粗略估算他们的使用价值。参见[德]阿道夫·瓦格纳：《财政学三论》，载[美]理查德·A. 马斯格雷夫、[英]艾伦·T. 皮考克主编：《财政理论史上的经典文献》，刘守刚等译，上海财经大学出版社 2015 年版，第 23 页。

④ 参见[日]神野直彦：《财政学——财政现象的实体化分析》，彭曦等译，南京大学出版社 2012 年版，第 6 ~ 8 页。

⑤ See Jill Quadagno, *Theories of the Welfare State*, Annual Review of Sociology, Vol. 13, p. 109 - 128(1987); Theodore J. Lowi, *The Welfare State: Ethical Foundations and Constitutional Remedies*, Political Science Quarterly, Vol. 2, p. 197 - 220(1988).

⑥ Gregory Hooks, *The Rise of the Pentagon and U. S. State Building: The Defense Program as Industrial Policy*, American Journal of Sociology, Vol. 2, p. 358 - 404(1990); Mann & Michael, *State and Society*, p. 1130 - 1815: *An Analysis of English State Finances*, in Mann and Michael, eds., States, War, and Capitalism, Basil Blackwell, 1988, p. 73 - 123.

⑦ See L. N. Lindberg and J. L. Campbell, *The State and the Organization of Economic Activity*, in J. L. Campbell, J. R. Hollings-worth, L. N. Lindberg, eds., *Governance of the American Economy*, Cambridge University Press, 1991, p. 35 - 95.

力市场[①]以及其他社会现象之间的互动关系。1993 年坎贝尔在《国家与财政社会学》一文中尤其强调财政研究与税收研究的不平衡，并补充梳理了财政收入行为，即税收的决定因素及税收影响的研究成果，其中财政危机构成理解税收行为的重要维度。[②]

从法学研究的内部角度检视，在实体法上，税法属财政收入法中的一部分，二者属包含关系；在价值追求上，财政法以实现社会正义为价值目标，[③]税法以实现税捐之量能负担为原则，但此二者统合于私人财产权和纳税人权利的保护目的，并体现在公共财产权理论与纳税人权利保护理论。[④] 公共财产权是政府基于其公共性特质取得、用益和处分私人财产的权力，[⑤]这一概念将关注视角从政府取得私人财产的正当性扩展到政府对公共财产行使的正当性，财政收入的筹集、管理和用益、分配皆在这一概念下得以统一，财税法作为对国家利用这笔资金充分地为公共事业服务的保障之法，在法律性质上也称为"公共财产法"。[⑥] 从基本权利保护的角度理解，将权利区分为财产权与福利权、消极权利与积极权利（前者辟出保护纳税人不受公权力侵犯的自由与私人财产的私域，后者要求通过再分配税款来促进平等）尽管是一种在实践中常用的分类，但意义并不大，因为它们都是积极权利，都需政府公平可预期的救济支出，而救济的成本皆依赖税。[⑦] 因此，只要一国宪法确认其保护私有财产，且财政收入以税收为主统收统支（而非使用者付费的规费国体制），税收便成为

---

① See Scharpf, F. W., *Economic and Institutional Constraints of full-employment Strategies: Sweden, Austria, and West Germany*, 1973 - 1982, in J. Goldthorpe, eds., Order and Conflictin Contempora Capitalism, Clarendon Press, p. 257 - 290.

② See J. L. Campbell, *The State and Fiscal Sociology*, Annual Review of Sociology, Vol. 19, p. 163 - 185(1993).

③ 参见任际：《财政法理论研究》，法律出版社 2016 年版，第 119 页。

④ 这一主张也可以从北野弘久提出的法实践论角度理解。北野弘久认为，法认识论将税收法律现象当作社会现象来研究，其研究对象包括成文法、法院判例、行政案例以及官僚的税法意识；法实践论是以法认识论为基础，在实定法秩序的框架下对税法的立法论与解释论为研究对象。因此，站在纳税人立场上构筑的税收概念，主张税收征收、管理与使用过程的统一，这是法实践论的问题，而传统的只涉及税收征收过程的税收概念，是以法认识论为依据的。参见［日］北野弘久：《日本税法学原论》（第 5 版），郭美松、陈刚译，中国检察出版社 2008 年版，第 22 页。

⑤ 参见刘剑文、王桦宇：《公共财产权的概念及其法治逻辑》，载《中国社会科学》2014 年第 8 期。

⑥ 参见刘剑文：《重塑半壁财产法——财税法的新思维》，法律出版社 2009 年版，第 50 页。

⑦ 参见［美］史蒂芬·霍尔姆斯、［美］凯斯·R. 桑斯坦：《权利的成本——为什么自由依赖于税》，毕竟悦译，北京大学出版社 2011 年版，第 23 页。

国家保障其职业自由、营业自由、所有权自由与基本社会民生保障的代价。①

2.“逻辑的/假设的”命题:体系建构的同一性要求

法学的外部视角提供了在实定法学与规范法学理论中难以获得的丰富的理论资源,具有重要的民主价值,但怎样面对财政主体与税收主体的差异,如何对两种渊源不同的理论资源进行整合,亦是需要面对的挑战。有效的研究系统并非由概念与制度垒砌而成,而是需要具备法秩序的逻辑性与内在的同一性。对于这一系统建构来说,有两项任务至关重要:首先,寻找并确定作为上位法价值总和的法观念,因为它决定了系统的整体走向;其次,对系统内部逻辑一致的反复锤炼。② 在税法领域,税收法定原则是这一系统的价值取向与精神内核。以此为逻辑起点,税法体系中的概念、规范、结构及其关联得以成为首尾一致、相对稳定的有机整体,税法的内部规则与制度等具体内容得以清晰、自洽、完备、透明的形式呈现。形式论意义上的税收法定精神,原则上只及于财政的收入端,而无法适用于公共财产流转的其他过程,因为财税行为主体角色与主体能力面临“异质性”的问题。从法律适用的技术来看,这一观念受制量能课税原则和体系建构的同一性要求。霍布斯与亚当·斯密的时代,国家存在的目的在于保护人民生命及财产安全,国民缴纳税收的目的在于获得国家对人民生命与财产安全的保护,这一利益交换过程遵循“受益者付费”原则。然而,这一原则在政治实践中并不具有足够的说服力,因为国家财政支出乃为一般性支出,全体国民皆得其保护,纳税人受保护程度不受具体交换价值的影响。因而在现代税收国家中,税收征收不再依据国民从国家处所获具体利益,而是基于平等原则,其衡量标准为纳税人的财务负担能力。量能课税原则创造了国家与具有财务给付潜能的纳税义务人之间的适当距离,以确保国家对国民的一般性给付不受其所纳税额影响。同时,这一原则又与国家的预算法和财政法相分离,造成了纳税行为与国家收入支用间的距离,③国家的财政支出因此具有正当性。④

---

① 参见张莹:《论财政法与税法的差异性与统一性》,载刘剑文主编:《财税法论丛》第13卷,法律出版社2013年版,第172页。

② 参见赵宏:《法治国下的目的性创设——德国行政行为理论与制度》,法律出版社2012年版,第78页。

③ 这一距离可由政府采购法、政府投资法、政府拨款贷款法、财政监督法等的民主立法程序以及国家支出政策的长期结构性规划予以弥补。

④ 参见葛克昌:《税法基本问题——财政宪法篇》,台北,元照出版公司2005年版,第163页。

本书是在财税一体化的研究范式下进行的,这意味着征税行为的概念既考虑经验的历史现实中财政与税收之间的因果联系,也从规范的角度考察征税行为的技术构造。换言之,在"社会的/阐释的"意义上,财政行为与税法上的行为紧密相关,但在"逻辑的/假设的"意义上,财政行为与征税行为应分别讨论。

二、征税行为所欲达成之税法秩序目标

(一)法治国下的税法实践:形式层面与实质层面

现代税法秩序的建立是在法治国背景下展开的,法治国的早期样貌刻画了税法秩序之初始结构、核心价值与基本原则,法治国的发展演变持续推动税法秩序的风格形态、内在机理与运作逻辑的转化变迁。作为税法秩序构成要素的重要一环,征税行为的根本目的与价值追求就在于通过形塑税法秩序,服务于建构法治国之目标。全面体察征税行为与税法整体秩序之互动与关联,即税法的整体秩序怎样塑造了征税行为之内涵,经由征税行为所欲实现何种税法秩序目标,首先需要理解税法上法治国思想与原则之概观全貌。

法治国的德文表达为"Rechtssatta",它由法(Tecth)和国家(Staat)组合而成,直译应当是"法之国家"。[①] 法治国在其演变历史中经历了数次观念与形态上的变迁,但始终未脱离词源学意义上国家与法的关系这条主线。法治国思想经历了从形式意义的法治主义向实质意义的法治主义的嬗变。形式意义上的法治国,是指以"法"来取代过去以"实力"统治国家的手段,注重法的手段层面。[②] 支撑形式法治国理论的价值基础为自由主义的价值观,其核心在于强调基本权保障、私法自治、权力区分、依法行政与依法审判等。随着现代社会结构日趋复杂,为继续实现形式法治国"以法而治"的目的,法律数量急剧增多且更迭迅速,作为国家统治依据的法律本身的正当性受到挑战,人们开始拷问法本身的目的性到底是什么。由此,在自由法治国基础上逐渐形成了社会法治国的观念,即追求实质正义的法治国家。实质法治国不仅保有法作为统治工具的角色,还赋予其取向于正义的目的与价值内涵。在形式法治国的基础上

---

① 参见郑永流:《法治四章——英德渊源、国际标准和中国问题》,中国政法大学出版社2002年版,第82页。

② 参见陈新民:《法治国公法学原理与实践》(中),中国政法大学出版社2007年版,第52~53页。

形成的实质法治国拓宽了对法的安定性原则内涵的理解,更关注正义之理念在个案中的实现并提高了对比例原则的要求。① 实质法治国也不采绝对的"立法中心主义"或"议会主权论",如果立法机关制定的法是不正义的法,亦受宪法秩序与宪法原则之限制。

依德国经验,形式与实质法治国家原则在税法学上有不同的论述重点:(1)在形式法治国家原则下,关心实体法上的依法课税原则、法律构成要件理论,程序法上的税捐秘密、救济保障及依法听审等。第二次世界大战后发展出来之实质法治国家原则,将税捐正义、税捐之正当性、量能平等课税原则,以及自由权之课税界限等问题作为讨论的中心。② 形式意义之法治国的首要目标在于维护法的安定性,其实践手段主要有:其一,只有依据法律才得课税的原则,即税收法定主义。其二,要求无漏洞的法律的救济,此处涉及是否可经由司法判决补充税法漏洞的问题。其三,税法上行为的效力问题,例如,征税规定虽非为行政立法行为,不具有法源地位,但具有事实上的拘束力。如果征税机关在征税规定中所持见解变更,将引发依变更之前的见解所作的征税决定的溯及效力问题。依形式法治国原则,征税决定一经作出,除非无效,否则便具有存续力,因此只有在法律规定的特定条件下才可撤销、废止或变更。如果变更后的见解更合理,则必将引发法的安定性与法的实质正义之间的冲突。(2)实质意义之法治国的主要目的在于实现税收正义,因此,除传统的为满足财政需求的税收外,照顾弱势群体的社会目的税收与促进经济发展的经济目的税收亦成为其所追求的价值目标。税收的征收不仅应满足依法课征,同时需受平等原则、比例原则等宪法原则的审查。税收正义所追求者,除量能课税原则之核心价值外,并应及各该税目之课征的合理性。③ 征税行为正是通过其明确性、合目的性特征与对宪法上平等性的追求,分别践行法的安定性与实质正义之目标。

(二)税法秩序的安定性:征税行为的"型式化"追求

1.行政行为形式论的启迪与征税行为的"型式化"需求

征税行为首先需要实现的目标是形式法治主义,即经由形式理性达成法

---

① Grundgesetz, Verlag Hermann Luchterhand, 1990, S. 167ff. 转引自谢世宪:《论公法上之比例原则》,载城仲模主编:《行政法之一般法律原则(一)》,台北,三民书局股份有限公司1999年版,第120页。

② 参见黄茂荣:《法学方法与现代税法》,北京大学出版社2011年版,第60~61页。

③ 同上书,第62页。

秩序的安定性。经由形式而达成稳定的秩序,受到行政法上行政行为形式论的重要启发。

行政行为之法律形式理论为行政法释义史上最古老的一部分,也是至今执行权行为体系的核心要素。① 行政行为形式理论,是指基于法概念操作技术之方便性,就行政机关为达成一定行政目的或任务所实施之各种活动中,选定某一特定时点之行为,作为控制行政活动适法范围或界限之审查对象(基本单元),以达成对行政机关进行适法性控制之目的。② 行政法上的"型式化"行政行为主要有行政处分、法规命令、行政规则、自治章程、行政内部之职务命令以及行政事实行为等。③ 其运作逻辑在于,法律形式可以确保一定程度的稳定性。通过将行政活动拆分为各种不同的行为类型,并逐一明确各类行为的内涵与外延、合法与违法以及法律效果等问题,形式理论将行政活动掌控在一个具有概观可能性的稳定的秩序框架下,实现对其适法性的控制,从而得以建构一个由制定法控制的、稳定的行政法秩序。

税收为传统行政法上典型的干预行政,涉及对纳税人自由权与财产权的侵犯,因而对法的安定性与可预测性需求较之福利性、给付性行政领域更迫切。因而,对税收活动进行类型化、规范化的架构,即以高度抽象化的"行为"为单元,将税收活动的主体及其权限、程序、可能引发的法律效果及其对应的诉讼权利义务等得以严丝合缝地规范化对接,达成某种可预期的结果,或称"规范洪水之下的唯一正解",④对税法的意义尤为重要。

2. 经由征税行为而达成的税法秩序的安定

在考夫曼的语境下,法的安定性包括 3 个基本元素:实证性、实用性与不变

---

① 参见[德]施密特·阿斯曼:《秩序理念下的行政法体系建构》,林明锵等译,北京大学出版社 2012 年版,第 278 页。

② 参见赖恒盈:《行政法律关系论之研究——行政法学方法论评析》,台北,元照出版公司 2003 年版,第 53 页。

③ 参见林明锵:《论型式化之行政行为与未型式化之行政行为》,载翁岳生教授六秩诞辰祝寿论文集编辑委员会:《当代公法理论》,台北,月旦出版社股份有限公司 1993 年版,第 337 页。

④ 朱新力、唐明良等:《行政法基础理论改革的基本图谱:"合法性"与"最佳性"二维结构的展开路径》,法律出版社 2013 年版,第 85 页。

性。[①] 法律要安定,便需要具有实证性,此处之实证性并非仅指明文规定之法律,其关键在于法律的明确性,构成制定法的特征应尽可能精确地予以确定,而不得恣意地规定。在实证性基础上,法律的安定需进一步满足实用性要求,重要的法律事实,必须尽可能无错误地认识。法律安定性的第三个元素是法律的不变性与可预见性,法律规则本身应具有稳定性,不经严格的程序不得随意变更。[②] 这两个层次的"安定性"之间的关系为,经由第二个层次"法律本身的安定性",实现第一个层次中"通过法律达成的安定",即整个法秩序的安定。从征税行为的视角来看,如果我们从"整个法秩序的安定性"中剥离出税法秩序的部分,这一安定性目标则可理解为,经由具有明确性、实用性与可预见性的税收法律对征税行为的控制,达成税法整体秩序的安定性。而法律对征税行为的控制,则是通过对税收活动的形式化而实现的。

征税行为的形式是抽象的税法规则与具体的税法事实的中间形态,是在制定法所建构的税法秩序下对税收现实的体察。"形式性"是征税行为的"第一性"追求,重点在于维护法律之秩序价值,其作用机理在于:通过区分、审核征税机关税收活动的"特定时点",并在技术上与税收征收程序、救济程序相衔接,以达成对征税机关进行合法性控制的目的。通过构造符合规范要求的、可以作为典范的征税行为类型,税收活动的主体、各方主体的权利义务分配、税收征纳的程序与法律效果、税收争议的救济途径等,都得以清晰透明的、立体的方式呈现出来,征税机关的行为因此具有了明确性与可预测性。这一对外在形式执着追求的根本动力,在于实现税法秩序的安定性。一方面,征税行为的标准类型为复杂、大量的税收活动提供了可供参照的坐标系,建立了庞大的税法规范与复杂的税法现实之间的桥梁,使税收活动以清晰规整、可以掌握的方式呈现出来;另一方面,征税行为明确了主要行为方式所具有的效力,提供了对不同行为类型的合法性的判断标准,有助于对税法实践的法律控制与引导。

征税行为理论在本质上是税收活动的合法性控制理论,是为了在税收行

---

① 在考夫曼看来,法律安定性具有两种意义:第一,通过法律达成的安定,如借此达到防止抢夺、谋杀、盗窃、违约的安定性;第二,法律本身的安定性,亦即其认知可能性、操作可能性与实践可能性的安定性。考夫曼是在第二种意义上具体论述法的安定性特征的。参见[德]阿图尔·考夫曼:《法律哲学》(第2版),刘幸义等译,法律出版社2011年版,第208页。

② 参见[德]阿图尔·考夫曼:《法律哲学》(第2版),刘幸义等译,法律出版社2011年版,第209~212页。

政领域践行税收法定原则所建立的法技术概念,因而更多是一种形式理性的载体。这种对税收活动的类型化、规范化的精耕细作与持续打磨,最终将推动一个理想的“控权型”征税秩序的建立。

(三)税法秩序的实质正义:征税行为的“平等性”追求

即使是最顽固的法律实证主义者也一定承认法律的安定性并不具有绝对的价值。实证主义法学的坚定支持者、20世纪影响最深远的法哲学家之一拉德布鲁赫,在经历了第二次世界大战后,法律思想亦发生重大转向,认为法的安定性不再是法必须实现的唯一的价值,也不是决定性的价值。拉德布鲁赫认为,法除指向安定性外,还涉及另外两项价值:合目的性与正义。

税法对形式合法性的追求不能取代实质正义之宪法要求,税法的实质正当,是形式法治国所强调的法律保留与法律优位原则下的依法行政与依法审判的正当性前提与精神内核。为实现税法秩序的实质正义,征税行为不仅应受制法律,更应受制税法之目的:实现税收正义。现代宪治国家,追求以人性尊严与人格发展为中心之实质宪治国家,亦即正义国家。基于此种理念,国家给付规模日渐扩张。在现代税收国家,给付来源以税收为主,如若税收负担不能公平分配,则社会给付规模越大,与社会正义行之愈远,维持社会整体福利所需之收入亦难以维系。也是在这个意义上,税收公平被认为是“法治国家之社会福利的前提条件、社会福利广度与深度指标”。税法上衡量税捐公平负担的基础性原则与最高标准为纳税人经济上的给付能力,即由宪法上生存权保障与平等原则等导出的量能课税原则。因此,践行量能课税及其衍生之正义原则,以确保税法达成实质上的正义,亦应成为税法上行为之价值目标。

事实上,法的安定性与实质正义之间存在一种内在的紧张关系,例如,在法律的实证性上,内容明确详尽的法律也无法避免不确定法律概念与概括性条款的出现;在法律的实用性上,税收构成要件的扩大化与形式化会与实质正义背道而驰;在法的不变性上,实质不公正或形式不完善会造成更多违背个案正义的情况发生。实质与形式为正义之一体两面,皆为征税行为的价值目标。然而不可否认的是,通过形式化追求所欲达成的税法秩序的安定性与通过目的性追求所欲达成的税法秩序的实质正义之间亦存在“形与实”的矛盾和张力。二者如需权衡考量,则法的安定性、确定性目标在“法与正义之矛盾尚未达到不能容忍的程度”的前提下,或许依然具有优先的价值位阶,此为对法治国原则下税收行政权力行使之约束,亦为征税行为与税收立法、司法之重要区别。对此,我们或许需重温卡多佐在一个多世纪以前给予我们的两条有关确定性的重要忠告："首先，我们必须把正确的确定性和虚假的确定性区别开来，就像把真金和镀金区别开来一样；其次，在获得了法律的确定性之后，我们应该明白，确定性并不是唯一值得追求的，我们为它付出了巨大的代价，永远的静止和激烈的变动都具有危险性，因此，我们必须在法律成长的原则下寻求妥协和折中。"①前者让我们对确定性的理解从"法律在其自己的辖区和狭窄的法域内保持一致"拓展到"实现法律与那些跟普通法一样博大、与正义一样深刻的真实性和原则性保持一致"的范围，②后者则让我们从更复杂深刻、广阔多元的生活的视角去理解"法律的确定性"这一论断所覆盖的多重内涵与相对化的隐喻（见表2－1）。

表2－1 征税行为的"形式化"考量与"合目的性"考量

考量要素	"形式化"考量	"合目的性"考量
价值目标	税法秩序的安定性	税法秩序的实质正义
价值导向	权力控制	纳税人权利保障
功能定位	防御性机能	形成性机能
主导原则	税收法定及其衍生原则	量能课税及其衍生原则
主要目标	合法律性	合理性与正当性
法益保护	个体权利保障	公共利益增进
保护方式	事后救济为主（"行为—诉讼"模式）	事前控制为主（控制立法裁量与行政过程）

三、征税行为价值目标的实现机理

（一）税法秩序的结构：制定法、司法判决与征税行为

在国家机构的架构中，国家的公共权力为立法权力、执行权力与司法权力所代表，从古希腊的城邦政治与古罗马的共和政体开始，便有了议事机能、执行机能与裁决机能的区分。③ 在启蒙运动、科学革命与理性主义的指引下，近

① ［美］本杰明·N.卡多佐：《法律的成长》，李红勃、李璐怡译，北京大学出版社2014年版，第28页。

② 同上书，第29～30页。

③ 参见熊文钊主编：《公法原理》，北京大学出版社2009年版，第23页。

代民族国家大多确立了公共权力的制衡机制。迄今为止,自然法对权力关系的理解,构成了我们思考国家权力及其运作的基础。国家主权的实现,有赖 3 种权力之间的彼此协作与制衡。①

分权原则的内涵包含两个基本方面:首先,国家有 3 个基本的机关。也即有 3 个主要的政府职能:制定法律(立法性的),执行法律(实施性的)以及解释法律(司法性的),这些权力由不同的人或机构行使。② 其次,这 3 个机关之间存在相互监督、彼此牵制的制衡关系,以实现对公民权利的保障。与此分权理念相契合的是主权国家的实证主义法观念。在法由国家垄断的社会里,社会生活秩序由法律塑造,国家统治通过法律进行,法是实现法治国理想的工具和手段。通过法进行的统治,可以采取不同的法的形式,既包括"抽象的和一般的法的不同形态",亦包括"个别的法的各种不同的形态"。③ 所谓个别的法,主要为具有个案性质的法院的判决和各种行政行为;而"抽象的法"则既包括无名称的法(习惯法),也包括成文法的各种表现形式,如宪法、各种(单行的)法律形式的法、命令形式的法(及其无数的变种)以及规章形式的法的各种传统表现形式。④

1. 制定法秩序及其合宪性控制

要求"无代表不纳税"的税收法定主义,是税法上的最高原则。尽管伴随民主观念的发展,这一原则逐渐被赋予越来越丰富的内涵,甚至有泛化趋势,但该原则诞生的初衷以及至今未被撼动的根本目标,依然是将征税的权力牢靠掌握在人民手中。在现代国家的权力结构框架下,这意味着将课税权定位为立法权而非行政权,因其主要目的在于"排除行政机关在法无明文授权之情形下,擅自发布行政命令或解释以作为课征租税之依据,而恣意进行课税"。⑤

税收法定主义是现代民主制度与主权在民思想在税收领域的映射,从本质上来说,这是一种"立法中心主义"的思想,是将税收之正当性诉诸代议机关

---

① 参见[德]康德:《法的形而上学原理——权利的科学》,沈叔平译,商务印书馆 1991 年版,第 143 ~ 146 页。

② 参见何勤华、张海斌主编:《西方宪法史》,北京大学出版社 2006 年版,第 524 页。

③ 参见[奥]阿道尔夫·J. 默克尔:《法治国的观念和形态》,载《环球法律评论》1983 年第 5 期。

④ 同上。

⑤ 陈清秀:《税捐法定主义》,载翁岳生教授六秩诞辰祝寿论文集编辑委员会:《当代公法理论》,台北,月旦出版社股份有限公司 2004 年版,第 598 页。

民主机能的发挥，诉诸经由立法过程中充分的辩论、协商与妥协而可能达成的理性结果。经由税收法定主义理念的贯彻，税法得以通过一整套精巧严密、明确稳定、符合税收正义的制定法以及由民主代议机构决定的（立法）政策，建构起税收实定法秩序中“立法”的部分。

这是从源头对税法秩序结构的塑造，因为立法权是一种创制性的权力，在课税要件法定与明确的要求下，制定法无疑决定着税收行政与司法判决的基本形态。制定法所形塑的这一部分秩序的内容的要义，不仅局限于税收法律的外观性、形式性以及立法程序的正当性，更多涉及税收之正义内核，即税法本身的正当性。

因此，制定法所要建构的税法秩序的首要目标在于，通过确保税法本身的正当性而实现税收正义。然而，仅仅依靠代议制民主是无法彰显一个正义的税法秩序的。如哈耶克所言，“只要政府的一切行动经过立法机关正式的授权，法治就一定会保持下去的想法是对法治意义的完全误解”，①因为立法权与民意之间会出现“民主的异化”造成的偏差。对这一部分的秩序建构，并非仅通过税收法定主义所欲达成之“多数人的统治”的民主即可实现，而要通过“从作为元规则的宪法规则入手重塑法定主义”②方可实现。在纳税人的权利存在于由宪法所保障的基本法治秩序的现代宪法国家，税收制定法秩序的规整，是在宪法层面上实现的：一方面，通过加强宪法对税收政治决策的程序性控制标准，如通过改进税收领域集体行动方案的产生（投票）规则，③提高“产生规则的规则”的民主化程度，促成一个公平正义的税收法律制度的实现；另一方面，对征税权施加直接的宪法约束，即以宪法上的自由权、财产权、平等权、生存权等基本权为衡量标尺，对税收法律规范与征税主体行为是否符合宪法进行审查。不同国家的合宪性审查机关审查税收立法是否违宪时所采用的标准和方式不同，且受制于一国违宪审查制度的基本架构。在我国，这一权力由全国人大及其常委会行使。同时，作为宪法性法律的《立法法》通过规范立法程序与法律

① ［英］弗雷德里希·奥古斯特·哈耶克：《自由宪章》，冯兴元等译，中国社会科学出版社1999年版，第152页。

② 陈丹：《论税收正义——基于宪法学角度的省察》，法律出版社2010年版，第104页。

③ 如宪政经济学派提出的税收法案的“一致同意规则”的理想以及在财政立宪主义理论中提出的“特殊多数规则”。参见［美］詹姆斯·M.布坎南、［美］戈登·图洛克：《同意的计算：立宪民主的逻辑基础》，陈光金译，上海人民出版社2014年版，第7页；［澳］杰佛瑞·布伦南、［美］詹姆斯·M.布坎南：《宪政经济学》，冯克利等译，中国社会科学出版社2004年版，第24页。

解释,为中国式的违宪审查确立了更细致的标准。就我国宪法史而言,该制度框架是合理的,在逻辑和道德上也优于宪法司法化,但尚需完善选举和审议两方面的具体措施。①

2. 税收司法秩序及其约束机制

日常法律生活充斥着疑难案件,它们无法简单地根据被权威颁布的东西来裁决,反于法律的判决(contra legem decisions)是最明显的例子。② 一直以来,公法学的基本性视角是通过法院以及法官的眼睛来思考如何处理已发生的纠纷,它有将法作为病理学而予以把握的特点。③ 与"行为"不同的是,司法权——彼时"处罚"的权力——在罗马法时期便受到法律的约束,司法独立的制度在警察国家时期已初露端倪。即使在具有"法官造法"传统的英美法司法制度中,"法官们是否'发现'或'创造'法律的争论实际上也只是关于那种雄辩的主张是否正确以及在什么时候是正确的争论"。④ 因为"法官们提出这些'新'的声明时,一般都把他们作为现行的、得到正确理解的法律的进一步说明"。⑤ 因此,不同于国家学时期将税收活动视为不受约束的国家的活动,司法从一开始就受到严格控制,甚至成为奥托·迈耶眼中"理性公法活动的范本"。⑥

从司法的宏观作用机制上看,司法审查不能替代对决定的是非曲直、便捷性或效率的行政和政治调控,但法院可以确保公共机关作出的决定是符合法律规定的,且正当程序标准得到遵守。⑦ 立法机关与行政机关的作用不是相互排斥的,它们各自的成功取决于各个环节的相互合作,但有时候它们会侵犯对方的权力,就如麦迪逊警告的那样,此时法院就被要求定义各个角色的权限。⑧ 就微观的纳税人个体而言,司法程序的独立性和司法判决的确定力,可使国家

---

① 参见翟小波:《代议机关至上的人民宪政——我国宪法实施模式的解释性建构》,载《清华法学》2007 年第 2 期;翟小波:《人民的宪法》,法律出版社 2009 年版,第 123 ~ 169 页。

② 参见[德]罗伯特·阿列克西:《法:作为理性的制度化》,雷磊编译,中国法制出版社 2012 年版,第 238 页。

③ 参见[日]大桥洋一:《行政法学的结构性变革》,吕艳滨译,中国人民大学出版社 2008 年版,第 5 页。

④ [美]R. 德沃金:《法律帝国》,李常青译,中国大百科全书出版社 1996 年版,第 6 页。

⑤ 同上。

⑥ [德]奥托·迈耶:《德国行政法》,刘飞译,商务印书馆 2013 年版,第 60 页。

⑦ 参见[英]A. W. 布拉德利、[英]K. D. 尤因:《宪法与行政法》(下册),商务印书馆 2008 年版,第 725 页。

⑧ 参见[美]阿曼·卡恩、[美]W. 巴特利·希尔德雷思编:《公共部门预算理论》,韦曙林译,格致出版社、上海人民出版社 2010 年版,第 79 页。

的征税行为变得可以预测。"如果司法权在程序、组织等各个环节上的设置趋于合理,那么面临各种公共权力侵害或威胁的个人,就可以透过司法这一中介和桥梁,与国家权力机构进行一场平等的理性抗争。"①通过税法解释与应税事实涵摄的法律适用,经由长期形成的独立、公开、透明的裁判程序,司法领域形成了明确、稳定、值得纳税人信赖的秩序。由此观之,当前学界对税务司法专门化秩序的呼吁,尽管直接缘由为专业技术性之要求、②建构"科学的财税体制"之目标、③为纳税人提供无政府倾向性偏见的税务争议解决机制④等,但无不根源于司法秩序本身之安定性功能。

(二)经由征税行为而达成的税法秩序的完整性

如果在权力分立的分析框架下分离出税法的部分,则税法的秩序规则由作为抽象法的税收制定法、作为个别法的征税行为与税收司法判决共同生成,这三者之间的关系为:征税行为与税收司法受立法约束,而立法受宪法和纳税人基本权约束。立法创制法律,司法和行政则以不同的方式遵守法律。这一结构的基本构想在于,将国家与纳税人之间的关系通过形式理性的法律加以规范,由此保障税收行政的合法律性和可控性,进而通过专业化的、相对独立的税务法庭或法院检验行政领域征税行为的合法性。

税法上的行为囊括价值功能、内涵要素、效力制度、类型划分等多维面向,因此可如行政法一般发展出以行为为中心的解释学,这样,征税行为将与制定法和税务司法建立起紧密关联:征税行为的解释学学理可渗透于税收司法实践,为立法与司法"造法"提供指引;经由学理指引的制定法与税收司法实践也会持续打磨、修正和填补征税行为的理论意涵。与此同时,这三者之间又有重大差异。

1. 制定法与征税行为

税目的确定、税率的调整以及税收优惠措施的确定等税收制度的基本内容当由税收制定法规定。税收立法者的作为,并非单纯的法律决定,而是一个经过纳税人参与、形成的政治判断。立法的作为和行政行为、司法行为并不一

① 陈瑞华:《看得见的正义》,中国法制出版社2000年版,第146~147页。

② 参见朱大旗、何遐祥:《论我国税务法院的设立》,载《当代法学》2007年第3期。

③ 参见李大庆、侯卓:《我国税务司法专门化之路径取向——兼论税务法院之设立》,载《云南社会科学》2015年第3期。

④ 参见虞青松:《美国税务法院对我国税收司法的启示》,载《中国税务报》2016年1月13日,B03版。

致,其形成过程,必须仔细参酌立法的动机,立法当时主观、客观的政治、经济及社会等情况。立法的时间、立法细节可由立法者来决定,不受人民政治意见形成过程影响的行政部门,不可强制立法者于一定期限内制定法律。① 制定法与征税行为间的模糊地带为制定规范性文件的行为。因实际情况是诸多规范性文件都包含了具有普遍约束力的行为准则,大量的税收执法行为都依规范性文件作出,因此税收规范性文件的制定权是否属于税收立法权的范畴,学者亦持不同意见。②

如果从纳税人个体参与政府过程的"积极自由"③的角度来看,形式意义上的税收法定原则最终会回归所有现代民主国家共同面对的问题:我们如何协调民主的政府控制与现代生活的技术性?前者要求公民或者民选代表进行决策,后者则要求政府官员或专业人士作出决策。④ 由民主目标驱动的纳税人共同体集体决策的结果体现为广义的制定法,而征税机关执行税收法律、进行税收征收和管理的行为,即税收行政的治理则构成征税行为。我们需要持续努力的是,在民主的目标与行政的治理二者间形成一种平衡,这一平衡具体体现在由税收法定主义确立的授权规则上。

2. 税收司法与征税行为

现代税收的目标和权利时代纳税人主体性意识,对税收行政中的制度安排提出了一系列要求,这使征税行为的制度与税务司法的制度之间存在很多不同。税收司法试图解决的是个案中的个人利益,而税收行政则更致力于实现纳税人的整体利益。"法律对司法一般为路标,对行政则一般是栅栏——行政的路标是'国家利益至上原则'。"⑤税法希望司法可依据明确的规定作出判决,却可能有意留给行政自由裁量的余地,使征税机关在其中可进行合目的性的行为。将征税中出现的问题完全诉诸司法并不能解决全部的问题。一方面,征税行为本身应当提供平衡国家与纳税人权利的救济机制。兴起于英国

---

① 参见陈新民:《法治国公法学原理与实践》,中国政法大学出版社2007年版,第24~25页。

② 认为税收规范性文件为广义的法的观点,参见许善达等:《中国税权研究》,中国税务出版社2003年版,第19页;孙红梅:《税权划分的国际比较研究》,中国税务出版社2009年版,第13页;等等。

③ Benjamin Constant, *The liberty of the Ancients Compared with That of the Moderns*(1819), in Biancamaria Fontana, trans. and eds., Political Writings, Stanford University Press, 1988.

④ 参见[美]斯蒂芬·布雷耶:《积极自由——美国宪法的民主解释论》,田雷译,中国政法大学出版社2011年版,第85页。

⑤ [德]拉德布鲁赫:《法学导论》,米健译,法律出版社2012年版,第152页。

20世纪90年代的“公民宪章运动”①树立的典型即为负责处理有关税收申诉的税务裁判官制度，该职位的设计旨在构造“介于内部程序和议会监察专员之间的独立的‘中间层’”，以《公民宪章》确立的服务和申诉处理标准处理相关申诉。② 这一制度试图将政府与纳税人之间的矛盾“内化”，旨在以契约化的术语重写政府与纳税人之间的关系，而非将矛盾与争议全部交由司法解决。另一方面，在我国当前，司法诉讼程序能起到的作用还比较有限，技术壁垒以及一些税务争讼制度的阻碍使我国税务诉讼数量较少。因此，相较而言，征税行为有税收司法制度无可替代的主动性地位与优势。

综上，征税行为并不是一个将所有税收活动都纳入其中的兼容并包的概念，而是承载着明确的功能目标。一方面，将内部规章、“红头文件”等不符合法律规范的形式却具有法律规范的实质，往往在实践中对税收行政秩序产生重大影响的税收规范性文件，都纳入其中予以规制，从而将这部分既不受控于税收行政立法的授权规则，也无法完全依赖司法监督③的税法规范纳入视野；另一方面，通过法律涵摄的过程，将纳税人在税收法律关系中的权利义务以及纳税人与征税机关之间的关系通过个案宣示予以具体化、明确化，使由征税行为确定的内容如同司法判决一般对纳税人具有明确性、客观性和可预测性，从而维护税法秩序的安定性。

四、征税行为的约束原则

整个法秩序（或其大部分）都受特定指导性法律思想、原则或一般价值标准的支配，其中若干思想、原则，在今日甚至具有宪法位阶，其作用在于：诸多规范之各种价值决定需借此法律思想得以正当化、一体化并因此避免彼此间

---

① 在公共服务部门推行《公民宪章》是英国保守党领袖梅杰于1989年上台执政以来在行政改革方面所采取的重要措施，它包括了一系列政治和行政倡议，希望提高公共服务标准，并授权公民在提供的服务不符合标准时采取行动。参见张定淮：《英国“公民宪章”运动的现状与前景》，载《深圳大学学报》（人文社会科学版）1996年第1期；[英]卡罗尔·哈洛、[英]理查德·罗林斯：《法律与行政》（上卷），杨伟东等译，商务印书馆2004年版，第287页。

② 参见[英]卡罗尔·哈洛、[英]理查德·罗林斯：《法律与行政》（下卷），杨伟东等译，商务印书馆2004年版，第759页。

③ 有学者认为，我国建立税务法院的目的之一即为“通过司法审查首先排除内部规章、红头文件等规范性较低、明显缺乏法律依据的一些文件的法律适用效果”。参见朱大旗、何遐祥：《论我国税务法院的设立》，载《当代法学》2007年第3期。

的矛盾。[①] "以各项原理或原则为前提"[②]本为税法的正义标准之一。原则不同于法律的价值追求,它依然属于行为准则范畴,具有规范的属性,当法律欠缺制度规定时,规范对象当受原则指引。基本原则对征税行为的作用主要体现在两方面:其一,统领、续造征税行为的具体类型,体现其中的税法价值与理念;其二,在法律对行为要件规定模糊之处,通过一般化、普遍化、前后一致的原则创造统一标准,补充法律规范之欠缺,改善法律适用不合理的状况。与行为所欲达成之税法秩序格局一脉相承,征税行为所应遵循的约束性原则,在税法上亦可分为取向法安定性的原则与取向实质正义的原则。

(一)取向法安定性的税法原则

1.一般原则

征税行为首先应遵守形式法治国上的一般原则。所谓一般原则,是指上述原则不仅为税法上行为的指导原则,亦应为一般公法行为——如纵向上之行政行为,横向上之税收立法行为与司法行为——皆应遵循之原则。与税法的安定秩序相关的一般行为约束原则可以概括为一条经典原则:正当程序原则。

正当程序的观念源于英国普通法。1215 年英国《大宪章》列明的"任何自由人,如未经其同级贵族之依法裁判,或经国法判,皆不得被逮捕,监禁,没收财产,剥夺法律保护权,流放,或加以任何其他损害"这一规定,被认为是正当程序原则之肇始。自此,这些术语开始不断出现在成文法和法院判决之中。[③]自 19 世纪起,"正当程序原则"从仅适用于司法判决扩展成为拘束司法性或准司法性之行政机关行为的重要原则,[④]进而成为"政府一切权力行使或对人民权利之侵害和限制皆应遵循的法之原则"。[⑤] 程序法在成文法体系中被称为形式法(droit formel,formelles Recht)。[⑥] 传统法教义学从工具主义的视角理解程

---

① 参见[德]卡尔拉·伦茨:《法学方法论》,陈爱娥译,商务印书馆 2003 年版,第 316 页。

② 税法上的正义标准,除要求各项单纯的原则外,还要求"合乎事理的各项原则"及"该合乎事理的原则前后一致的加以适用"。参见陈清秀:《税法总论》,台北,元照出版公司 2014 年版,第 27 ~28 页。

③ 参见余凌云:《行政法讲义》(第 2 版),清华大学出版社 2014 年版,第 102 页。

④ 参见陈志全:《行政法上自然正义原则初探》,载城仲模主编:《行政法之一般法律原则(一)》,台北,三民书局股份有限公司 1999 年版,第 38 页。

⑤ 林国漳:《浅释行政法学上之"正当法律程序"原则》,载城仲模主编:《行政法之一般法律原则(一)》,台北,三民书局股份有限公司 1999 年版,第 56 页。

⑥ 季卫东:《法治秩序的建构》,商务印书馆 2014 年版,第 12 页。

序,将其看作实现实体性权利与义务的手段和方法。罗尔斯在《正义论》中从程序主义的视角解读正义,以“有程序、有标准”“无程序、有标准”“有程序、无标准”①为划分标准,将现代程序正义分为“完全的程序正义、不完全的程序正义以及纯粹的程序正义”② 3 类,开拓了程序本位主义的价值观,赋予程序本身以独立价值与实质正义之维。程序的正当一方面与结果正义相联结,另一方面通过不利处分的告知、参与机制等促使形式正义的实现。

征税行为应符合正当法律程序,系具体化、实质化纳税人基本权利的结果。征税具有侵犯人民财产权、自由权等宪法权利之特征,因此税收立法内容应符合宪法之价值体系与正义标准。为实质化、具体化这一正义要求,理应赋予纳税人程序上的人格主体地位,课税权之行使程序也应符合宪法上的价值秩序与程序基本权理念,使其具有一脉相承的正当性。③ 事实上,基于“民众主权理念之深化”、“以纳税人为尊之服务理念落实”以及“社会法治理念之贯彻”④的理由,征税行为相较一般行政行为,对正当法律程序的要求更严格。正当程序成为经由征税行为达成税法秩序安定性不可或缺的机制。程序具有“作茧自缚”的效应,经过程序认定的事实关系和法律关系,都被一一贴上封条,成为无可动摇的真正的过去。⑤ 关注正当程序的另一个重要理由在于,随着法规范的逐渐弱化、协商机制的逐渐增强,在公法领域有可能实现通过(或者主要通过)协商形成秩序,⑥从而为税收合同等特殊征税行为的建构提供程序保障。

正当程序原则在税法上表现为公开原则、参与原则、尊重纳税人原则等具体原则。公开原则为宪法上知情权在税法原则上的体现,是指征税主体在行使征税权时,除涉及国家秘密、商业秘密与个人隐私外,应将征税权行使有关

---

① 何怀宏:《公平的正义——解读罗尔斯〈正义论〉》,山东人民出版社 2002 年版,第 113 页。

② [美]约翰·罗尔斯:《正义论》,何怀宏等译,中国社会科学出版社 1988 年版,第 80 页。

③ 依人身自由权与其他基本权而具体化税法上之正当程序原则,参见郭介恒:《纳税人应有之权利保护——以程序正当为中心》,载《月旦法学杂志》2006 年第 137 期;张进德、陈志成:《租税法应适用正当程序原则》,载《税务旬刊》2012 年第 6 期(总第 2185 期);陈清秀:《税法上之正当法律程序》,载刘剑文主编:《财税法学前沿问题研究:法治财税与国家治理现代化》,法律出版社 2016 年版,第267~300 页;葛克昌:《正当法律程序——租税法律主义之程序保障》,载刘剑文主编:《财税法学前沿问题研究:依法治国与财税法定原则》,法律出版社 2016 年版,第 213~243 页;等等。

④ 葛克昌:《行政程序与纳税人基本权——“税捐稽征法”之新思维》(第 3 版),台北,翰芦图书出版有限公司 2012 年版,第 407 页。

⑤ 参见季卫东:《程序比较论》,载《比较法研究》1993 年第 1 期。

⑥ 参见余凌云:《行政法讲义》(第 2 版),清华大学出版社 2014 年版,第 102 页。

的事项向纳税人和社会公开。[①] 这一原则的确立,从纳税人视角出发,有助于抑制征税机关自由裁量权之滥用,提高纳税人私人生活与经济安排的可预测性;从征税机关视角出发,则有利于提高纳税人对征税机关行为的可接受性与纳税遵从度,满足征税机关准确收集信息的需要。参与原则,是指在制定征税规定、形成征税决定的过程中,纳税主体通过参与征税权力的运作过程,对征税决定的形成过程与结果产生影响。从实体正义的角度理解,参与原则产生的根本在于"避免法的基本理念与它的具体演示所可能产生的逻辑矛盾的愿望",因此赋予要求正当对待之人"以一个法律社会成员"的面貌出现[②]从程序正义的角度理解,参与原则的法律价值是使纳税人成为具有独立人格并对国家享有请求权的主体,而非完全受征税权支配的客体。[③] 在税法上,公开原则与参与原则都有其限度,如前者在执行中须注意税收秘密的保护,[④]后者则需界定参与原则的范围。[⑤]

2. 税法原则

广义上理解的税收法定主义源自法治国家原则所要求的法的安定性与可预测性。[⑥] 对于税收法定主义的具体内容,学者间见解有所差异。日本学者金子宏认为,税收法定主义包含"课税要件法定主义"、"课税要件明确主义"、"合

---

① See Richard M. Lipton, *Procedural Due Process in Tax Collection: An Opportunity for a Prompt Postdeprivation Hearing*, The University of Chicago Law Review, Vol. 3, p. 594 - 617(1977).

② 在施塔姆勒的语境下,"法的基本理念"指"将个体联合起来的社会理念","它的具体演示"则指"强制性地使个体受制于社会联合,而在给定情形下拿他只当承担法律义务的人对待"。参见[德]施塔姆勒:《正义法的理论》,夏彦才译,商务印书馆2012年版,第121~122页。

③ 参见施正文:《税收程序法论——监控征税权运行的法理与立法研究》,北京大学出版社2003年版,第122页。

④ 如我国台湾地区"税捐稽征法"第33条规定的"纳税资料之保密义务";《德国租税通则》第4节专章规定的"租税秘密保护";我国《税收征收管理法》第8条、第54条、第59条以及国家税务总局《关于纳税人权利与义务的公告》规定的纳税人保密权;等等。

⑤ 如《德国租税通则》第91条规定,个别事件中得不听取当事人陈述的情形包括:"有延迟之虞,或为公共利益必须为立即之决定;因听取陈述将难以遵守应为决定之期限;当事人于申请书或申报书中所提供之事实说明,不致产生对其不利益之出入;稽征机关作成一般处分或大量之同种行政处分,或以自动设备作成行政处分;强制执行中采取之措施。";我国台湾地区"稽征程序法"第103条规定的"无须给予相对人陈述意见之情形"包括:大量作成同种类之处分;情况急迫,如予陈述意见之机会,显然违背公益者;受法定期间之限制,如予陈述意见之机会,显然不能遵行者;行政强制执行时所采取之各种处置;行政处分所根据之事实,客观上明白足以确认者;限制自由或权利之内容及程度,显属轻微,而无事先听取相对人意见之必要者;相对人于提起诉愿前依有关规定应向行政机关声请再审查、异议、复查、重审或其他先行程序者;为避免处分相对人隐匿、移转财产或潜逃出境,依有关规定所为保全或限制出境之处分。

⑥ 参见陈清秀:《税法总论》,台北,元照出版公司2014年版,第45页。

法性原则”以及“程序上的保障原则”，此外，关于禁止溯及立法以及纳税者的权利保护也应理解为税收法定主义的内容。[①] 北野弘久认为，税收法定主义包含租税要件法定主义与税务合法性原则，前者为税收法定主义在立法方面的要求并当然包含租税要件明确主义原则，后者则为对课税厅的执法要求。[②] 中里实等认为，税收法定主义为税收立法的宪法原则，包括征税要件的法定原则、征税要件明确原则与程序性保障原则。[③] 我国台湾地区学者对此理解亦有不同。葛克昌认为，这一原则下包含了类推禁止原则、溯及禁止原则、法律优位原则与法律保留原则。[④] 陈清秀认为，税收法定原则的内容包含课税要件法定主义、课税要件明确主义与程序法的合法性原则三部分，至于法律漏洞补充与法律不溯及既往原则，可以理解为税收法定主义之作用。[⑤] 黄俊杰认为，从国家以法律课税的角度来看，课税要件法定主义为税收法定主义之核心原则。[⑥] 这一观念亦为我国税法通说，在实定法上，我国《宪法》第 56 条、[⑦]《立法法》第 8 条[⑧]与《税收征收管理法》第 3 条构成其实定法依据。如采上述对税收法定主义之最广义理解，则无论是取向法安定性还是取向实质正义的税法原则皆可理解为税收法定主义的理念——一种通过“税收动态法定”[⑨]的概念塑造稳定的税法秩序的法律理想。但为强化对征税行为的原则性约束，需对这一“法定”观念条分缕析，分层视之。

依北野弘久的观点，税收法定主义的发展由 3 个层面渐次深入：在第一阶段，这一观念表现为通过在宪法中设置租税法律主义条款，防止税收行政与税收司法过程中的权力滥用现象，其主要意义在于保障自由权利。在第二阶段，

---

① 参见[日]金子宏：《日本税法》，战宪斌等译，法律出版社 2004 年版，第 59 页。

② 参见[日]北野弘久：《日本税法学原论》(第 5 版)，郭美松、陈刚译，中国检察出版社 2008 年版，第 64～65 页。

③ 参见[日]中里实等编：《日本税法概论》，郑林根等译，法律出版社 2014 年版，第 16～19 页。

④ 参见葛克昌：《税法基本问题——财政宪法篇》，台北，元照出版公司 2005 年版，第 109～142 页。

⑤ 参见陈清秀：《税法总论》，台北，元照出版公司 2014 年版，第 45～46 页。

⑥ 参见黄俊杰：《税捐法定主义》，台北，翰芦图书出版有限公司 2012 年版，第 126～134 页。

⑦ 我国《宪法》第 56 条能否构成“税收法定原则”之规范依据，学界尚存在分歧，观点梳理参见周刚志：《财政转型的宪法原理》，中国人民大学出版社 2014 年版，第 98～100 页。

⑧ 《立法法》第 8 条对税收法定原则的规范确认意义，参见佘倩影、刘剑文：《税收法定主义：从文本到实践的挑战与路径》，载《辽宁大学学报》(哲学社会科学版)2016 年第 6 期。

⑨ 甘功仁主编：《财税法学专题》，北京师范大学出版社 2015 年版，第 56 页。

这一观念从防止税法的执行过程中的权力滥用拓展到关注立法过程中可能产生的非正义的法,试图从制约议会课税立法权的实体宪法原理(应能负担原则、公平负担原则、保障生存权原则等)角度构筑税收法定主义,其宗旨是将维护纳税者的人权作为立法过程中的最基本实践观念。① 在税收法定主义发展的第三阶段,其价值立场发生了根本性转化,从通过立法过程、行政过程、裁判过程维护纳税者基本权,转变为以彻底维护纳税者的立场为出发点,重构全部的财税法理论体系。这在立法上要求宪法确立"纳税者基本权"这一概念,司法上要求借鉴美国的"纳税人诉讼"(taxpayer's suits)制度,学科理论上要求构建税收的征收与使用相统一的"新财政法学"。② 取向法安定性的税收法定主义,主要涉及这3个层面中的前两个层面,并依立法面与执行面之不同而各有其原则性要求:前者所涉者为法源论方面的问题,如除法律外的行政法规、规章、实施细则等能否规范税收实体内容,后者所涉者则为如何适用依法课征原则。在权利区分的制度下,为保障法的安定性,其实践的手段首先是确立课税要件法定原则。为避免该原则被"架空",在这一原则之上进一步派生出其他致力于法安定性目标的税法原则,如类推禁止、溯及禁止原则,二者皆与如何理解税收法定主义中"法律"意涵有关,因此又关涉税法漏洞补充的原则与方法。另外,形式法治国上的信赖保护原则要求限制征税机关撤销、变更或废止已作成之课税处分的权力。

(1)基础原则:法定原则

税收法定原则的外观内容为税收法律关系主体及其权力(利)与义务、税法的各类构成要素需由法律予以明确规定,无法律依据即无税收,实质内涵为由民意代表机关以认可国家征税权力合法性的形式,划定国家征税权与纳税人财产权的范围与边界,实现对纳税人共同体利益之保护。从根本上说,税收法定原则旨在通过立法对征税行为恣意的控制,实现维护法之安定性的目标。这一限制经由3条路径达成:首先,由"议会保留"或"法律保留"原则实现对行政"恣意立法"的限制。议会保留原则认为,只有立法机关制定的规范具有税法法源资格;法律保留原则认为,可致税收债务发生的重要构成要件等"基本

---

① 参见[日]北野弘久:《日本税法学原论》(第5版),郭美松、陈刚译,中国检察出版社2008年版,第73~78页。

② 参见佘倩影、刘剑文:《税收法定主义:从文本到实践的挑战与路径》,载《辽宁大学学报》(哲学社会科学版)2016年第6期。

事项”[①]应由立法机关通过法律规定，基本事项以外的其他事项可由立法机关授权行政机关制定。议会保留原则是税收法定原则在早期发展时的理想目标，现代国家大多肯认行政机关针对非基本税收事项的行政立法权，但需受到授权明确性原则等的限制。对税收立法权的绝对或相对垄断，使政府只获得严格依据授权范围与目的进行有限的立法的权力与严格依据税收法律征税与管税的权力。其次，确立法律对行政的支配性地位，一切税收活动均应受现行法律之约束。这又体现在两方面：其一，法律之优越地位具有规范位阶的意义，凡征税行为在位阶上皆低于法律。换言之，法律效力高于征税机关经个案宣示确立的“个别的法”。其二，法律无条件、无限制地适用于征税行为的各个方面，任何行为主体不得采取与法律相抵触之行为。最后，通过税收要素明确性原则实现对行政“恣意解释立法”的限制，即税收法律中创设、变更、消灭税收法律关系的规定意义必须明确，防止征税机关在确定纳税人实体性权利义务时滥用自由裁量权。

法定原则为确保税收领域中法的安定性与可预测性的工具性措施。通过对征税行为方式尽可能明确的规定，降低税收行政过程与裁判过程中权力滥用的可能，维护纳税人宪法上的各项基本权利。具体而言：其一，常规征税决定之基本类型、要件构成与法律效果皆应由税法明确规定。根据依法课征原则，如无法律明文规定或特别授权，征税机关不仅无权决定纳税人实体性税收债务的成立及具体内容，且在稽征过程中亦无裁量权限。其二，特殊征税行为类型，如征税机关能否与纳税人缔结税务和解契约以代替课税处分或其前置行政处分的问题，亦受此原则约束。通说认为，税法上能否缔结契约，依其为法律问题或事实问题而定：当征税机关考虑到事实调查确有困难，就课税事实有无或范围的认定与纳税人达成和解，在税法上是容许的；若课税事实明确，除法律特别规定允许征税机关延缓课征、准予分期缴纳等情况外，征税机关不得以税收契约变更或消灭已发生之税收债务。当然，遵从税收法定原则只是税收和解的合法性前提，在具体适用过程中还应受行政裁量限缩等理论之限制，对其进行“合法性、适用要件和阶段化的规则控制”。[②] 另外，作为制定法与

---

① 基本事项之外延，尚未达成一致，通说认为至少包括税捐主体、税捐客体、税基、税率与税捐客体之归属这5项。参见黄茂荣：《法学方法与现代税法》，北京大学出版社2011年版，第214页。

② 张永忠、张春梅：《行政裁量权限缩论——以税收和解适用为例》，载《政治与法律》2011年第10期。

征税行为过渡形态之征税规定,因负担促使征税行为"型式化""法制化"之任务而具备一定的灵活性,但本质上仍为征税机关的职权行为,不得突破法定原则之底线。

(2)衍生原则:类推禁止与溯及禁止

在法定原则下,尤其需要讨论的是作为法定原则主要表现形式的类推禁止原则与溯及禁止原则,是通过何种机制实现其对征税行为的约束功能以及是否应基于法安定性的考量而绝对禁止任何类型征税行为中的类推与溯及的问题。

在方法论上,一般认为法律漏洞为法律体系内违反法律计划或与目的不符之不圆满的法律状态。① 法律漏洞之发生,既可因由"立法者之疏忽、未预见或情况变更",②亦可肇始于"对法律文字、语法及法条间之逻辑体系结构的掌握不完整"。③ 此种法律漏洞能否经由征税机关就法律未规定之事项,援引与其性质相类似之规定予以法律补充,即超出法律文义之外寻找规范内容,在税法理论上及实务中存在分歧。④ 认为税法可类推适用者之理由如民主原理⑤、为实现平等原则与法的安定性原则、税法与刑法不得等量齐观⑥等,反对者或基于法理⑦、或基于国情现状⑧彻底否认税法类推之适用,或认为应禁止不利于纳税人之类推,而不禁止有利类推。

笔者认为,税法能否得以类推,应结合行为类型与个案情形,依"立法目

① 参见[德]卡尔·恩吉施:《法律思维导论》,郑永流译,法律出版社 2004 年版,第 168 页;[德]卡尔·拉伦茨:《法学方法论》,陈爱娥译,商务印书馆 2003 年版,第 283 页;黄茂荣:《法学方法与现代民法》,中国政法大学出版社 2001 年版,第 293 页;等等。

② 杨仁寿:《法学方法论》,中国政法大学出版社 2013 年版,第 194 页。

③ 黄茂荣:《法学方法与现代税法》,北京大学出版社 2011 年版,第 172 页。

④ 是否能以文意作为法律解释与法律补充之界限,以及是否可以此为基础,限制征税机关或法院利用类推适用补充税法漏洞的权限,在税法上亦存在不同观点。德国学者 Heinrich Beisse 认为其"可成为一个具有操作性的思考方法",Tipke 则从根本上否定税法类推适用之原则。参见黄茂荣:《法学方法与现代税法》,北京大学出版社 2011 年版,第 171 页;葛克昌:《税法基本问题:财政宪法篇》,北京大学出版社 2004 年版,第 83 ~ 90 页。

⑤ 参见葛克昌:《租税规避之研究》,台湾大学 1978 年硕士学位论文,第 167 页。

⑥ 参见我国台湾地区司法事务管理机构释字第 151 号解释中陈世荣"大法官"《不同意见书》。

⑦ 参见黄茂荣:《法学方法与现代税法》,北京大学出版社 2011 年版,第 176 页。

⑧ 参见熊伟、刘剑文:《税法基础理论》,北京大学出版社 2004 年版,第 119 ~ 120 页。

的、平等原则及租税正义”[①]作具体判断。例如,税收处罚与税收强制等典型侵害行政属法律绝对保留的范围,一般不得类推适用;又如,尽管依《立法法》的规定,“税收征收管理”为法律绝对保留事项,但对于这一几乎涵盖了税收征管全部范围的概念,在实务中常见类推适用之行政规则,类推是否妥当应由个案决定,才不至于陈义过高、失之空泛。

税法上溯及禁止原则应从立法与适用两个层次理解。禁止溯及为一般立法原则,税法亦主要遵循从旧原则。但税收立法中亦存在大量溯及既往的现象,如税法规范生效时间在颁布时间之前、[②]将税法规范生效之前发生的行为适用于新规[③]或规定个别条款具有溯及效力。[④] 基于税法以民商法为基础之高级法属性、[⑤]事后评价之特征、反避税需求等理由,溯及既往在税收立法中并非绝对禁止。溯及禁止原则的法理基础为信赖保护与宪法上的人权保障原则,税法规范之溯及“一方面对为信赖之保护,另一方面为溯及效力法规之立法目的,二者需加以权衡”。[⑥] 在法律适用中,这一原则既要求征税行为具有存续力,即征税机关针对个案批复的征税规定、在具体案件中确认的纳税人的权利义务内容以及已确认终结之纳税义务不得再追溯处理,也要求征税机关对税法规范的解释或制定的税收规定在决定是否溯及(尤其是不利溯及变更)的情况下受上述利益平衡原则之约束。

(二)取向实质正义的税法原则

在取向法安定性的形式正义基础上,税收依然需要一定之伦理基础来正当化,[⑦]这一伦理正义体现于约束征税行为的一系列一般法律原则和税法原则之中。

---

① 葛克昌:《税法基本问题:财政宪法篇》,台北,元照出版公司2005年版,第122页。

② 这是税法溯及既往的主要表现形式,主要存在于所得税法领域,如财政部与国家税务总局2009年6月1日联合发布的《关于中小企业信用担保机构有关准备金税前扣除问题的通知》(财税〔2009〕62号)规定其执行时间为“2008年1月1日起至2010年12月31日”。

③ 如财政部、国家税务总局《关于企业手续费及佣金支出税前扣除政策的通知》(财税〔2009〕29号)将“新税法实施之日至本通知印发之日前”企业手续费等相关事项依该通知一并处理。

④ 如《企业所得税法》第60条规定的施行时间为2008年1月1日,但实际生效时间为其公布时间,即2007年3月16日。

⑤ 参见张守文:《税收权利的性质及其法律保护》,载《法商研究》2001年第6期。

⑥ 葛克昌:《税法基本问题:财政宪法篇》,台北,元照出版公司2005年版,第124页。

⑦ 参见黄茂荣:《法学方法与现代税法》,北京大学出版社2011年版,第129页。

1. 一般原则

(1) 公平原则

自17世纪发展出系统的税收思想与税收原则起,赋税公平便被认为是衡量税收正义的首要标准。英国资产阶级古典经济学派创始人威廉·配第(William Petty,1623－1687)用数学与计量的方法首次在系统的税收理论中探讨了公平原则,认为"使纳税人感到最为不满的,是对他们课征的税额高于对他们的邻居课征的税额",①因此税收应按照合理的比例对每一个人征税,做到一视同仁、无所偏袒。其后,古典经济学代表亚当·斯密(Adam Smith,1723－1790)在《国富论》中提出自由资本主义秩序下的税收公平的意涵,主张低耗政府、维持税收中性并避免税收特权。一切公民,都须在可能的范围内,按各自能力的比例,即按照各自在国家保护下享得收入的比例,缴纳国赋,维持政府。② 自由资本主义向垄断资本主义过渡时期,德国历史学派的代表阿道夫·瓦格纳(Adolf Wagner,1835－1917)在其著名的"四项九端"税收原则中阐释了这一时期的公平正义之内涵。瓦格纳认为,税收公平需实行普遍原则、平等原则与累进税制。③ 普遍原则要求每个公民都应当依法纳税,不因身份或地位不同而享受特殊待遇;平等原则要求依据纳税人的征税能力大小征税;累进税制则在考虑不同群体收入差距和负担能力的基础上,通过一种多层次的税率结构实现税收公平分配之功能。在西方经济学从新古典主义向凯恩斯主义过渡的特殊历史时期,庇古、拉姆齐、卡尔多、霍特林等福利经济学派的经济学家以"建构能够增进福利的经济运行体系"为目标,认为公平的税收应当可以矫正市场缺陷、缓解社会矛盾以及解决外部不经济等问题,因而更加重视发挥累进所得税和财产税的再分配功能,促进财富的合理分配。20世纪后,面对资本主义经济危机,凯恩斯等强调,通过直接税体系及其所适用的累进税率实现实质意义上的公平。④ 此后,供给学派、货币学派、公共选择学派、制度经济学派等也阐释了其对公平原则的理解。总体来讲,经凯恩斯学派的系统阐释,以普遍课征与量能负担为主要内容的公平原则成为当代税收原则中的最高原则。

---

① [英]威廉·配第:《赋税论》,邱霞、原磊译,华夏出版社2017年版,第26页。

② 参见[英]亚当·斯密:《国民财富的性质和原因的研究》(下卷),郭大力、王亚南译,商务印书馆1981年版,第384~385页。

③ 参见张富强:《税法学》,法律出版社2007年版,第115页。

④ 参见[英]M. 凯恩斯:《就业、利息和货币通论》,徐毓枬译,商务印书馆1983年版,第324页。

税收公平包括横向公平与纵向公平,前者是指应以同等的课税标准对待经济条件相同之人,纳税能力或经济能力相同的人应当缴纳相同数额的税收;后者是指应以不同的课税标准对待经济条件不同的人,经济能力与纳税能力强的人当多缴税,经济能力与纳税能力弱的人少缴税或不缴税。衡量税收公平的具体原则有二:受益原则与能力原则。受益原则依据纳税人从国家提供的公共物品中获益多少分配税收负担,能力原则依据纳税人的纳税能力分配税收负担。纳税能力判定一般采客观说,即综合运用所得、财产与消费3类标准衡量纳税能力之强弱。在这三者当中,消费因其税收负担的间接性、隐蔽性、累退性及税负弹性的可选择性等特征而被认为是最不理想的税负承担能力衡量标准,所得因具有可适用累进税率与扣除制度等特征而被认为最符合公平税制的要求。在现代税收国家,能力原则一般被认为更能合理判定税收公平与否。在"客观能力"之下的税收公平原则的实质即为"量能课税原则"。①

(2)比例原则

比例原则为公法上普遍适用的基本原则,从德国19世纪"警察国家"发展而来,被认为是"基本权利之本质"。② 在以控制"干涉行政"为重任的近代行政法理论中,当时的比例原则实指必要性而言。③ 所谓必要性手段是"立法者或行政机关针对同一目的之达成,有多种适合之手段可供选择者,应选择对人民损害最小之手段"。④ 早期比例原则所强调的"最小侵害"之必要性原则,旨在通过最大限度的控权,确保自由法治理念下对个体权利的保障。此后,比例原则经由德国联邦宪法法院的判决进一步体系化与具体化,试图为多元化利益提供更妥当的评价工具。依通说,这一原则包含了3项"构成原则",即手段的妥当性、必要性和法益相称性原则。⑤ 这其中,妥当性原则为"目的—手段"导向之要求,指"所采行之措施必须能实现行政目的或至少有助于目的之达

① 参见翟继光:《税法学原理——税法理论的反思与重构》,立信会计出版社2011年版,第26页。

② 参见许宗力:《法与国家权力》,台北,月旦出版社股份有限公司1993年版,第48页。

③ 参见陈新民:《中国行政法学原理》,中国政法大学出版社2002年版,第43页。

④ 叶俊荣:《论比例原则与行政裁量》,载《宪政时代》1986年第3期。

⑤ 参见谢世宪:《论公法上之比例原则》,载城仲模主编:《行政法之一般法律原则(一)》,台北,三民书局股份有限公司1999年版,第122页。

成,并且为正确之手段”。[①] 法益相称性原则产生于妥当性原则与必要性原则之后,是一个抽象性概念而非具体的判断法则,[②]从价值层面要求“干预的严厉程度与理由的充分程度之间要非常成比例”。[③] 这三者中,必要性原则对征税行为来说最重要,这一方面在于税法之干预性特征,另一方面是基于我国税收征管的现状——“在没有完成自由主义的课题下,非常有必要坚持甚至突出最小侵害原则对于公权力行使确保公民权利最小的控权要求”。[④]

现代税法面临的核心问题是,如何将征税权力的行使控制在适度、必要的范围内。在法律不得不赋予征税机关相当的自由裁量空间时,比例原则成为确保裁量正义的重要标准。比例原则不仅为税收立法原则,亦为税法适用原则,是规范征税机关一方征税活动的重要工具。[⑤] 在税收确定中对征税原因事实的有无及证据证明力的认定、类型化征收和推定课税中有关课税基础事实关系的判定与调整、税收处罚行为中对处罚种类和幅度的选择、税收强制中对强制措施的选择等情境中,尤需比例原则之权衡制约。以税收强制行为为例,我国《税收征收管理法》规定了针对欠缴税款限制出境的税收保全措施,[⑥]这一规定涉及纳税人人身自由、迁徙自由[⑦]与财产权保障之基本权冲突问题。从课税手段与目的之合比例性角度出发,一般认为,迁徙自由在价值位阶上应高于财产权利,征税机关如若使用限制出境的手段督促纳税人履行税收债务,当考

---

① 谢世宪:《论公法上之比例原则》,载城仲模主编:《行政法之一般法律原则(一)》,台北,三民书局股份有限公司1999年版,第123页。

② 当然,这一抽象性特征并非全无衡量标准,有3项因素需重点考量:人性尊严不可侵害、公益之需要以及手段之合适程度。参见谢世宪:《论公法上之比例原则》,载城仲模主编:《行政法之一般法律原则(一)》,台北,三民书局股份有限公司1999年版,第126页。

③ 余凌云:《行政法讲义》(第2版),清华大学出版社2014年版,第87页。

④ 蒋红珍:《论比例原则——政府规制工具选择的司法评价》,法律出版社2010年版,第23页。

⑤ 有学者认为比例原则一般不适用于直接以税款的确定、征收行为为内容的羁束征税行为。本文认为这一观点有待商榷,理由有二:(1)税款的确定与征收行为之界定过于宽泛,难以认定此二者之“羁束”性质;(2)比例原则是对征税手段与目的之间关系进行的衡量,只要国家征税权与纳税人基本权发生冲突,就必须凭借这一审查标准来评判征税权之侵害是否为适度、恰当的。

⑥ 《税收征收管理法》第44条规定:“欠缴税款的纳税人或者他的法定代表人需要出境的,应当在出境前向税务机关结清应纳税款、滞纳金或者提供担保。未结清税款、滞纳金,又不提供担保的,税务机关可以通知出境管理机关阻止其出境。”

⑦ 尽管我国宪法上并未将迁徙自由作为公民基本权利,但迁徙自由为当今法治国家基本人权应有之义,当无异议。

虑“采取之方法所造成之损害，不得与所欲达成目的之利益显示均衡”，[①]如确实需用此种手段方法，也应考虑得更细致周全。

2. 税法原则

(1)基础原则：能力原则

国家征税，应依纳税人给付能力平等课征，此即量能课税原则。量能课税原则在税法上，相当于私法自治原则在民法上的地位，是体现税法伦理价值与实质正义的结构性原则。在税捐之课征上量能课税原则具有双重意义，一为容许国家按人民负担税捐之能力依法课征税捐；二为禁止国家超出人民负担税捐之能力课征税捐。[②] 量能课税原则是宪法平等原则在税法上的体现，并可作为验证税法是否实现平等原则的衡量标准。[③] 进言之，这一原则由宪法中民主原理、自由权、平等权及社会国理念共同作用所衍生，[④]是取向税法实质正义之最高法律原则。正因其为基本原则，则需具体化方能明确其内涵，使之成为一个可操作的价值体系。该具体化的工作，除由立法机关通过制定法律规范实现外，行政机关与司法机关亦发挥重要作用。亦即量能课税原则并非仅为抽象的“税收思想与税收理念”，[⑤]或仅为“立法性原则”，[⑥]而是具有规范效力的法律解释适用原则，应成为“租税立法之指导理念、税法解释准则、税法漏洞补充方针、裁量基准”。[⑦] 量能课税原则从立法原则扩展至税法解释与适用原则，从法之价值源扩展至法的认识源，[⑧]是其成为征税行为约束性原则的前提。若仅在税收立法中衡量个人负担能力，则税法适用中如有税法漏洞或法律规定不明确的情况，会出现诸如征税机关仅依表面文字课税，或纳税义务人以租税规划之名行租税规避之实的情况，税收课征难免陷入征纳双方成本高昂的博弈，税法的实质合法性将难以维持。

(2)衍生原则之一：实质课税原则

实质课税原则，是指在解释适用法律以及认定课税要件事实时，若其法

---

① 葛克昌：《所得税与宪法》，台北，翰芦图书出版有限公司2009年版，第604页。

② 参见黄茂荣：《法学方法与现代税法》，北京大学出版社2011年版，第190～191页。

③ 参见柯格钟：《量能原则作为税法之基本原则》，载《月旦法学杂志》2006年第136期。

④ 参见葛克昌：《所得税与宪法》，台北，翰芦图书出版有限公司2009年版，第558页。

⑤ 刘剑文、熊伟：《税法基础理论》，北京大学出版社2004年版，第135～138页。

⑥ [日]北野弘久：《日本税法学原论》(第5版)，郭美松、陈刚译，中国检察出版社2008年版，第95页。

⑦ 葛克昌：《所得税与宪法》，台北，翰芦图书出版有限公司2009年版，第558页。

⑧ 参见葛克昌：《税法基本问题：财政宪法篇》，北京大学出版社2004年版，第126页。

律形式与经济实质不一致，征税机关应通过外在法律形式，探究其实质经济意义。从法社会学视角看，实质课税原则是“权力的理论”，这一思想的兴起与租税特别措施的法现象泛滥有相同的构造。① 税收特别措施属于立法过程中的法现象，而实质课税原则为税收征收与税收司法中的法现象，两者在形式上有所差异。实质课税因可违背严格法定主义原则②或与实用性原则发生冲突③而在理论上④与实践中存在一定争议，但其因在税收课征中体现量能课税原则的意旨⑤、公平税负原则⑥以及在税法解释中体现“立法目的”⑦而具有适用上的正当性，当无疑义。

实质课税原则在征税行为中的应用主要表现在征税机关对事实关系⑧和交易性质⑨的判断上，如税收客体的有无及其在事实上的归属、对无效法律行为或违反善良风俗法律行为的课税等。另外，若征税机关依经济实质原则认定税法事实，则征税机关应就其实质上经济利益归属享有的要件事实，负举证责任，⑩纳税人则负协力义务，从这个角度来看，这一原则的适用亦影响税收征

---

① 参见[日]北野弘久：《日本税法学原论》（第5版），郭美松、陈刚译，中国检察出版社2008年版，第94页。

② 如放松法律保留的要求或改变税收债权的归属。

③ 如间接税、信托课税以及一些财产税中对纳税人与负税人的分离规定。

④ 理论上的争议主要为日本学界倾向“法的实质主义”，即从法律上“单纯的名义人”出发，维护法的安定性与可预测性，德国与中国台湾地区学者倾向“经济实质主义”，即从“受益的享有”出发，体现量能课税精神，维护法的实质正义。参见陈敏：《租税课征与经济事实之掌握——经济考察方法》，载《政大法学评论》1982年第26期；[日]金子宏：《日本税法》，战宪斌、郑林根等译，法律出版社2004年版，第131页；[日]北野弘久：《日本税法学原论》（第5版），郭美松、陈刚译，中国检察出版社2008年版，第81~82页；等等。

⑤ 参见黄茂荣：《法学方法与现代税法》，北京大学出版社2011年版，第191页。

⑥ 参见[日]北野弘久：《日本税法学原论》（第5版），郭美松、陈刚译，中国检察出版社2008年版，第82页。

⑦ 我国台湾地区“大法官释字”第420号解释提出，涉及租税事项之有关规定，其解释应本与租税法律主义之精神，以各该有关规定之订立目的，衡酌经济上之意义及实质课税之公平原则为之。我国台湾地区学者在解读这一号解释时指出，所谓本于租税法律主义之精神，即非拘泥于租税法律主义之行使，而应依有别于民事之私权安定之量能课税原则。参见陈清秀：《税法总论》，台北，元照出版公司2014年版，第192~193页。

⑧ 实质课税原则亦可适用于补充法律漏洞，是税收立法与司法的指导原则。基于法治国家原则，一般不得经由征税规定行为进行法律填补，尤其是不利于纳税人的漏洞补充。

⑨ 参见滕祥志：《税法的交易定性理论》，载《法学家》2012年第1期。

⑩ 参见葛克昌：《税捐行政法——纳税人基本权视野下之税捐稽征法》，厦门大学出版社2016年版，第227页。

纳主体的权利义务分配。作为能力原则之衍生原则，这一原则要求税收稽征机关应“以税捐负担的公平分配为原则，以不损害纳税人的合法权益为底限”，[①]不会损害上位原则与税法的整体秩序。

(3)衍生原则之二：实用性原则

实用性原则（稽征经济原则）为税法上特殊正义原则之一，包含效率与简易性之要求。[②] 前者要求税法规定尽量符合成本效益之要求，降低征纳双方纳税及行政管理成本费用；后者要求税收制度应具体明确，具有可实施性并尽量简化，避免因税制过于复杂而妨碍其有效性。实用性原则的具体目标有三：简化税捐法规定；降低征纳双方之成本；平等课税。[③] 这 3 个目标，可作如下理解：首先，由于征税意味着大量的行政行为，由此造成税收行政资源的紧张，因此需经由税法规定的简化实现其合理化。[④] 其次，比例原则要求征税所采用的方法应有助于目的之达成，并采取最小侵害的方法，这要求征税机关在税收调查、核定征收等环节需注意节省征税费用及避免对纳税人施加不必要的协力义务。最后，这一原则成为约束征税行为之正义性原则的根本原因在于，可经由一定程度之简化，间接实现课税平等原则，因为“法律若不切实际，或者根本实际上无法实行时，则无法公平的加以适用”。[⑤]

实用性原则对税收征收行为之约束体现在两方面：其一，经由对税法的适用与执行，调整税法的抽象程度，使税法逐渐趋于平易简化、具体明确。在某些情况下，这一原则会对税收实体法的设计产生直接影响，比如，我国曾经开征过的筵席税就因征管成本过高、征收困难而废止。其二，经由对征税行为类型化与行为构成要件、法律效果的明确化，在可归属于具体类型的税收活动中实现其效率目标与平等化追求，如利用委托代征、税收客体归属基准日、类型

① 叶姗：《应税事实依据经济实质认定之稽征规则——基于台湾地区“税捐稽征法”第 12 条之 1 的研究》，载《法学家》2010 年第 1 期。

② 参见陈清秀：《税法总论》，台北，元照出版公司 2014 年版，第 28 ~ 40 页。

③ 参见黄茂荣：《税法总论》，台北，植根法学丛书编辑室 2012 年版，第 590 页。

④ 对事实关系的简化，则由税法上“类型化观察法”完成。事实上，类型化观察法的立论依据之一即为实用性原则，二者共同取向于税法上的平等原则。

⑤ 陈清秀：《税法总论》，台北，元照出版公司 2014 年版，第 40 页。

化税额计算基础[①]等稽征技术减少申报单位，降低征纳成本。

五、本章小结

税法主体资格的拓展、税收功能的变迁、权力结构的演化与分析范式的转型重塑了征税活动的方式。作为税法秩序构成要素的重要一环，征税行为的根本目的与价值追求在于通过形塑税法秩序，服务于建构法治国之目标。征税行为“型式化”目的在于经由形式理性达成法秩序的安定；征税行为的“平等性”目的则在于实现税法秩序的实质正义。从整体考量，税法的安定性目标具有优先的价值位阶，此为法治国诸原则对税收行政权力行使之约束，亦为征税行为与税收制定法、司法裁判所形成秩序之重要区别。与征税行为所欲达成之税法秩序格局一致，征税行为应分别受到取向法安定性的原则与取向实质正义的原则约束，前者包括正当程序原则、法定原则及类推禁止等衍生性原则，后者则包括公平原则、比例原则及实用性原则等衍生性原则。

① 国家税务总局《关于土地价款扣除时间等增值税征管问题的公告》（国家税务总局公告2016年第86号）规定：“财税〔2016〕140号文件第九、十、十一、十四、十五、十六条明确的税目适用问题，按以下方式处理：（一）不涉及税率适用问题的不调整申报；（二）纳税人原适用的税率高于财税〔2016〕140号文件所明确税目对应税率的，多申报的销项税额可以抵减以后月份的销项税额；（三）纳税人原适用的税率低于财税〔2016〕140号文件所明确税目对应税率的，不调整申报，并从2016年12月份（税款所属期）起按照财税〔2016〕140号文件执行。”即为依税率类型化纳税申报方式的做法。

第三章　征税行为的基本范畴与内涵要素辨析

一、征税行为的基本范畴

学术思想的革命总是同范畴的变革相连。[①] 界定范畴是从规范的角度理解征税行为的前提。在具有可界定性的选择中，严格主义与宽泛主义居于两端，在这其间，如何确定征税行为的范畴边界，可有不同的思路。本书所采纳的是一种从行为功能出发的视角。

(一)范畴选择：严格主义还是宽泛主义

若采纳一种严格主义的立场，可将征税行为理解为税收行政处分，主要包括租税核课处分(课税处分)、确认裁决、租税之计算裁决、租税退给裁决、核算裁决、责任裁决[②]等税法领域的行政决定。如此界定使征税行为成为与税收合同、涉税行政指导、税收事实行为等并列的概念，并构成广义上税收行政活动的一部分，具有“外部性、法律效果性、具体性、权力性、单方性”[③]等

---

① 参见张文显：《法哲学范畴研究》(修订版)，中国政法大学出版社2001年版，“绪论”。

② 参见许宏纬：《租税核课处分之存续力》，中正大学法律学研究所2007年硕士学位论文。

③ 此为狭义行政行为特征之通说。参见江利红：《日本行政法学基础理论》，知识产权出版社2008年版，第376页；杨建顺：《日本行政法通论》，中国法制出版社1998年版，第364页；翁岳生编：《行政法》(上册)，中国法制出版社2009年版，第602～633页；吴庚：《行政法之理论与实用》，中国人民大学出版社2005年版，第200～219页；等等。

基本特征。这种与最狭义的行政行为有类似的价值取向,与创设目的的界定方式相比主要优势在于,易保持概念自身逻辑体系的严密性及与行政行为的一致性,进而凸显传统行政行为所具有的单向功能:行政行为应遵循的严格依法行政原则此时转化为对形式层面的税收法定原则的坚守,行政行为之个体化与明确化特征同样为征税行为之主要特征,自由法治国时期安定、可预见的行政秩序将成为征税行为最主要的价值追求,"无代表、不纳税"的努力也将成为"立法机关尽最大可能地制定法规或命令来约束行政权"①的副本。然其缺陷亦可由狭义行政行为理论在指导税法实践中所遭遇的困境中窥得一二:

1. 将征税行为的范围精确、严格地界定在传统"高权"措施内,使其无法容纳协商合作、以纳税人为本等国家治税的新理念,进而无法适应纳税申报、税收契约、纳税评估等新兴税收活动方式的出现。

2. 行政行为所具有的重要功能之一——依行为类型决定诉讼受案范围的诉讼通道功能,正随行政领域司法审查权的扩张而式微,也无法保护未被型式化的行政活动中纳税人的基本权利。

3. 税法调整对象为私人经济活动,愈加复杂的私法活动导致征税活动内容复杂多样、形式灵活多变、性质各有不同,为解释上述活动,行政行为理论的抽象程度要求渐高,难免趋向空洞泛化。

若从宽泛主义的立场从发,可将征税行为理解为税收活动,即通过类型化的或抽象概念的方法,将税收领域各类主体的全部行为包括在内,建构一个不断类型化的税收实践中的新兴行为方式,不断拓展理论广延度的开放、包容的概念。如此界定之优势恰与严格主义之劣势相对,即一方面可将体现"合意性、参与性、协商性"②等特征的行为类型纳入其中,进而在维护行为之"诉讼通道"功能的基础上扩大诉讼保护的范围;另一方面也能在一定程度上缓解这种片断式、定点式考察方式与税收法律关系复杂性之间的矛盾。而缺点则在于,包容所有征税活动方式的行为概念难以整合诸多性质、行为特征与规制机制完全不同的税收活动,如此这般,征税行为也将失去其理论创设的初衷——通过征税活动的类型化提炼,塑造一个兼具安定性与实质正义的税法秩序。

---

① [德]奥托·迈耶:《德国行政法》,刘飞译,商务印书馆2002年版,第9页。

② 参见崔卓兰、卢护锋:《我国行政行为非强制化走向之述评与前瞻》,载《北方法学》2007年第2期;熊樟林:《"非正式行政行为"概念界定——兼"非强制行政行为"评析》,载《行政法学研究》2009年第4期;蒋红珍:《非正式行政行为的内涵——基于比较法视角的初步展开》,载《行政法学研究》2008年第2期;等等。

(二)范畴界定:基于行为功能的考量

如何在严格主义与宽泛主义之间界定征税行为的范畴边界,由征税行为的功能决定。而如何理解征税行为理论可能发挥的功能,则需要从行政法上行为理论的式微谈起。

在行政法领域,一个不得不承认的事实是,作为传统行政法核心概念的行政行为的内涵不断扩充、外延不断扩大,逐渐成为我国行政法上一个含混不清的概念,甚至面临“阿基米德支点的转移”①危机——被行政法律关系理论、行政过程理论等公共行政领域新兴理论替代。这一理论的式微,基于行政现实与行政任务的变化。传统行政法建立在国家与社会二分的理念基础上,政府代表的公共利益与行政相对人代表的私人利益相对立,行政法的主要目的就是实现对行政权的法律控制。随着行政国家、福利国家理念的兴起与现代公共行政理论的不断发展,行政被赋予更多的职责期待。为实现社会矫正、经济规制与生存照顾的职责义务,传统的“权力—服从”模式的行政管理(government)逐渐转变为“协商—合作”模式的公共治理,②进而推动了行政法中心由“行政权”向“公共权力”的实质移动。③ 无论是在秩序行政还是在福利行政中,行政任务和行政权力都在增长。④ 在这一过程中,多元主体的利益和价值冲突凸显,严格规则主义的“传送带模式”⑤的可操作性日益下降,行政领域开始反思“行政行为—司法”模式以外的行政法问题,⑥譬如,民营化、政府管制与行政许可、给付行政等。随着行政领域的不断扩张和行政任务的持续膨胀,在传统的行政行为提供的手段与方式之外,出现了诸如“交涉内在化行政行为、复合型行政行为以及合意形成型行政手段(如行政指导、行政契约、行政计划等)”⑦等行为形态。在此背景下,以类型化为取向的行政行为形式理论的

① 鲁鹏宇:《论行政法学的阿基米德支点——以德国行政法律关系论为核心的考察》,载《当代法学》2009 年第 5 期。

② 参见姜明安:《新行政法:公中有私,私中有公(代序)》,载[美]朱迪・弗里曼:《合作治理与新行政法》,毕洪海等译,商务印书馆 2010 年版。

③ 参见余凌云:《第三部门的勃兴对行政法意味着什么?》,载《浙江学刊》2007 年第 2 期。

④ 参见于立深:《多元行政任务下的行政机关自我规制》,载《当代法学》2014 年第 1 期。

⑤ [美]理查德・B. 斯图尔特:《美国行政法的重构》,沈岿译,商务印书馆 2011 年版,第 6 页。

⑥ 参见于立深:《概念法学和政府管制背景下的新行政法》,载《法学家》2009 年第 3 期。

⑦ 大橋洋一『行政法学の構造的変革』(有斐閣,1996 年)5 ~ 11 頁。转引自江利红:《论行政法学中“行政过程”概念的导入——从“行政行为”到“行政过程”》,载《政治与法律》2012 年第 3 期。

局限性逐步暴露,并具体表现为两方面:其一,行政任务的膨胀使有限制的行政行为形式选择自由理论逐渐为理论界和实务界所接受,由此带来了传统行政行为形式理论的基本预设发生松动;其二,复杂的行政实践使许多非正式的行为形式很难予以恰当的类型化,从而产生法律控制不足之嫌。①

传统(狭义)行政行为理论的式微,源于福利社会、风险社会、公民社会背景下行政机关任务的扩张与以类型化控制为取向的行为手段有限性之间的紧张关系。但值得注意的是,在行政行为理论萌生的自由法治国时期便存在的传统行政领域,这一理论的适用性却并未经历在新兴行政领域遭受的价值贬损。事实上,相对其他公共政策,税收对管理的依赖性也许更强。② 税收行政即作为典型的公法性行政活动中的重要组成部分,与秩序行政共同构成最具“主权性”③特征的干预行政。

从认知旨趣上来说,征税行为与传统的行政行为有相似的目标追求,皆为从变动中寻求确定、从不可预测中寻求规律,从而使多样的税收活动遵守特定的法律要求,以及具备特定的法律效果。因此,征税行为的建构,可以继受行政行为形式理论在教义上的核心功能:④

1. 制度化功能。认为行政行为经型式化后,即具有一种稳定性要素,而此稳定性要素乃为建立制度之前提要件。经由型式化行政行为已建立制度与规律后,即可使人们对所有行政手段有一种概观的可能性,增加行政行为之可理解性与明晰性。此外,型式化行政行为经制度化后,亦可作为其他未型式化行政行为之类推模型(标准模型)。

2. 衔接功能。认为凡某一行政行为经型式化后,即可与某一特定法律效果相衔接。且于建立主模型后,即可据此发展次行为型式(如双效行政处分、具有第三人效力之行政处分、具有持续效力之行政处分)。简言之,型式化行政行为具有横向衔接功能(法效果之衔接)与纵向衔接功能(次类型行为型式之

---

① 参见朱新力、唐明良:《现代行政活动方式的开发性研究》,载《中国法学》2007 年第 2 期。

② 参见[美]B. 盖伊·彼得斯:《税收政治学——一种比较的视角》,郭为桂、黄宁莺译,江苏人民出版社 2008 年版,第 269 页。

③ 为解释可以私法方式执行行政任务的权利,即所谓行为形式的“选择自由”范围,毛雷尔将行政活动分为主权性(公法性)与国库性(私法性)活动,前者包括秩序行政与税捐行政,后者包括行政私法、财政补贴与经营行为,主权性的行政活动并不具有选择自由。参见[德]哈特穆特·毛雷尔:《行政法学总论》,高家伟译,法律出版社 2000 年版,第 37~39 页。

④ 参见赖恒盈:《行政法律关系论之研究——行政法学方法论评析》,台北,元照出版公司 2003 年版,第 55~56 页。

衔接)。

3. 储藏性功能。类型化行政行为具有储藏与该行为有关之各种特定具体行为案件、特征之储藏功能,行政、司法实务者得随时引用,以处理具体个案所产生的问题,提高其具体适用法规范之能力。

此处谓之“功能继受”,而非借行政行为形式理论的功能框架讨论征税行为,首要原因在于,现代税法学已逐渐发展出独立于行政法的价值取向、原则与规则系统,形成了成熟的学科体系与研究方法,无法依行政法之价值、原则与规则提炼税法上行为之基本类型,亦无法以“依法行政”作为其价值追求。正如有学者指出的,行政之行为形式理论对于个别行政领域如租税法等领域之发展,则因其长期依附前述行政法学教义(Dogmatik)理论之下,而难以依各该领域之特殊性质或目的,形成具有独自特色之法学体系及法教义。① 因此,只可借助行政行为的理论形式之“外衣”,依税法领域特定的建制原则具体化税收实践中的行为类型。次要原因则与行政法治国形态变迁紧密相关,在税收领域,税收行政的方式也在向多样化演进,出现了如税收契约、税务指导、公告、承诺、保证、经济诱因行为甚至私人行为等形态。这些税收活动方式亦非成熟的、型式化的行政行为类型,需由征税行为进行类型化处理并分类规制。

因此,征税行为范畴的界定,一方面,需考虑实现形式理论之基本功能,即经由类型化架构行为规范,确保“依法律纳税”的要求;另一方面,亦需回应税法理念跃迁对既有行为类型的拓展,依据税法上特殊的建制原则与程序规则界定符合实现财税法治之价值目标的征税行为范畴。

(三)范畴结构:“规定”与“决定”

基于对形式理论在法教义上的功能借鉴,本论题中征税行为的范畴应在类型化的基础上展开,并在类型化的基础上分别讨论其构成要素、类型特征、分类方式与效力制度。

征税行为基本范畴可初次类型化为征税规定行为与征税决定行为两个板块。征税规定行为,是指征税主体制定和发布具有普遍效力的税收规范性文件的行为。征税决定行为,是指征税行为主体针对特定事项所作的、能够引起税法上法律效果的行为。

在征税规定与征税决定的基础上可进行二次类型化。征税规定不同于全

---

① 参见赖恒盈:《行政法律关系论之研究——行政法学方法论评析》,台北,元照出版公司2003年版,第54页。

国人大制定的税收法律、国务院制定的税收行政法规和征税机关制定的规章，它不属于制定法的范畴，而是征税行为的范畴。征税规定可分为解释性规定、裁量性规定、事实认定与组织性规定等。征税决定亦分为两类，其中一类行为在实践中反复发生，其概念、体系与行为特征经长期的经验验证与学理提炼，已逐步程式化、定型化，这类行为构成决定中的“常规征税决定”。同时，征税行为理论试图将一类与传统的权力形式不同的行为模式纳入视野，使其在尚未稳定化、制度化的状态下，顺应税法作为纳税人权利保护法的属性，通过由构成要件与法律效果所组成的规范构造，对抗可能的行政恣意，有效压缩征税机关在征税手段选择与征税目标确定之间的时间，促使其高效、合理地完成法定职责，实现对纳税人的法律保护，这类行为构成决定中的“特殊征税决定”。特殊征税决定多受税法领域中特殊制度的影响，这些在其他行政执法领域不多见的制度“体现了现代税收执法的理念，彰显了税收执法的协商性和谦抑性品格，其背后的观念是信赖合作原则”。[①] 一般而言，常规征税决定更多体现了“命令—服从”式的权力特征，以处分、处罚与强制为依托；而特殊征税决定则更多体现了征税机关与纳税人之间的平等互动关系，以指导、协商、合意为载体，多具有弱权力性、非强制性、协商性、合作性以及纳税人自主性等私法色彩的特征。这两类行为共同构成了征税决定的下位概念。

需要特别指出的是，尽管常规征税决定主要表现为征税机关与纳税人之间不对等的权利义务结构，而特殊征税决定则更多以平等性与非权力性为判断标准，但此处并未以“权力性征税决定”与“非权力性征税决定”、“强制性征税决定”与“非强制性征税决定”、“正式征税决定”与“非正式征税决定”、“要式征税决定”与“非要式征税决定”、“单方处理性征税决定”与“非单方处理性征税决定”等作为分类方式，是因为在税收实践中，这两类行为并非泾渭分明、彼此无涉，而是相互渗透、相互影响的。例如，被认为欠缺合意形成要素的税收强制、税收处罚等传统高权措施日渐克服其威权特征，并融入越来越多的民主性、正当性观念，而税务指导、税收合同等也并不乏作为正式的、要式的、强制性的要素。或者说，通过将其型式化为具有相对明确的内容、形式与法律效果的要件，进而完善对此类行为的法律控制，本就是特殊征税决定的价值目标之一，而税收法定亦需延伸至税收契约等领域。严格来讲，“常规征税决定”与“特殊征税决定”的概念依然不够准确，但对于税收预先裁定、税务和解、纳税

---

① 滕祥志：《论〈税收征管法〉的修改》，载《清华法学》2016 年第 3 期。

指导等现象以及它们在税法秩序中有别于传统的功用，我们还找不到更加精确的概念来描述，因此姑且称为“特殊征税决定”，以描述一个与常规的、传统的征税活动相对应的学术范畴，意在强调二者在基本特征上的区别与逻辑地位上的平等。因而可以认为，征税决定是一个由“常规”与“特殊”构成的双核结构，二者间形成了相互呼应的关系。

二、征税规定

（一）“规定”之内涵：实定法上的识别

征税规定行为是征税行为的类型之一，是指征税主体制定特定类型的税收规则的行为。“制定征税规定”与“征税规定”之间是“行为”与“行为结果形式”的关系。

我国税收法律体系各效力层级的规范性文件数量比例失调，税收法律占比低，税收行政立法成为税法领域的主要规范。这一情形违背宪法层面之税收法定原则，已为学界与实务界共识。然论者对税收法定主义法源论之探讨多集中在“法律保留”的层级，或未将其与税收行政法规和税收部门规章加以区分，或“忽略”（视其为行政职权的当然组成部分）征税规定行为之存在，而更关注税收法律、税收行政法规与规章三者之比例失调问题。① 依效力层级分别讨论法律之下的各规范性文件应规定之事项及其效力者亦不多见。② 这一现象由两方面原因造成：一方面，尽管立法者在《行政复议法》中明确了“规定”的具体含义，但在行政实践中大量存在的各类行政规定与行政立法难以依这一形式标准精确分辨；另一方面，税法的技术性和税收征管实践的复杂性决定了

---

① 参见陈发：《浅论税务部门规章与税收规范性文件的区别》，载《法制与社会》2013 年第 7 期；魏敬淼：《税务令函的合理化探讨》，载刘剑文主编：《财税法学前沿问题研究：依宪治国、收入分配与财税法治》，法律出版社 2015 年版，第 234 页。

② 也有在讨论税法解释、税法司法审查中涉及税收规范性文件的效力区分。参见洪小东：《税收规范性文件司法审查的标准和方法》，载《大连海事大学学报》（社会科学版）2016 年第 2 期；熊伟：《行政机关解释税法应当接受合法性审查》，载熊伟主编：《税法解释与判例评注》第 1 卷，法律出版社 2010 年版，第 4 页；等等。上述文章多从形式标准区分，而未说明为何如此区分，即未涉及以内容区分法律规范与非法律规范的实质标准。相比之下，我国台湾地区学者对此讨论比较多，如黄茂荣：《税法总论——法学方法与现代税法》（第一册），台北，植根法学丛书编辑室 2002 年版，第 124 页；陈清秀：《税法总论》，台北，元照出版公司 2014 年版，第 116 页；葛克昌：《“税法”解释函令之法律性质：兼论“税捐稽征法”第一条之一之增订》，载《月旦法学杂志》1997 年第 21 期；陈敏：《租税法之解释函令》，载《政大法学评论》1997 年第 57 期。只是我国台湾地区“行政命令”之分类亦繁杂，出现两分说、三分说、四分说等多种学说，各学说内部亦有争议。

税收领域规范性文件具有内容上的广泛性、专业性以及对纳税人权利与实际负担义务的重大影响性等特征，从实质内容标准亦难以准确分辨。

实际上，学界所指的“税收行政立法”即征税机关制定具有普遍约束力的规范性文件的行为由两部分组成：立法性行为与行政性行为。二者性质有别，前者为由《立法法》等宪法性文件规制的“立法行为”，后者则为由行政法、税法等非宪法性文件调整的“非立法行为”。从税法秩序之概观整体考量，立法行为建构了由制定法所构成之法的安定性秩序，即“经由法律所达成的秩序的安定”（Sicherhert durch das Recht），[①]而“非立法行为”构成之法秩序，则关注对制定法安定状态的“维护”。此处所指的征税规定便是在这个意义上发挥作用的，因此应与作为制定法秩序组成部分之行政立法相区别。

为明确征税规定在征税行为制度中的坐标，首先需确定“规定”在税法规范体系中的地位。“规定”之表达源于我国1999年制定的《行政复议法》，[②]在此之前，行政机关制定的此类规范性文件并无统一表达。例如，《行政诉讼法》将其表述为“行政机关制定、发布的具有普遍约束力的决定、命令”；[③]《行政处罚法》[④]《行政许可法》[⑤]《行政强制法》[⑥]将其表述为“其他规范性文件”；在学

---

① Katharia Sobata, Das prinzip Rechtssatta, Tubingen 1977, S. 184. 转引自赵宏：《法治国下的目的性创设——德国行政行为理论与制度实践研究》，法律出版社2012年版，第56页。

② 《行政复议法》第7条规定：“公民、法人或者其他组织认为行政机关的具体行政行为所依据的下列规定不合法，在对具体行政行为申请行政复议时，可以一并向行政复议机关提出对该规定的审查申请：（一）国务院部门的规定；（二）县级以上地方各级人民政府及其工作部门的规定；（三）乡、镇人民政府的规定。”并特别指出“前款所列规定不含国务院部、委员会规章和地方人民政府规章。规章的审查依照法律、行政法规办理”。同法第26条规定了对行政规定的行政审查制度：“申请人在申请行政复议时，一并提出对本法第七条所列有关规定的审查申请的，行政复议机关对该规定有权处理的，应当在三十日内依法处理；无权处理的，应当在七日内按照法定程序转送有权处理的行政机关依法处理，有权处理的行政机关应当在六十日内依法处理。处理期间，中止对具体行政行为的审查。”

③ 《行政诉讼法》第13条规定：“人民法院不受理公民、法人或者其他组织对下列事项提起的诉讼：（一）国防、外交等国家行为；（二）行政法规、规章或者行政机关制定、发布的具有普遍约束力的决定、命令；（三）行政机关对行政机关工作人员的奖惩、任免等决定；（四）法律规定由行政机关最终裁决的行政行为。”

④ 2017年《行政处罚法》第14条规定：“除本法第九条、第十条、第十一条、第十二条以及第十三条的规定外，其他规范性文件不得设定行政处罚。”

⑤ 《行政许可法》第17条规定：“除本法第十四条、第十五条规定的外，其他规范性文件一律不得设定行政许可。”

⑥ 《行政强制法》第10条规定：“……法律、法规以外的其他规范性文件不得设定行政强制措施。”

界和实务中则常称此类文件为“红头文件”、[①]“行政规则”[②]、“行政立法以外的其他抽象行政行为”以及“准立法”等。要之,虽然税法领域并未随《行政复议法》之颁布而修订其对此类规范性文件的表述,但征税规定可以理解为征税机关制定的除行政法规与规章外的其他规范性文件。从税收实定法上看,征税规定主要受《立法法》、《规章制定程序条例》[③]以及《税收规范性文件制定管理办法》调整。依实定法上的表述,初步归纳税收规定的特征为:首先,在主体上,征税规定的制定主体具有广泛性,除享有行政法规、行政规章制定权的机关外,“县以上税务机关”皆可为税收规定的制定主体[④],参与主体[⑤]则既包括征税机关也包括纳税人。其次,在内容上,征税机关制定的除行政法规和规章外的规范性文件皆属征税规定。依税收法定主义,征税规定不可规范纳税义务人、课税对象、归属、课税标准等课税要件,亦并不能“创设”,只能“影响”或“落实”纳税人的权利与义务,但这为形成权利义务提供了实体性或程序性的前提条件。再次,在权力来源上,征税规定是征税机关依其职权而制定的,符合法律、法规、规章以及上级税收规范性文件的规定。最后,在法律属性上,征税规定并不具备法律规范之外观,不能成为司法裁判的标准,而只能成为征税决定的依据。

---

① 参见刘松山:《“红头文件”冲突法律的责任归属——兼评福州王凯锋案》,载《法学》2002年第3期;陈高英:《论行政规范性文件与依法行政》,载《行政与法》2005年第10期;黄勇:《新形势下反行政垄断执法与司法:挑战、思考与展望》,载《价格理论与实践》2015年第1期;等等。

② 参见宋华琳:《论行政规则对司法的规范效应——以技术标准为中心的初步观察》,载《中国法学》2006年第6期;郑雅方:《我国行政规则研究中的若干误区之克服》,载《政法论坛》2012年第5期;王锡锌、章永乐:《专家、大众与知识的运用——行政规则制定过程的一个分析框架》,载《中国社会科学》2003年第3期;等等。

③ 《规章制定程序条例》第36条规定:“依法不具有规章制定权的县级以上地方人民政府制定、发布具有普遍约束力的决定、命令,参照本条例规定的程序执行。”

④ 《税收规范性文件制定管理办法》第2条第1款规定:“本办法所称税务规范性文件,是指县以上税务机关依照法定职权和规定程序制定并发布的,影响纳税人、缴费人、扣缴义务人等税务行政相对人权利、义务,在本辖区内具有普遍约束力并在一定期限内反复适用的文件。”

⑤ 《规章制定程序条例》第35条规定:“国家机关、社会团体、企业事业组织、公民认为规章同法律、行政法规相抵触的,可以向国务院书面提出审查的建议,由国务院法制机构研究并提出处理意见,按照规定程序处理。

国家机关、社会团体、企业事业组织、公民认为设区的市、自治州的人民政府规章同法律、行政法规相抵触或者违反其他上位法的规定的,也可以向本省、自治区人民政府书面提出审查的建议,由省、自治区人民政府法制机构研究并提出处理意见,按照规定程序处理。”

（二）“规定”之判定：形式标准与实质标准

1. 形式标准：“法律规范”与“非法律规范”

“规定”的形式性判定，需依税收法律规范的外在形式（渊源），[①]判断标准在于对“法律规范”与“非法律规范”的区分。依形式的判定标准，我国的税法规范体系可以分为两个部分：由《宪法》[②]《立法法》[③]等确立其地位并具有法律渊源性质的税收“法律规范”，以及非由宪法或宪法性法律文件确立的、一般不被认为是法律渊源的“非法律规范”。前者包括税收法律、国务院制定的行政法规和税收主管机关制定的规章，后者则为除税收法律、行政法规与规章外的“其他规范性文件”。在形式意义上，本书所指的“征税规定”无疑为“非法律规范”。因此，基于行政体系与法律规范之间存在纵向等级型的“职权—渊源关联”，[④]在判定何种规范为征税规定时，主要依据制定主体的地位及其职权。

理解形式意义上的征税规定时，需厘清以下 3 组概念：（1）征税规定与制定法。一般认为，税收行政立法，是指国务院制定税收行政法规、征税机关制定部门规章以及省级人民政府和较大的市人民政府制定与税收相关的规章的行为。[⑤] 税收行政法规与规章属行政立法，在税法秩序体系中，它们既不以税法为调整规范，也不是征税行为的范畴，而是“法”之范畴。行政立法与权力机关制定的法律同受《宪法》和作为宪法性法律的《立法法》调整，因此也应服从于由制定法主导的秩序规则。（2）征税规定与抽象行政行为。抽象行政行为是行政法上按传统行政行为划分方法与具体行政行为相对应的行政行为。一

---

① 法律渊源的概念往往并不明确，在我国，对法律渊源的具体判定与相关的诉讼制度——某一规范是否可以作为司法审判的依据之间往往是“相互推导”的关系。基于法律渊源与法律的产生和形式密切相连，此处之法律渊源意指法律规范中的“秩序因素”，是法律规范“得以产生和存在的表现形式”。参见［德］哈特穆特·毛雷尔：《行政法学总论》，高家伟译，法律出版社 2000 年版，第 55 页。

② 《宪法》第 89 条规定：“国务院行使下列职权：（一）根据宪法和法律，规定行政措施，制定行政法规，发布决定和命令……”第 90 条第 2 款规定：“各部、各委员会根据法律和国务院的行政法规、决定、命令，在本部门的权限内，发布命令、指示和规章。”

③ 《立法法》第 2 条规定：“法律、行政法规、地方性法规、自治条例和单行条例的制定、修改和废止，适用本法。国务院部门规章和地方政府规章的制定、修改和废止，依照本法的有关规定执行。”

④ 朱芒：《论行政规定的性质——从行政规范体系角度的定位》，载《中国法学》2003 年第 1 期。

⑤ 也有观点认为，无论制定机关为何，只要其制定的法律、法规和规章与行政管理活动有关便为行政立法，此二者之区别在于，这一界定是以内容而非制定机关为标准。

般来说,抽象行政行为既包括税收行政立法行为,也包括各级税务机关制定的具有普遍约束力的除行政法规和规章外的其他规范性文件的行为。从内容上来说,抽象行政行为比规定性行为范围大,即规定性行为只是抽象行政行为中的具有规范效力的“规章以下的规范性文件”。(3)征税规定与行政规则。依大陆法系行政法规范体系通说,一般将行政立法分为法规命令和行政规则:前者为依法律授权颁布的规范行政主体与私人之间权利义务关系的一般性规范;后者为行政机关制定的规范行政体系内部的、不具有法规范性质和直接对外效力的一般性、抽象性的规定。[①] 如前所述,我国行政法学界亦有不少学者将行政规定与行政规则混同使用,但显然我国税法上的规范性文件并不限于内部效力,而是具有(间接的)对外效力,此为二者之区别。

征税规定的形式判断标准虽然可以“明晰”[②]税收法律规范的制定主体、效力层级与表现形式,但却无法说明法律规范与非法律规范的区别,进而无法阐明为何要在税法规范体系中进行这样的区分、这两者在实践中分别发挥怎样的功能、分别受制于怎样的秩序规则。若想厘清税法规范中是否存在“非法律规范”的内容,而征税规定中又是否存在实质上的“法律规范”等问题,则需对税收法律规范与非法律规范进行实质性区分。

2. 实质标准:法定原则下的“授权”与“职权”

征税规定与税收行政立法的相同之处在于:二者皆可补充与执行法律,皆对纳税人有法律上的拘束效力。二者在实质上的区别则为法定原则下“授权—职权”之区别。在这一分类基础上,依是否及于一般纳税义务人的标准,又可引申出效力上的“对内—对外”维度。

依职权划分理论,征税主体的行政职权可分为固有职权和授予职权:前者是指法律、法规对权力的“最初设定”,后者是指法律的“专门赋权”。在税法领域,受税收法定原则支配,课税的全部要件与重要的课税事项原则上皆应由法

---

① 参见[日]南博方:《行政法》(第6版),杨建顺译,中国人民大学出版社2009年版,第68页;[日]盐野宏:《行政法》,杨建顺译,法律出版社1999年版,第67页;翁岳生编:《行政法》(上册),中国法制出版社2009年版,第486页;[德]哈特穆特·毛雷尔:《行政法学总论》,高家伟译,法律出版社2000年版,第333页;等等。

② 更确切地说是“相对”明晰。我国税务规章一般以国家税务总局令的形式发布,但在实务上,税收法律规范与非法律规范的外在形式极易引起误解。例如,依《税务部门规章制定实施办法》第6条与《税收规范性文件制定管理办法》第7条的规定,税务规章与税收规定皆可使用“规定”“规程”“规则”的表述,就纳税义务人而言,这些与以同一面目呈现的税法规范在效力上并无区别。

律形式加以规定;但考虑到税法所规范经济活动之复杂性与变动性,在不抵触税收法定主义的前提下,具体的事项则可通过法律授权委任行政予以立法。在学理上,税收行政立法需具备两方面生效要件,才可成为有法律上拘束力的税收法律规范:法律的明确授权(实质约束)与对外公布(形式要求)。因税收行政立法之效力源于法律的明确授权,征税机关通过行政立法的方式规定与纳税人所负税法上具体权利、义务相关之事项的权力,源于立法机关的明确授权,就此而论,行政立法具有法律的地位,且“与法律一样是抽象的对一般事件对于一般人加以规范,并在此意义具有规范上的拘束力”。① 征税规定则是基于征税机关在行政组织法上的法定职权所发布的命令。征税规定因无法律之授权,故不得规范剥夺或限制纳税人之自由、权利的事项。②

以“授权—职权”为基础,依效力对象所指向之面向不同,征税规定可进一步划分为“职权—对外”与“职权—对内”两种类型:前者的规范内容为直接涉及纳税人权利义务的事项,但不同于行政立法,这类规定并无法律的直接授权,而是征税机关为执行法律之必要,依法定职权自行订立,具有间接的对外效力;③后者主要与机关内部秩序或运作有关,通常被认为不直接对外发生效力。另外,对于本不必授权的机关内部事项进行立法授权的情形,学理上一般认为,即使有授权的外观,依然无法改变其拘束机关内部实务的性质;因此这类规范在外观上虽为授权规范,但效力上与征税规定无异。④ 尤需指出的是,即使是征税机关制定的内部规定,如果影响了纳税人权利义务,亦应主张其具有外部效力,适用信赖保护与平等原则所生之间接效力规则,这与大陆法系上逐渐主张行政规则应依其性质加以分类并适用不同效力规则的原理一致⑤。

(三)“规定”之功能:有限的创设性

依授权原理,授权包含两部分内容:一是法律、法规对权力的最初设定(授

---

① 黄茂荣:《税法总论》,法律出版社2011年版,第334页。

② 《税收规范性文件制定管理办法》第5条明确规定:“税务规范性文件不得设定税收开征、停征、减税、免税、退税、补税事项,不得设定行政许可、行政处罚、行政强制、行政事业性收费以及其他不得由税务规范性文件设定的事项。”

③ 依我国台湾地区“行政程序法”与释字第443号解释,我国台湾地区“税法规范”可分为“法规命令”“行政规则”“职权命令”。此处“职权—对外”规定类似于我国台湾地区“行政法”上的“职权命令”,而“职权—对内”规定则近似于不具有对外效力、不作为“税法”法源之“行政规则”。

④ 对“授权对内的行政命令”的讨论,参见翁岳生编:《行政法》(上册),中国法制出版社2009年版,第500~502页。

⑤ 对“职权—对内”征税规定可能产生的“外溢性效力”的讨论,参见本书第五章第一部分。

予);二是已获得权力的主体把自己的权力转移给其他主体,使后者拥有这种权力。① 前者为行政主体的固有职权,后者则为对权力的非永久性的后天继受。制定税收规定的权力即为这样一种行政上的固有职权,②而基于"授权"制定税收行政立法的权力,在本质上是一种立法行为(见表3-1)。

表3-1 税收行政立法与征税规定的区别

分类	权力来源	规范性质	规范内容	主要约束原则	规范效力	形式外观
税收行政立法	法律授权与行政职权	法律规范(行政法规、规章)	可创设纳税人权利义务	税收法定原则	规范上的拘束力	披露授权依据
征税规定	行政职权	非法律规范(其他规范性文件)	不可创设纳税人之权利义务	平等原则 信赖保护原则	事实上的拘束力	表明制定机关

除实定法上的依据、效力、约束原则与形式外观上的区别外,税收行政立法与征税规定的司法适用效力与审查方式亦有所不同,如人民法院可以援引税收行政立法作为判案依据,但只能"参考",不可直引征税规定。③ 行政立法同宪法或法律相抵触的,可申请全国人大常委会进行审查,④进而在违宪审查制度缺位的状况下,通过"合宪性审查优先移送机制"⑤"合宪性审判前提问题处理机制"⑥等制度进行有效的法律评价与控制;但对规定一般适用"清理"⑦

① 参见胡建淼:《行政与法治》,国家行政学院出版社2014年版,第84页。

② See Gerald E. Frug et al., *Local Government Law: Cases and Materials*, West Academic Publishing, 2015, p. 232-233.

③ 有学者认为,对这一类具有高度技术性、专业性的"行政规则"(内涵与本文所指的"规定"大致相同),技术标准在实质意义上发挥法的作用,构成了判断行政审判中事实认定构成要件的基准。参见宋华琳:《论行政规则对司法的规范效应——以技术标准为中心的初步观察》,载《中国法学》2006年第6期。

④ 《立法法》第99条第1款规定:"国务院、中央军事委员会、最高人民法院、最高人民检察院和各省、自治区、直辖市的人民代表大会常务委员会认为行政法规、地方性法规、自治条例和单行条例同宪法或者法律相抵触的,可以向全国人民代表大会常务委员会书面提出进行审查的要求,由常务委员会工作机构分送有关的专门委员会进行审查、提出意见。"

⑤ 林来梵主编:《宪法审查的原理与技术》,法律出版社2009年版,第111页;林来梵:《转型期宪法的实施形态》,载《比较法研究》2014年第4期。

⑥ 张莉:《当代法国公法——制度、学说与判例》,中国政法大学出版社2013年版,第117页。

⑦ 参见胡敏洁:《行政规定变迁中的信赖利益保护研究》,载《江苏行政学院学报》2011年第5期。

制度,这又涉及对纳税人的更严格的信赖保护。

从功能上来看,在税法规范体系中,征税规定处于法律与法规命令之下,是由法律和法规命令所构成之法规范应用于税法事实和税法事实被涵摄于法规范的过渡形态。征税规定与制定法一样,是具有“规范性功能”①的行为。我国的税法规范体系中存在大量不具有法律规范外观的规范性文件,在税收实践中,不仅征税机关的行为在相当程度上依赖这些规范性文件,纳税义务人也会依据这些“文件”所设定的行为模式去安排自己的活动。从这个意义上说,征税规定事实上构成了拘束征税机关与纳税人的行为规范,②它作为抽象规范调整、塑造税收领域的秩序规则,制定征税规定的行为也因此具有了建构税法秩序之“创设性”功能。但这一规范性又是一种“有限”的规范,与制定法相比,它既不可自主规定法律后果,亦不可自我设定强制手段。区分税收行政立法与征税规定的目的,一方面在于防止行政权僭夺立法权破坏宪法对权力分立的制度设计,另一方面也为稽征便宜之考量。税法上征税规定的功能,并不在于实现个案正义,而是确保税捐法规的统一公平的执行,减轻税务人员适用法令遭遇疑义之困难与工作负担,使稽征机关的行为以及稽征行政程序透明化,以便让人民先有预测可能性,进而提高行政法规的安定性。③ 它开辟了制定法与具体的征税决定之间互动互构、规则调适、矛盾缓冲的空间,是衔接制定法秩序与税收行为之间的一个“因时而变化的开放体系”。④

(四)“规定”基本类型梳理

1.解释性征税规定

解释性征税规定分为阐明法规原意的征税规定与漏洞补充的征税规定:前者是指在法律规定不明确的情况下,征税机关为执行法律的规定而在法律规范的文义范围内作出解释,作为本级机关或下级机关所属公务员行使职权时的依据;后者是指在法律没有相关规定的情况下,征税机关作补充规定或对不确定法律概念予以具体化所作的规定。旨在阐明法规原意的征税规定作用有三:其一,统一征税机关内部对法律规范的理解,避免因执法人员主观见解

---

① 朱芒:《论行政规定的性质——从行政规范体系角度的定位》,载《中国法学》2003 年第 1 期。

② 《行政复议法》将其纳入审查范围,正是因为其所具有的这种“事实上的规范性”,但征税规定行为所具有的这种“规范性”与“合法性”之间的张力常使其在性质上更加难以把握。

③ 此处“征税规定”在原文中为行政规则。参见陈清秀:《现代税法原理与国际税法》,台北,元照出版公司 2010 年版,第 276 页。

④ 陈骏业:《重新定位行政规定的功能》,载《法商研究》2006 年第 5 期。

上的分歧而使纳税人遭受不公平待遇；其二，借由统一的解释而使法律适用型式化，减轻征税机关与纳税人的负担；其三，公示的规定将使征税机关的行为更具明确性与可预见性，确保税法秩序的安定。补充税法漏洞的解释性税收规定，其用意亦在减轻执法者负担以及确保法律执行的一致性。①

原则上，解释法律并非征税机关的固有权力，而是立法机关或法官的任务，只有在例外情形下才承认征税机关的判断。解释性征税规定应受到严格约束，例如，解释内容不得抵触上位法；不得通过解释性规定增加纳税人义务或减损纳税人权利；此类规定受制于严格的平等原则，不得以经济政策或社会政策为目的变相制定管制性、诱导性规定，等等。另外，在法律规定有漏洞或存在不确定法律概念的情况下，征税机关为填补法律漏洞或具体化该不确定法律概念而颁布的征税规定也算作解释性征税规定，同样受到上述原则的约束。②

阐明法规原意的解释性征税规定是征税规定的常见形式。补充税法漏洞的解释性征税规定的正当性在税法上则较有争议，此处涉及如何理解形式法治国与实质法治国的理念，亦关乎对税收法定衍生出的类推禁止原则的理解。税法若彻底禁止类推适用，则是基于法安定性的要求，取向类似刑法之“法无明文规定不为罪”的理念，以文义解释为解释性税收规定的边界；税法若允许类推适用，则是基于平等原则的要求，贯彻立法旨意与实质正义，取向一般行政法所为之漏洞补充。有鉴于当前税法实践中存在的大量补充税法漏洞的解释性规定以及迅速提升税收立法效能之不可得，与其将正当化之希望完全寄托于税收立法，不如承认此类规定有存在之必要，并在税收立法原则的基础上适当调整其严宽程度更妥当。

2. 裁量基准性征税规定

法律适用性征税规定包括裁量基准性征税规定与事实认定性征税规定。裁量基准性规定为征税机关行使行政裁量权提供了决定标准与决定模式，《关于规范税务行政裁量权工作的指导意见》（国税发〔2012〕65 号）、《税务行政处罚裁量权行使规则》（国家税务总局公告 2016 年第 78 号）等都属此类规定。征税机关受其合法颁布的征税规定的拘束，法院也可依据平等原则审查此类规定是否有瑕疵。与法官完全不受约束之解释性征税规定不同，裁量权是征

① 参见葛克昌：《所得税与宪法》，台北，翰芦图书出版有限公司 2009 年版，第 518 页。

② 也有学者在讨论我国台湾地区“行政规则”时对“解释性”与“补充法规”予以区分。参见陈清秀：《税法总论》，台北，元照出版公司 2014 年版，第 127 ~ 132 页。

税机关的固有权力，因此，只要不存在裁量瑕疵，对于依此类规定所作之个案决定，法官同样应予尊让。

3. 事实认定性征税规定

一般来说，征税机关对课税事实的认定负有举证责任，但在纳税人违反协力义务，征税机关又无法依职权查明课税事实时，征税机关可按一定标准推计课税。征税机关为简化程序、提高行政效率而制定的认定事实基准的估价准则等其他准则性规定，即为事实认定性税收规定。① 例如，海关总署为保障海关商品归类执法的统一而发布的商品归类决定即属此类规定。从效力上来看，法院虽不受准则性规定拘束，但一般来说这类规定专业性极强，法院在无专家协助下很难推翻此类规定，因此在无重大违法情形的情况下，法院也适用此类规定。

4. 组织性征税规定

组织性征税规定是规范征税机关内部组织、事物分配、业务处理方式、人事管理等的一般性规定，如征税机关发布的工作规则、办税业务范围公告等。当征税机关的组织性征税规定是有意识地补充法律漏洞并涉及税收管辖权或程序性安排时，则对纳税人权利义务产生了外溢性效果，成为具有间接对外效力的征税规定。

三、常规征税决定

如果征税规定是征税主体制定普遍规则的行为，那么征税决定则是依据普遍规则对具体事项作出裁决的行为。征税决定本身并非只是某一行为的特定结果，而是一个包含了决定之内涵与形式、实体与程序在内的完整的行为过程，是具体、明确的行为。征税决定由常规决定与特殊决定组成。常规征税决定一般为独立的行为，是税收征纳程序中最重要的行为类型。之所以称其为"常规"，因其往往是经长期积累与实践而成为定型化、型式化、模式化的行为类型。征税行为的型式化是一个漫长过程，需征税机关在税法实践中反复使用该行为形式，使各方对该行为的内涵要素与处理方式的认知都比较稳定，进而成为税收实践中的一种常规形态。

从迈耶时期开始，对征税的认知便建立在权力关系说的基础上。可以认

---

① 征税机关在认定事实时可采用任何有证明力的证据，此类征税规定不可限制认定事实的证据方法。

为,常规征税决定脱胎于行政法上最狭义的“行政行为”①概念,这决定了税收核定、税收处罚、税收强制、税收许可等征税决定形态与一般性行政处分相近。但税法又在自身发展演变的过程中逐渐偏离了行政法对行为类型及其特征的最初设定,日渐发展出具有自身特色的行为模式。总体来看,在调整原则上,对征税行为的控制体现为严格遵循法定主义;在价值取向上,需按量能课税的原则推动征税行为规则体系的建构;在行为主体上,更注重纳税人行为的效力与意义,强调面向纳税人共同体的公共性立场(见图3-1)。

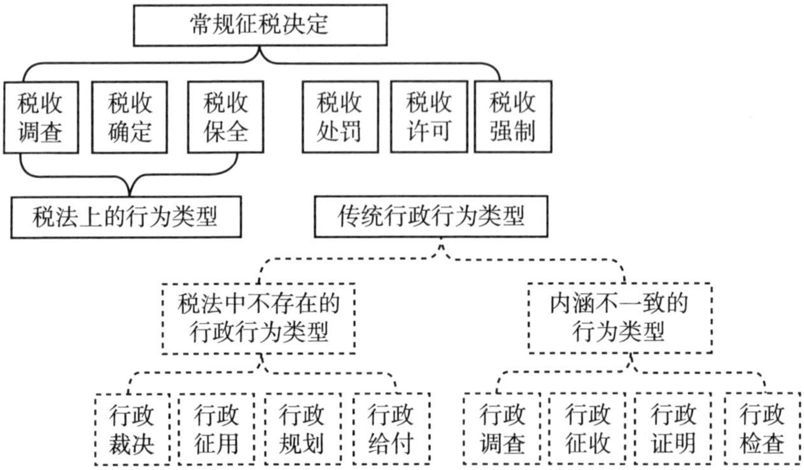

图3-1 常规征税决定与传统行政行为类型的异同对比

(一)构成要件与基本特征

1.构成要件

常规征税决定,是指税收行为主体针对特定事项所实施的、能够引起税法上直接法律效果的权力行为。常规征税行为体现了税收的权力性一面,其构成要件涵盖了征税行为的一般要件和全部个别要件:

(1)一般要件。常规征税决定具备征税行为的一般要件,其权力基础是国家的税收征管权。不同于个人私权,征税机关行使税收征管的权力是由全体

① 所谓“最狭义”,即与德国行政法上的“行政行为”、法国行政法上的“行政处理”、日本和我国台湾地区的“行政处分”以及我国早期行政法上的“具体行政行为”概念外延相近,指“行政机关对具体事实作出的具有直接外部法律效果的处理行为”。参见[德]哈特穆特·毛雷尔:《行政法学总论》,高家伟译,法律出版社2000年版,第182页。

纳税人赋予的,既是征税机关的职权也是其法定职责,征税机关必须严格依照法律行使权力,不得放弃、转让或擅自处分这一权力。

(2)全部个别要件。首先,常规征税决定的作出主体必须是具有国家征税职权的征税机关,不具有征税职权的机关和其他社会组织、个人可以成为常规征税决定的执行主体、代征主体等,但不能成为决定内容的作出主体。执行人、代征人在严格遵守法律规定或合同协议前提下所为行为的后果一般由征税机关承担。其次,常规征税决定是征税机关含有规制内容的意思表示行为。公法主体的意思表示是一种与内心意思(法效意思)无关的“受法令支配的客观意思”,①是征税权的外化形式,只要其外在的客观行为对纳税人权利义务产生了直接影响,便可视为常规征税决定。最后,常规征税决定具有引起纳税人权利义务的产生、变更或消灭的直接的法律效果。常规征税决定可直接引起税法上的效果,即合法的征税行为一经作出,便会导致纳税人税法上权利义务的产生、变更或消灭。

2. 基本特征

常规征税决定的基本特征体现为 3 个方面:其一,此类决定具有典型的公权力性质,是征税机关基于权力支配关系实施的行为。这就排除了征税机关以其他主体身份(如民事主体身份)从事私法活动的行为。其二,征税主体具有绝对的主导性权力。征税主体主导性权力的内容不是创设或设定纳税人在税收实体法上的权利义务内容,而是依据税法规定形成、处分或确认纳税人的权利与义务,或命令纳税人履行协力义务。常规征税行为多为可依征税机关单方意思表示发生法律效力的行为,不需要纳税人的同意。尽管在税收法律关系中,税收征纳双方都既享有权利又互负义务,如征税机关在对纳税人、扣缴义务人、纳税担保人等当事人行使处罚权力、作出处罚决定的同时,也需要履行说明理由、听取申辩、告知救济渠道以及接受监督等保护、救济的义务,但其权利义务内容在“质”与“量”上都不同。征税主体行使国家征税职权,履行法律职责。尽管在这个过程中,纳税人被赋予越来越多的参与征税决定作出过程的权利,②

---

① 法律行为之行政行为,并非完全依表意人之意思为凭,而常需受表示与外部之客观形态或法令支配。参见翁岳生:《行政法与现代法治国家》,台北,台湾大学法学丛书编委会 1990 年版,第 5 页。

② 税法多强调纳税人协力义务,但从权利义务的对应性来看,纳税人的参与权利与协力义务应是一体两面、双向对应之关系。参见黄学贤:《行政程序中的协力行为——基于两岸理论与实践的比较研究》,载《苏州大学学报》2006 年第 5 期;林淞:《税收征管程序中的当事人协力义务研究》,厦门大学 2008 年硕士学位论文。

但发生法律效力的决定权依然掌握在征税机关一方。因此,基于征纳税方法高度合意而达成的税收合同不属于常规征税决定。其三,常规征税决定具有直接的法律效果和完整的法律效力。前者是指此类决定会直接增加、减损或变更纳税人的权利义务内容,而非仅仅影响纳税人权利义务内容的阶段性、中间性、准备性、前提性的间接效果行为,抑或是不对外发生税法上法律效果的事实行为。

构成要件与法律特征是判断这一类行为的基本标准。常规征税决定一般来说与司法救济相对应,具有决定救济的诉讼通道功能。针对常规征税行为,一般允许纳税人提出诉讼,而司法系统也只针对征税机关的常规征税决定进行审查。但为法院提供受理案件的识别标准只是权力关系说下行为类型的传统功能,在税法领域的社会关系和调整对象愈加复杂的今天,行为形式不应成为判断税务争讼受案范围的唯一标准。

(二)典型类型描述

常规征税决定既有传统行政行为中已比较成熟的类型,如税务行政许可、税务行政处罚与税收强制执行,也有行政行为中没有的或者有较大区别的行为类型,如税收核定与税收保全等。本书选取3例比较典型的常规征税决定,从本书所架构的行为理论的角度分析其构成要件与法律特征。

1.税收核定行为

税收核定是与纳税申报相对应的税收确定方式,是税收征管的核心环节,也是征税机关最重要的征税活动。从行政行为的视角看来,税收核定是征税机关依据税收征管权限而为的依法确定纳税人具体纳税义务的行政确认[①]行为。基于对纳税人主权的尊重,也为了节约税收行政成本,纳税申报应成为程序的起点。[②] 纳税义务人在自行主动、准确申报应纳税额以外,如因无能力、无意愿就其从事的应税事项适用法律,则需要征税机关通过税收核定的方式作出有拘束力的征税决定。

税收核定普遍存在于各国税收征管实践中,但行为模式和具体表述随征管制度的不同而存在一定差异。如在德国,税收核定指征税机关以租税裁决

---

① 《税收征收管理法修订草案(征求意见稿)》第六章的内容即为"税额确认"。

② 参见熊伟:《申报确认VS税收核定:并非只是概念之争》,载《中国税务报》2014年12月24日,B01版。

的形式确定纳税人税收债务额度的行政处分。[①] 在以纳税申报为主的美国,[②]税收核定的过程非常简单,但依然因可在法律上确定税收的存在和具体数额而具有"启动税收征收程序、区分欠税与退税争议、起算征收时效"[③]、进一步明晰国家财政权与纳税人财产权之间关系[④]等重要作用。

纳税义务在满足课税要件时产生,税收核定不直接形成或处分纳税人的纳税义务,而是对既存的纳税事实与税收法律关系进行审查和认定,具有如下特征:(1)既存性与非处分性。税收核定的对象是已经确定的个案事实,征税机关之所为是判断个案事实是否符合税收构成要件的逻辑三段论法则的运用过程。在税收核定中,除创设确认本身外,并没有创设、形成新的法律事实和法律关系。(2)中性性。税收核定本身既不是对纳税人有利的赋权行为,也不是对纳税人不利的限权行为,而是可能产生两种后果的"中性"的行为。(3)证据性与可吸收性。税收核定对课税要件事实的认定以及确认结果往往可以成为征税机关启动其他征税程序、作出其他征税决定的前提和证据。

从构成要件上来看,税收核定是征税机关作出的关于纳税人的经济行为及其收益是否符合税收构成要件,进而得出纳税人纳税与否与纳税数额的意思表示。税收核定的结果是对抽象的纳税义务加以具体化的确认,并产生直接拘束征税机关与纳税人的法律效果。将税收核定视为独立的征税行为类型的重要意义在于,将其与纳税评估、审核评税、核定征收、推计课税等在我国税法变迁过程中出现的诸多概念区分开来,进而通过税收核定"二次类型化",[⑤]明确征税机关的行为边界,提升税收待遇的一致性、连续性和纳税人对税负的可预测性。这也有助于实现行为类型的诉讼通道功能,保障纳税人对该项行

---

① 《德国租税通则》第155条第1款规定:"租税由稽征机关以租税裁决核定之。"狭义之租税裁决为征税机关就特定租税债务核定其租税债务额度之行政处分。

② 在大多数经济合作与发展组织(Organization for Economic Co-operation and Development, OECD)国家、发展中和转型国家,申报比例要低得多,因此税收核定的含义和核定内容也不同。参见[美]维克多·瑟仁伊:《比较税法》,丁一译,北京大学出版社2006年版,第208页。

③ 熊伟:《美国联邦税收程序》,北京大学出版社2006年版,第99~100页。

④ 如在税收核定过程中围绕税收构成要件划分证明责任分配和界定证明标准、在应税行为事实无法证明时确认不利后果的归属等。参见敖玉芳:《美德税收核定程序证明责任的比较及借鉴》,载《税务与经济》2015年第5期。

⑤ 如美国税法将税收核定分为简易核定,欠税核定,预险核定(包括提前核定与紧急核定),以及破产、接管状态下的税收核定,国内亦有学者有类似主张。参见熊伟:《美国联邦税收程序》,北京大学出版社2006年版,第102~114页;聂淼、熊伟:《重塑税收核定:我国税收行政确定的建构路径》,载《税务研究》2015年第12期。

为有异议时的救济权利。

2. 税收保全行为

税收保全,①是指征税主体在规定的纳税期限之前,对因纳税人的主观行为或客观原因致使税款征收不能保证或难以保证而采取的暂时性限制纳税人处理或转移商品、货物或其他财产的措施。《税收征收管理法》规定了税收保全的实施条件、程序和具体措施,主要包括即时税收保全、针对当期应纳税款的税收保全与针对前期税款的税收保全。②

从行为特征上来看,税收保全是《行政强制法》中所指的行政强制措施的范围,③纳税人对此具有容忍义务;税收保全具有限权性,是对纳税人财产权利的一种暂时性限制,而非彻底的剥夺;税收保全具有可诉性,在法律救济上适用《税务行政复议规则》④和《行政诉讼法》⑤等的规定。在构成要件上,税收保全行为是征税机关作出的包括扣押价值相当于应纳税款的商品货物、责成纳税人提供税收担保、经批准冻结相应存款以及经批准扣押查封相应商品、货物财产的意思表示。税收保全的主体只能是征税机关,适用对象仅为纳税人,而不包括扣缴义务人、纳税担保人以及其他当事人。实施税收保全的法律效果是对纳税人财产权利的限制,包括对使用权和处分权的限制,但对占有和收益的权益并未产生影响,这种对纳税人权利义务的影响不同于具有处分性的财产权移转。因此,尽管税收保全的最终目的在于通过限制纳税人的财产权来保障处分性的征税决定的作出,具有从属性、中间性、暂时性、可复原性的一面,但其本身是具有独立法律效果的常规征税决定,而非仅仅是税收强制执行等行为的一个阶段。

---

① 有观点认为,税收代位权与撤销权的行使是具有私法性质的税收保全,此处只探讨公法行政强制意义上的税收保全。参见李刚、程国琴:《税收代位权与撤销权的比较研究》,载《当代财经》2007 年第 11 期;林国:《我国税收保全措施运用思考》,载《唐山学院学报》2012 年第 2 期。

② 参见《税收征收管理法》第 37 条、第 38 条、第 55 条。

③ 《行政强制法》第 2 条第 2 款规定:“行政强制措施,是指行政机关在行政管理过程中,为制止违法行为、防止证据损毁、避免危害发生、控制危险扩大等情形,依法对公民的人身自由实施暂时性限制,或者对公民、法人或者其他组织的财物实施暂时性控制的行为。”

④ 《税务行政复议规则》第 14 条规定:“行政复议机关受理申请人对税务机关下列具体行政行为不服提出的行政复议申请:……(四)税收保全措施、强制执行措施……”

⑤ 《行政诉讼法》第 12 条规定:“人民法院受理公民、法人或者其他组织提起的下列诉讼:……(二)对限制人身自由或者对财产的查封、扣押、冻结等行政强制措施和行政强制执行不服的;……”

3. 税收强制执行行为

税收强制执行行为，是指征税机关为维护税收秩序，依据法律赋予的权力处置不履行纳税义务的公民、法人或其组织的商品、货物、存款或其他财产，迫使其履行纳税义务或达到与履行纳税义务相同状态的行为。依《税收征收管理法》的规定，税收强制执行的措施包括划拨银行存款与扣押、查封、依法拍卖或者变卖其价值相当于应纳税款的商品、货物或者其他财产。[①]

从构成要件上来看，税收强制执行决定是征税机关依特定方式强制纳税人履行纳税义务的意思表示，其产生的法律效果是纳税人私人财产权的移转与纳税义务的实现。通过与税收保全行为的对比，可以对税收强制执行行为的法律特征有清晰的认识：首先，税收强制执行的主体既可以是征税机关也可以是法院。当然，无论是由征税机关直接实施的还是申请法院实施的强制执行，都是对已作出的征税决定的执行，而非对司法裁判或权力机关决议的执行。这种执行主体的双重性与税收保全以及其他常规征税决定有所不同。[②]其次，税收强制执行具有基础行为与执行行为的分离属性。在税收保全中，作为基础行为的征税机关的查封、扣押等决定与作为执行行为的查封、扣押等实施行为处于同一个形态。与税收保全不同，税收强制执行的依据是某个形态独立的行为，如税收处罚决定或税收行政确定，且无论是基础行为还是执行行为，都可以单独适用法律救济。另外，从行为的过程性来看，不同于税收保全的暂时性中间行为，税收强制执行的目的是保障基础行为的执行，因此具有结果上的封闭性。当然，一个合理的终局性、封闭性行为的作出应发生在当事人既不履行征税决定又不申请复议或提起行政诉讼的前提下，因此现行《税收征收管理法》宜取消纳税争议税收救济的“双重前置”规定。

---

① 《税收征收管理法》第68条规定的罚款是否应视为执行罚尚存争议。具体讨论参见袁森庚：《论税收强制与〈行政强制法〉的衔接》，载《税收经济研究》2012年第1期。

② 在税法上，能否申请法院强制执行由强制客体决定。《税收征收管理法》第88条第3款规定：“当事人对税务机关的处罚决定逾期不申请行政复议也不向人民法院起诉、又不履行的，作出处罚决定的税务机关可以采取本法第四十条规定的强制执行措施，或者申请人民法院强制执行。”因此，法院可作为处罚决定的强制执行主体。然而，《税收征收管理法》并未规定征税机关能否申请法院强制执行纳税人欠缴的税款和滞纳金。《行政强制法》第53条规定：“当事人在法定期限内不申请行政复议或者提起行政诉讼，又不履行行政决定的，没有行政强制执行权的行政机关可以自期限届满之日起三个月内，依照本章规定申请人民法院强制执行。”因此，征税机关不得申请法院强制执行纳税人的税款和滞纳金。

四、特殊征税决定

税收领域具有无限扩容性和高度“流动性”，存在无限创新可能的交易形式与生活安排无时无刻不在削弱其构建的税法规则体系。① 征税行为从本质上来看是一种法定主义调整不足时的授权主义调整方式。为应对税法滞后的事实，征税机关获得了广泛的裁量权，征税活动的形式亦呈现多样化趋势。这一溢出于行政行为及与之相近之常规征税决定之外的征税行为方式，在本书中统称为特殊征税决定。特殊征税决定亦属征税行为范畴，但属非典型、非常态的征税行为。如持“统一公法学”观点的学者指出的，描述和解释公法现象时，应将研究视野拓展至公法主体的所有行为——将所有可观察到的公法主体行为都当作研究对象，而不限于制度文本所拟制的行为。② 区分常规征税决定和特殊征税决定的意义在于，特殊征税行为在税法上表现出一定非型式化特征，如在构成要件上具有差别性、在法律效果上具有不完整性、在法律性质上具有复合性或是在行为主体上具有多样性，因此往往无法适用统一的税法程序规则和救济规则。笔者认为，应为税法上的这类行为设定特别的税收程序规则，关注其法律适用与法律救济。

（一）构成要件与基本特征

特殊征税决定，是指征税主体基于征税管理权而为的特定行为。征税管理权是各类特殊征税决定的共同要件，但主体要件、意思表示要件与法律效果要件依特殊征税决定的类型不同而有所区别。这一类决定是税法实践中的重要行为类型，它既与常规决定有相似之处，又因在行为主体、性质与结果等方面具有不同于常规征税决定的特殊性而具有独特的行为形态与构成要件。从构成要件上来看，特殊征税决定大体包括 3 种类型，其中每种类型都有不同的个别构成要件，因而需要具体分析。特殊征税决定是一个开放的结构，一切对纳税人权利义务产生影响的未型式化征税活动方式都可以在这一框架下得到解释。特殊征税决定的特征正是体现于其与常规征税决定在构成要件的差异性和其自身行为内容结构的开放性上。具体来看：

首先，相比常规征税决定中税收征纳主体地位的不平等性，特殊征税决定的主体处于相对均势的地位，基于公共利益而产生的征税主体特权只在一定

---

① 参见汤洁茵：《税法续造与税收法定主义的实现机制》，载《法学研究》2016 年第 5 期。

② 参见袁曙宏等：《现代公法制度的统一性》，北京大学出版社 2009 年版，第 143 页。

条件下于有限范围内存在。在法定范围内,税收征纳主体可以平等协商,纳税主体的意志得到更大程度的尊重,以致在行为方式上弱化了行政权的控制力与支配力。特殊征税决定的作出既可以征税机关为主导,也可以纳税人为主导,还可能存在非命令性、互动性、协商内在化、合意性、多样性等特征。从权利义务上来看,特殊征税决定中纳税主体的权利仍可以推定为征税主体的义务,如纳税人申请纳税辅导的权利可以推定为征税机关提供辅导的义务。但征税主体的职权却未必为纳税人之"绝对服从"性质的义务,如纳税人的"协力义务"以及对税收合同的动议权等。

其次,与常规征税决定的权力性作用方式相比,特殊征税决定在税收的实现方式上产生了一定程度的变异。尽管特殊征税决定依然以税收征管权力作为背景,具有事实上的拘束力以保障其实效性;但权力干涉的力度较弱,倾向采用较温和的形式实现税收目标,实现的途径更多基于相对方的自愿接受,并可能同时受到诚实信用原则等私法原则的调整和保障。这种弱权力性,一方面,表现为通过赋予私法行为或不具备完整构成要件的公法行为以公法效果来弱化公私行为主体之间地位的不平等;另一方面,则表现为将税法之债的属性延伸到全部税法领域,在修正的前提下,通过私法规则与私法手段的引入,强化纳税人参与和纳税人权利保障。因此,这类征税决定主要为具有私法性质的征税活动、温和的准法律行为(如属于双方法律行为的制度化税收契约行为)以及一部分无法律效果的单纯事实行为(如某些纳税指导措施、引起税法上法律效果的税法事实行为①)。与常规征税决定不同,特殊征税决定的表现形式多样,有些行为还具有即时性和偶发性;因此尽管法律试图为这类行为设定严格主义的程序措施,但这类行为的程序不确定性依然高于常规征税决定。

最后,在结果要素上,特殊征税决定具有行为效果的多元性。常规征税决定一般来讲具有直接的对外效力,即征税行为法律效果的发生具有对外的指向,其作用并不局限于征税机关内部,而是对纳税人的权利义务和法律关系作出有拘束力的形成或确认。因此,征税机关的内部指示以及多阶段行为中不包含直接处分纳税人权利义务的意思表示、不具有直接对外法律效果的行为都因欠缺法律效果要件而不构成常规征税决定。但在税法实践中,有诸多内部行为与外部行为糅合交错、不可分割的情况存在。例如,与纳税人自我确定

---

① 包括私法法律行为(第三人代缴税款或将税收债权让与第三人等)和私法事实行为(偶然所得纳税)。

程序相对应的评税制度，无论是已被废止的审核评税，[①]还是当前的纳税评估，[②]都是一个内外因素兼具的程序。因此，有些特殊征税决定产生的法律效果是"影响效果"而非直接对外的设权效果，这类决定可能对纳税人的税法上的权利义务产生实际影响，但并不一定对权利义务产生直接的规制作用，不直接或间接导致纳税人税法上权利义务内容的产生或变动。

需要指出的是，特殊征税决定中的每一类都有相当复杂的结构，都具有不同的实现原理与责任机制，每一种尝试都在试图突破征税的权力之维，而在权力与权利、强制与自由之间寻找国家财政权与财产权之间妥适的平衡，并寻求以制度性为主轴的内涵厘定与型式化构建。因此，上述特征只是对其外观轮廓的大体描摹，更深入的认识还需建立在对其分类考察的基础上（见图3-2）。

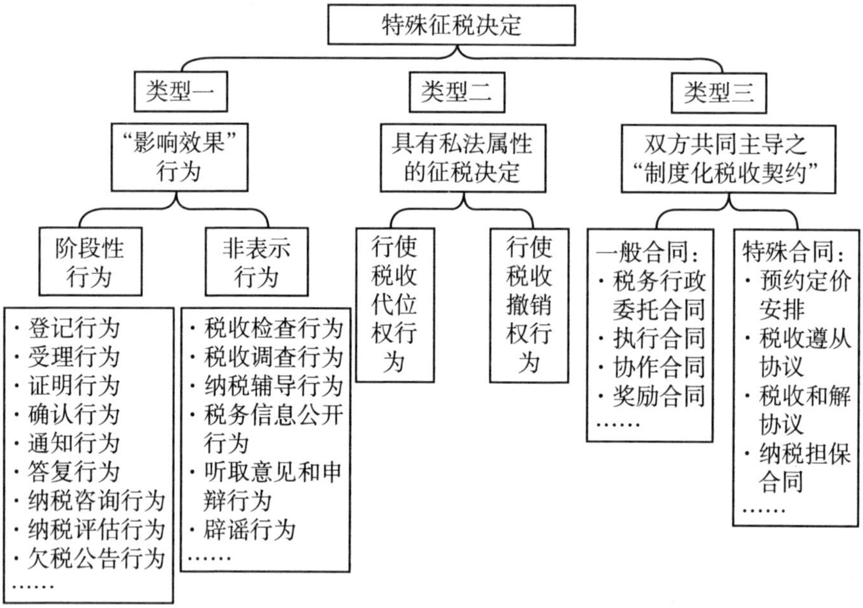

图3-2 特殊征税决定的类型

① 依据《外商投资企业、外国企业和外籍个人纳税申报审核评税办法》（国税发〔1998〕72号）（已废止）的规定，主管税务机关根据纳税人报送的纳税申报资料和扣缴义务人报送的代扣代缴税款报告资料以及日常掌握的各种税收征管资料，运用一定的技术手段和方法，对纳税人一个纳税期内纳税情况和扣缴义务人代扣代缴税款情况的真实性、准确性及合法性进行综合评定。审核评税主要是案头审计，即通过对纳税资料的审核、分析，及时发现并处理纳税申报中的错误和异常申报现象。

② 如《纳税评估管理办法（试行）》（国税发〔2005〕43号）第19条规定的税务约谈程序，一般被认为是一种非正式的内部程序。

（二）类型一："影响效果"行为

税收国家的征税过程是在征税主体与纳税人共同参与、持续互动下的沟通、博弈、选择的过程，也是在税收征管权主导下征税机关与纳税人合力实现征税目的的过程。征税过程不应只关注公共利益，还需同时关注纳税人的个体利益。为实现纳税人共同体利益与个体利益的"双赢"，税收征管活动在融合、汲取多种治理方式的同时，应关注征税过程各个阶段的程序步骤与结果形式对纳税人权利义务造成的实际影响，而非仅关注最终法律效果的得失变更。特殊征税决定中的"影响效果"行为是指征税机关基于税收征管之目的作出的、不包含直接处分纳税人权利义务的意思表示，但会对纳税人在税法上的权利义务内容产生实际影响的行为。"影响效果"行为包括两类：一类为以观念表示的方式作出的，不产生直接法律效果的具有中间性、过程性、阶段性的行为；另一类为某些以非表示方式作出的、不具备税法上法律效果要素的行为。将阶段性行为以及不具有直接或间接法律效果的非表示行为纳入特殊征税决定的重要原因在于，受行政诉讼制度不完善的影响，税收司法所能发挥的作用有限，对传统的征税行为类型进行合法律性判断难以满足现实需求。因而，征税行为不仅需要关注最终结果，还需要关注过程，把握征税过程中每一个环节的价值冲突与利益诉求，并尽可能地为纳税人提供完善的程序性保障与救济途径。

1. 阶段性行为

在构成要件上，阶段性征税决定具有如下特征：第一，阶段性征税决定的作出主体为征税机关；不具有税收征管权的机关和组织实施的行为不是阶段性征税决定，而是此类决定的适用对象。第二，阶段性征税决定是征税机关在针对具体事实进行判断后所作出的观念表示，征税机关虽然将与税收征管相关的内心意思外化，但其目的并不在于设定、变更或消灭纳税人税法上的权利义务，而仅仅是表明观念与态度。第三，此类决定并非不产生任何的法律效果，而是这种法律效果不是必然的、确定的、即刻对纳税人权利义务产生直接作用的效果。是否发生直接的法律效果，或取决于新事实的出现，或取决于其他主体作出的与该事实相关的行为，或取决于法律的直接规定。在此之前，这种效果尽管会给纳税人的权利义务带来实际影响，但依然是一种尚处于休眠状态的、酝酿之中的影响效果。第四，此类行为具有阶段性、中间性、过程性的特征，它既是一个独立的行为类型，也往往构成一个完整的常规征税决定的组成部分，对征税机关或纳税人的后续行为产生影响。例如，征税机关受理纳税人申请纳税人识别号或申请减税的行为、针对未进行纳税申报的纳税人出具税额确认通知书的行为等，这些行为不是征税机关的最终行为，不对纳税人产生确定的法律规制效果，但往往构成课税处分的一个环节，具有间接的法律效果。又如，针对纳税人的咨询、答复等行为，尚未成为具有税法上直接对外法律效果的客观行为，但会影响纳税人后续纳税义务的履行。

典型的阶段性特殊征税决定包括税务登记行为、受理行为、证明行为、确认行为、通知行为、答复行为、纳税咨询行为等。在税法领域，比较典型的阶段性征税决定是纳税评估①与征税机关发布欠税公告的行为。

纳税评估的阶段性特征体现在，纳税评估并不具有常规征税决定的完整法律效力，而是征税机关在现有法律框架范围内展开的旨在加强税源管理、提前纠正纳税人在税收法律义务履行方面存在的瑕疵的管理手段或方法。与税务稽查等常规征税决定相比，纳税评估本身并不对纳税人的权利义务作任何新的设定。征税机关不得强求评估对象对评估中发现的疑点进行解释说明，纳税人也没有举证义务，如果纳税人不配合、不接受评估，征税机关不得在纳税评估程序中直接采取税收保全或强制执行措施。征税机关在纳税评估中对监控区域内全体纳税人的纳税情况进行的“扫描”犹如征税机关实施管理的“雷达检测站”，是进入下一个行为阶段、采取进一步税收征管措施的依据。②

我国《税收征收管理法》与《税收征收管理法实施细则》③规定了我国的欠税公告制度，国家税务总局颁布的《欠税公告办法（试行）》规定了这一制度的具体操作办法。从主观要件上来看，欠税公告的内容只涉及欠缴税款纳税人的姓名、名称、纳税人识别号、法定代表人或负责人姓名、居民身份证或其他有效身份证件号码、经营地点、欠税税种、欠税余额和当期新发生的欠税金额等信息，并无任何命令性或禁止性内容，未包含征税机关规制纳税人因欠税而产生的税法上权利义务的意思表示。从法律效果上来看，欠税公告的行为结果并无法律上的强制性，也不会影响征税机关与纳税人之间权利义务关系。欠

---

① 此处的纳税评估指征税机关实施的狭义纳税评估，不包括纳税人、税务代理人等为防范、化解涉税风险而对涉税交易、事项、结果进行的评估。

② 参见陈茂锋主编：《纳税评估理论、实务与案例评析》，中国税务出版社2009年版，第37页。

③ 《税收征收管理法》第45条第3款规定：“税务机关应当对纳税人欠缴税款的情况定期予以公告。”《税收征收管理法实施细则》第76条第1款规定：“县级以上各级税务机关应当将纳税人的欠税情况，在办税场所或者广播、电视、报纸、期刊、网络等新闻媒体上定期公告。”

税公告之所以能发挥作用在于其对纳税人心理所产生的“间接强制”,[①]进而督促纳税人及时履行纳税义务;但这一间接强制并不能对“上榜”纳税人是否履行清缴所欠税款发生有效拘束力,因而具有事实后果上的不确定性。[②] 正因这一行为具有“示众效应”,会对纳税人的社会形象和商业信誉等造成负面影响,损害纳税人的私人财产权与保密权等权利,因而征税机关的此类行为亦属为实现征税目的所为的特殊的征税行为,其行为模式、程序、后果与可能引发的法律风险需受到格外的关注。

2. 非表示性行为

“影响效果”行为的第二类是征税机关实施的不直接或间接引起确定税法效果的非表示行为。从构成要件上来看,一方面,征税机关在作出这类征税决定时欠缺表示要件,既未以明确的意思表示作出,亦未以观念表示的方式作出,因而不产生确定的法律效果;另一方面,这类行为的作出同样基于税收征管权,并以一种事实状态体现出来,这种客观存在的并以一定形式表现出来的事实同样会“实际影响”纳税人的权利义务,具有税法上独立的意义和价值。具有影响效果的非表示行为包括日常的税收检查行为、[③]税收调查行为(税收行政处罚程序中的检查、调查行为除外)、纳税辅导行为、听取意见和申辩行为、税务信息公开行为、辟谣行为[④]等。

“影响效果”行为既可能是在税收征管实践中已被型式化、法制化的行为,如税务登记行为;也可能是无固定表现方式和程序的行为,如答复行为;还可能是无明确内容的行为,如日常的税收检查等。影响效果行为与常规征税决定之间也并非泾渭分明,如奖励检举违反税收法律、行政法规的行为虽然在形式上得以制度化,[⑤]但在具体程序和救济方式上尚无明确规定,具有由“影响效果”行为向常规征税决定过渡的性质。

---

① 龙稳全、李刚:《欠税公告的法律思考》,载《涉外税务》2006 年第 6 期。

② 参见李建人:《欠税公告制度的完善》,载《税务研究》2014 年第 2 期。

③ 广义的纳税检查权限范围不仅包括日常检查,还包括采取税收保全措施和强制执行措施。

④ 如 2011 年 8 月 15 日国家税务总局发布的《关于有人伪造 47 号公告的声明》,声明有人盗用国家税务总局名义伪造发布《国家税务总局关于修订个人所得税若干问题的规定的公告》。国家税务总局的这种行为即属辟谣行为,而非引起法律关系变动并对纳税人实际权益造成实际影响的表示行为。

⑤ 《税收征收管理法》第 13 条规定:“任何单位和个人都有权检举违反税收法律、行政法规的行为。收到检举的机关和负责查处的机关应当为检举人保密。税务机关应当按照规定对检举人给予奖励。”

(三)类型二:具有私法属性的征税决定

特殊征税决定的第二类是建立在税收债务关系说基础上,具有私法属性的征税方式,主要包括征税机关通过行使税收代位权与税收撤销权实现征税目的的行为。

我国《民法典》第三编“合同”第五章规定了财产保全制度,旨在通过防止债务人财产的不当减少,保障债权人权利的实现。税收代位权与撤销权制度是从财产保全制度中发展而来的,并规定在《税收征收管理法》[1]中。这一制度是对税收法律关系性质的立法确证,其设立的真正意图是为扩大征税机关征收税款的手段范围,将税收代位权、撤销权与税收保全措施、强制执行措施整合成一个完整体系。

无论是主管税务机关替代纳税人向纳税人的债务人主张权利,还是对欠税的纳税人行使撤销权,这种权利都是由税法规定的,是征税机关本身享有的权力,而非源自征税机关与纳税人之间的约定。在税收代位与撤销法律关系中,征税机关始终处于主动地位。如税务机关作为撤销权人,可以根据纳税人与第三人的交易情况,衡量其对税收债权的损害程度,以决定是否行使撤销权,且税务机关对撤销权的行使范围还可以有所选择。[2] 尽管从行为方式上来看,征税机关并不能直接通过自身的行政权力向纳税人的债务人主张债权或撤销纳税人作出的财产处分行为,而需通过向人民法院提起诉讼的方式行使,[3]但其本质依然是基于效率原则的考虑,将公法上的税收保全措施转换为私法上的保全措施的行为。经由司法程序的必要性在于,一方面,代位权制度与撤销权制度由私法转换到公法的公正性得到保证;另一方面,法院判决产生的既判力同时赋予了这一征税决定存续性的法律效果。征税机关行使税收代位权与撤销权的行为依然是税务机关行政执法权的一部分,可以看作对税务机关行政执法权的进一步完善。因此,从本质上来看,由征税机关行使税收代位权与撤销权引发的行为也可以理解为同样隶属于税收征管权的、更多体现了税收债权属性的特殊征税决定。

---

① 《税收征收管理法》第50条第1款规定:“欠缴税款的纳税人因怠于行使到期债权,或者放弃到期债权,或者无偿转让财产,或者以明显不合理的低价转让财产而受让人知道该情形,对国家税收造成损害的,税务机关可以依照合同法第七十三条、第七十四条的规定行使代位权、撤销权。”

② 参见熊伟、王华:《论税收撤销权中的第三人利益保护》,载《法学评论》2005年第1期。

③ 也有观点认为税法在引用民法上代位权与撤销权制度时应作变通处理,在行使方式上由债权人请求法院行使改为请求税务机关直接行使。

（四）类型三：双方共同主导之"制度化税收契约"

现代行政国家或许可以被冠以"契约国家"的称号。[①] 随着国家行政形态的变革、福利国家思想之盛行以及法律关系之复杂化，契约理念向公法领域逐步渗透，合同成为公共行政领域替代、补充政府管制的重要形式。我国行政法律中并无"行政合同"[②]的明确定义。[③] 行政法学界更强调行政合同的"行政管理目的"与合同关系之"主体"，认为行政合同为"以行政主体为一方当事人发生、变更或消灭行政法律关系的合意"。[④] 德国学理通说认为，行政法上的合同为"以行政法上之法律关系为契约标的的（内容），而发生、变更或消灭行政法上之权力或义务之合意而言"。[⑤]

征税机关与纳税人之间形成具有契约属性的税收征纳法律关系亦为税法在实践中常见的现象。20 世纪 70 年代新公共管理运动的兴起促使各国的公共管理实践从韦伯式的官僚制模式向以市场和服务为导向的政府管理模式转变。受此影响，税收管理的理念也发生了巨变。从 20 世纪 90 年代开始，经济学、心理学和社会学开始从监察、惩罚和处置以外的更多样化的角度研究影响纳税遵从的制度性因素，纳税服务（service）取代了纳税管理（management）的说法，纳税人（taxpayer）被称为客户（client），征税机构不得不在保持效率的前

---

① 参见［美］朱迪·弗里曼：《合作治理与新行政法》，毕洪海、陈标冲译，商务印书馆 2010 年版，第 493 页。

② 我国一般将大陆法系国家的"行政契约""公法契约"，以及英美法系国家的"政府契约""政府合同"直译为"行政合同"。此处采通行之"行政合同"，一则与"税收合同"对应，意指与广义上的契约精神、契约原则相区别之具体制度，二则与第四章之"契约行为"相区分。

③ 从广义的实定法规范来看，唯一的例外为，作为地方政府规章的《湖南省行政程序规定》第 93 条曾对行政合同作出过相对明确的定义："本规定所称行政合同，是指行政机关为了实现行政管理目的，与公民、法人或者其他组织之间，经双方意思表示一致所达成的协议。"

④ 余凌云：《行政法讲义》（第 2 版），清华大学出版社 2014 年版，第 253 页。其他学者对行政合同的界定与此差别不大，如认为："行政合同，也称行政契约，是指行政主体以实施行政管理为目的，与行政相对人就有关事项经协商一致而达成的协议"；"行政合同，又称行政契约，通常是指行政机关为实现特定的行政目的，与公民、法人、其他组织或者其他行政机关达成的协议"；"行政合同，也称行政契约，系指行政主体为了实现行政管理目的，与行政相对人或另一个行政主体，经双方协商一致所达成的合意"。参见姜明安主编：《行政法与行政诉讼法》（第 6 版），北京大学出版社、高等教育出版社 2015 年版，第 350 页；何海波：《行政诉讼法》（第 2 版），法律出版社 2016 年版，第 159 页；胡建淼：《行政法学》，法律出版社 2015 年版，第 455 页；等等。

⑤ 翁岳生编：《行政法》（上册），中国法制出版社 2009 年版，第 714 页。

提下提高对“客户”的服务，[①]并同时受到代议机关颁布的越来越严格的纳税人权利法案的监督。[②] 这一转变为制度化税收契约法律关系奠定了思想基础。但受税收法定原则的约束，税法并不当然适用行政法上的合同订立规则。何时、何领域可以将契约引入税法涉及对税法本质与特征的理解，需要在预先确定的、妥当的税收契约治理范围基础上进行综合考量。

由公法合同之类型推及税法，税收合同亦可分为对等合同与隶属合同、和解合同与双务合同两类。在前一种分类中，对等合同原则上由公权力主体即征税机关之间缔结，如税务目标考核责任书或基于税务行政协作而签订的合同；隶属合同原则上一方为公权力主体，另一方为人民，即征税机关与纳税人之间缔结的合同，如税收遵从协议，这一分类与行政合同分类几无区别。[③] 后一种分类则产生税法与行政法之分殊。行政法上的合同容纳了不同主体间缔结合同的诸多可能，既包括和解合同，亦包括行政系统内部的双务合同（如不同行政主体间的以及行政主体与其职能机构或公务人员间的双务合同）与行政系统外部的双务合同（如行政主体与隶属组织或个人间、行政主体与行政相对人间的双务合同）等诸多类型。[④] 但税法上的合同主要为和解合同，较少出现公私主体间“互负义务”之合同。究其原因有二：其一，税法上主要的程序客体为对纳税义务人的存在及其范围的确定，征税机关对此并不负有相对给付义务。纵使系退税案件，确定后亦仅稽征机关就溢征的税捐负返还义务而已。[⑤] 其二，税法属强行规定，税捐债务性质上为法定债务，并不得以双务契约成立纳税义务，稽征机关对于课税事件是否决定课税与应纳税额多少并无行政裁量权，纳税义务人原则上亦无选择权。[⑥]

---

① See Lederman L., *Tax Compliance and the Reformed IRS*, SSRN Electronic Journal, Vol. 51, p. 971 – 1011 (2003). Available at SSRN: https://ssrn.com/abstract = 391134 or http://dx.doi.org/10.2139/ssrn.391134.

② 如美国国会从1988年开始陆续通过了《纳税人权利法案》（1988年）、《纳税人权利法案（修订）》（1994年）、《重组改革法案（RRA）》（1998年），对纳税服务与执行过程进行持续性改革，迫使国税局改变征税方式，强化纳税人权利及鼓励自愿纳税。See Lederman L., *Tax Compliance and the Reformed IRS*, SSRN Electronic Journal, Vol. 51, (2003).

③ 这一原则之例外为征税主体与纳税人间缔结的私法合同，私法合同并非税收合同。

④ 参见杨解君主编：《中国行政合同的理论与实践探索》，法律出版社2009年版，第19～22页。

⑤ 参见葛克昌：《行政程序与纳税人基本权》，北京大学出版社2005年版，第188页。

⑥ 参见陈清秀：《行政程序法在税法上之运用》，载《月旦法学杂志》2001年第72期。

从内容上来看,税收合同中的税务行政委托合同、执行合同、协作合同、奖励合同等传统公法合同,与一般行政合同适用原理并无重大差异。最能反映特殊税收决定特征的合同是征税机关与纳税人或第三人之间签订的、影响税收法律关系内容的合同类型,如预约定价安排、税收遵从协议、税收和解协议以及纳税担保合同,亦是此处所指之特殊税收决定。

尽管合同的本质是"相互同意的相互强制",①但不可否认的是,税收合同中征税机关在大部分时候依然享有"适度"的主导性权力,通过税收合同的契约式治理,依然是一种为实现税收目的的替代性手段——且无论这一目的本身正义与否,因为公权力的干预强度取决于这一征税决定行为本身所涉及的公共性范围与公益性强度,税收合同目的之高公益性强度无疑会强化公权力干预的强度。因此,在具体个案中如何在合同双方主体间进行权利配置,依然取决于符合个案正义的和目的性的需要。

五、征税行为的主体要素

在法学上,主体概念最早与民事主体相关。民事主体是指根据法律规定,能够参与民事法律关系,享有民事权利和承担民事义务的当事人。② 随着现代社会的变迁、民族国家的建立和民主观念的产生与发展,主体的理念逐步渗入公法领域。主观公权利的概念赋予公民针对国家的请求权,③使公民在公法关系中由权力作用的客体转变为权利主体。与私法主体相类似,公法主体的本质也在于其具有相应之能力。④ 在行政法上,行政主体之权利能力在于独立享有行政权利和负担行政义务;行政主体之行为能力和责任能力的关键则在于,可通过意思自治独立对内、对外活动并承担行为的法律后果,其设立之主要目的在于确定行政诉讼的被告资格。在税法上,确定征税行为主体范围,是征税行为之成立、行为责任之承担、税务诉讼被告资格之判定等问题的研究前提,它直接影响了上述命题的思维路径与逻辑构造。

---

① 于立深:《公共问题的技术解与契约解》,载《读书》2013 年第 4 期。

② 参见佟柔主编:《中国民法》,法律出版社 1999 年版,第 61 页。

③ 参见[德]格奥格·耶利内克:《主观公法权利体系》,曾韬、赵天书译,中国政法大学出版社 2012 年版,第 115 ~ 119 页。

④ 参见薛刚凌:《行政主体之再思考》,载《中国法学》2001 年第 2 期。

(一)多元主体纳入:利益分化与主体再造

1. 一元利益格局下的单一征税主体

受20世纪80年代末的行政主体理论影响,早期征税机关被认为是征税活动的唯一主体。这一单一性主体界定隐含两个前提假设:其一,公共行政的权力由国家垄断,国家是征税权力的占有者和征税职能的唯一承担者;其二,纳税人并不具有征税行为中的主体性身份,而是行为作用的“客体”。在这一时期,征税行为主体范围与“具有民法底色的‘机关主体模式’”[①]或行政法上与行政诉讼被告资格紧密相连的“诉讼主体模式”[②]无异,仅包括作为国家行政主体的征税机关和法律、法规授权的组织。在这一背景下,单一的税收主体既与“通过强制性的集体行动来提供公共服务”[③]之目标相匹配,也是“一元利益框架下公共行政的需要”。[④]

单一化的征税主体理论带来了诸多问题:在公共权力内部,表现为理论解释力的弱化与法技术上的适用困境。例如,是否只有征税机关可以成为税务行政诉讼的被告,如何处理征税机关内设机构、派出机构、委托代征机构等违法越权行为的被告主体问题;又如,依税法通说,税收为对公民私人财产权的侵犯,在征税行为牵涉因财产损害而导致的国家赔偿时,[⑤]如何解释此时的责任归属主体为国家而非征税机关的矛盾。征税主体范围的局限性与目的的单一性在公共权力的内部表现为对征税机关内部工作人员与内设机构行为效力与效果的忽视,在公共权力外部表现为机关主体与纳税人间“权力—义务”关系的持续性失衡,征税主体处于管理者的强势地位,纳税人为负有“强制性纳税义务”的服从者,而非具有行为能力与责任能力的法律上的主体。

2. 多元利益格局下纳税人主体资格的获得

纳税人因对国家的依附而丧失主体性,因此,减少其依附性并增强其独立性是纳税人成为税收活动主体的前提。随着市场化改革的推进,自20世纪80

---

① 余凌云:《行政主体理论之变革》,载《法学杂志》2010年第8期。

② 章剑生:《反思与超越:中国行政主体理论批判》,载《北方法学》2008年第6期。

③ 童光辉、范建鏋:《公共性:财政与生俱来的本质属性——基于我国早期财政史的初步考察》,载《现代财经(天津财经大学学报)》2015年第5期。

④ 薛刚凌:《多元化背景下行政主体之建构》,载《浙江学刊》2007年第2期。

⑤ 《国家赔偿法》第4条所列举的行政机关及其工作人员侵犯财产权的四种情形,几乎皆为税收征收程序可能涉及之手段措施。

年代以来,中国开始从“自产国家”向“税收国家转型”,在这个转型中,国家与社会的关系开始被重构,纳税人意识开始形成和发展,财政民主的要求开始出现,并且越来越强烈,要求国家治理予以回应。[①] 纳税人通过逐渐规范化的政治权利,即“使权利所有人在国家意志的形成上起影响的那些权利”,[②]获得了最具现代税收国家之特征的初始性的“征税同意权”。以此为基础,纳税人权利内容不断细化、权利意涵不断充实、权利范围不断扩张,并逐步发展出纳税人知情权、保密权、陈述与申辩权、税收法律救济权、申请回避权等抵御征税权不当干预的消极性的[③]正当程序权利。

在现代税收国家,人们逐渐达成了这样一种共识:“征税行为是征税主体在纳税主体合作下所作的税收公共服务行为。”[④]税法的目标在于通过税务机关的征税活动不断缩小税法要求与纳税人行为状态、行为方式之间的差距。从根本上来说,纳税人的行为模式是税收征管反应模式的第一决定因素,纳税人行为类型决定了税务机关的活动范围与价值区间。在税收征管中,纳税人行为模式所形成的不同功能类型的业务对策构成不同的业务。[⑤] 或者说,不同的纳税人行为模式导致不同的纳税行为及结果,针对纳税行为及结果的反应措施形成了征税行为的基本范畴与类型。随着公共产品选择权、纳税申报方式选择权等一系列体现纳税人自我认同与自主性地位的具有“形成性”权利的获得,这一权利的性质完成了“从政治权力逐步延伸到人格权利的转变”,[⑥]纳税人获得了一种可以称为“主体性资格”的法律地位,征税机关与纳税人之间的“权力—义务”失衡状态逐步得到矫正(见图3-3)。

---

① 王绍光、马骏:《走向“预算国家”——财政转型与国家建设》,载《公共行政评论》2008年第1期。

② [奥]凯尔森:《法与国家的一般理论》,沈宗灵译,中国大百科全书出版社1996年版,第262页。

③ 也有观点认为与通过税收立法划清纳税人权利与国家税权界限的消极方式相比,这些权利属“制约权力的积极方式”。参见魏俊:《税权效力论》,法律出版社2012年版,第142页。

④ 施正文:《论征纳行为》,载《当代财经》2004年第8期。

⑤ 于希信、郭凤晓主编:《现代税收征管过程模型研究》,中国税务出版社2010年版,第11页。

⑥ 张怡等:《人本税法研究》,法律出版社2016年版,第126页。

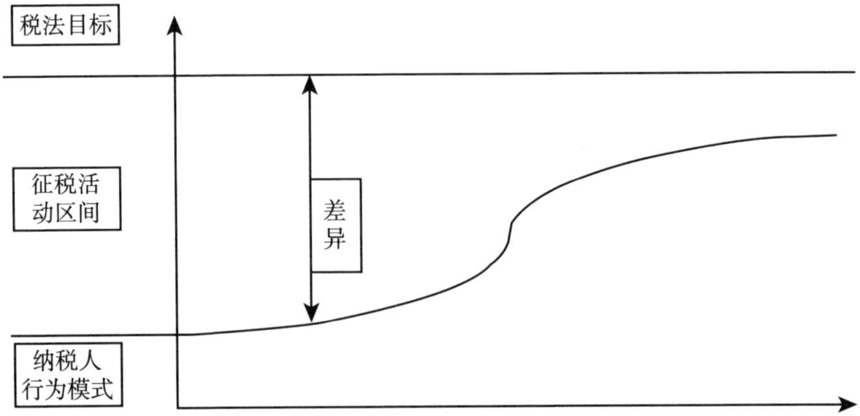

图 3-3 纳税人行为模式与征税活动范围之间的关系

3. 征税权扩张与纳税人主体的内部裂变

与此同时,纳税人主体内部也出现了由征税权扩张所导致的"多重指向下的利益分化"。[①] 征税权因涉及对纳税人经济自由权的侵害而原则上不得及于纳税人之外第三人的财产,当出现纳税人利用此等制度"脱法"避税时,便产生征税权与第三人财产权之冲突。这一利益冲突,一方面,将直接纳税人之外的第三人纳入法律控制与保护的范围;另一方面,也同时分化了作为税收法律关系直接主体的单一纳税人,产生了新的征税行为类型,并在纳税人内部构造了新的行为主体。由征税权扩张所产生的新的行为主体在税法制度中并不鲜见,这既有征税权的法定扩张引起的行为主体的纳入,亦有征税权的约定扩张引起的行为主体的混同,前者如税收代位权制度中欠缴税款纳税人放弃债权之债务人、税收撤销权制度中欠缴税款纳税人财产的受让人、税收优先权制度中允许纳税人的财产优先满足征税权需要的第三人、分立企业的连带纳税义务、合并企业的继承纳税义务、公司股东对公司纳税义务的承担、投资者对个人独资企业纳税义务的承担、合伙人对合伙企业纳税义务的承担,后者如代为履行纳税义务或依据担保合同的约定承担连带责任或承担特定财产责任的主体等。

在追求税收正义的现代国家,与征税权扩大相伴而生的是征税行为方式的转变。随着税收和解、预先裁定等新的征税行为类型的出现,纳税人主体内

① 龚伟:《税法中的利益及其平衡机制研究》,中国法制出版社2016年版,第75页。

部继续分化,在主体不断被纳入的过程中,不同行为类型中的纳税人主体资格、权义内容与责任结构上亦呈现愈加明显的差异性。法律的核心使命就是构建良性有序的合作关系。[①] 从民主理念变迁的视角观察,这一由利益分化所致的主体扩张过程,也是从多数民主模式走向共识民主模式的过程,是权力结构由集中趋向分享、由对抗变为包容、由竞争转为协商的过程,是在"传送带模式""专家治理模式"[②]等民主模式基础上优化而成的"谈判式模式"。

(二)理论探源:主体资格的判定基准

从理论上观察,当前国内税法理论对这种差异化趋势的法技术处理——无论是从财产法与非财产法角度区分的"税捐债务人"与"行为义务人"、从是否介入税收之债区分的"征纳关系参加人"与"征纳关系参与人",[③]还是从税收法律关系扩张角度区分的"直接相对人"与"利害关系人"[④]等——皆未脱离"关系—主体"之思考范畴。事实上,同一税法现象所涉法律关系的跨部门、跨法域性、税收法律关系本身的复杂性及其所具有的多元化意义,往往使我们很难从税收法律关系角度确定税法当事人完整的权利义务状态。进一步讲,这种基于"关系—主体"的认定往往是一种学理层面的探讨,是对实定法上主体的"前认定"过程。在税法的实际运行中,无论纳税人是以税收宪法关系中的主权者身份出现,还是以税收债权债务关系中公法上债务人的身份出现,都不会影响法律系统对其在实定法上权利义务的研判。即使是从法律关系的角度认定主体,税法在多数时候也是从行政法律关系的角度出发的。而在行政法上法律关系的主体概念亦不若民法主体之清晰可辨,[⑤]这使税法上主体的认定路径更不清晰。

事实上,征税行为模式变迁的过程也是主体再造的过程,是在权力由集中走向分化中将纳税人改造为独立主体的过程。在现代税法转型的论题上,依据某一现实问题的引导所进行的对特定问题的回应,都带有浓厚的工具主义色彩;只有

---

① 参见张治宇:《合作论——从政治哲学、法哲学到行政法哲学》,法律出版社 2017 年版,第 75 页。

② Richard B. Stewart, *Administrative Law in the Twenty-First Century*, New York University Law Review, Vol. 78, No. 2, p. 437 - 460(2003).

③ 参见滕祥志:《论〈税收征管法〉的修改》,载《清华法学》2016 年第 3 期;滕祥志:《论税收征纳关系参加主体的立法规制》,载《中国财政》2017 年第 4 期。

④ 姚明铭:《相关税收法律关系初探——对税收法律关系范围的一种拓展研究》,载《法学评论》2004 年第 2 期。

⑤ 为解决主体扩张与认定问题,行政法上出现了行政相对人、行政人、行政第三人、利害关系人等多种界定。

在国家与纳税人的选择中，何者优先的问题以及如何处理这两者之间关系的问题，才是税法基本制度的“元理念”问题。[①] 由本书对征税行为基本范畴的界定与税收征纳法律关系参加主体演变过程的分析可以看到，从“行为—主体”而非“关系—主体”的角度来看，征税行为的主体范围可以从3个层面来理解：

首先，征税行为主体不同于征税主体。征税主体是行政主体的下位概念；在税法上，征税主体，是指具有税收征管权的国家机关。但征税行为的主体（税法上意思表示的表意人）既可以是征税机关一方，也可以是作为纳税人的公民、法人和其他组织。因为如果仅从国家机关的角度来界定征税行为，将“征税行为”等同于“国家机关的征税行为”，暗合了传统的“国库主义”与“征税之法”的观念，无疑同税法学的发展方向相左。与“只有对税收行为做广义界定，才能更好地分析税收行为的合法性及其税法规制问题”[②]的理念一致，纳税人是征税行为的主体，只是纳税人在不同类型征税行为中的主体角色与地位是不同的，如在税收合同中，纳税人一方可以成为决定作出主体，但常规征税决定中纳税人一般是不具有决策权的参与主体。

其次，征税行为主体不仅包括传统的作为税收行政直接相对人的纳税人和扣缴义务人，还包括在征税权扩张与征税行为方式转变过程中由“外部纳入”或“自身裂变”产生的新的行为主体。在税法实践中，这些主体的法律地位往往最不明确，牵涉的法律关系最复杂，最易引发跨部门法律适用的争议，也最易受到不受约束之自由裁量权的侵害，是尚未“型式化”的、需格外受到关注与保护的主体类型。

最后，从征税权扩张所致的征税行为主体的纳入过程来看，征税行为主体类型和主体范围具有一定程度的开放性特征，因为纳税人利用私法上的意思形成自由和财产权保护制度对抗征税权的方式不可胜举。因而，不断“产出”新的行为类型与行为主体是应对这一现象的必然选择，这也与特殊征税决定之开放性特征保持了一致。

（三）行为主体的权义结构与行为特征

民事法律行为的前提假设是民事主体的均质性以及平等性，因此民事法律行为的模式是一元化的。行政行为的前提假设是行政权优先，其行为模式经历了从一元化的干预性行为向给付行为、风险行为、非强制行为与非正式行

① 参见张怡等：《人本税法研究》，法律出版社2016年版，第124~125页。

② 张守文：《税收行为范畴的提炼及其价值》，载《税务研究》2003年第7期。

政行为并存的方向转变。经济法上的假设则是依据强/弱假设模式设计的多元化行为,因而可能有平等性或非平等性的市场对策行为,但也可能有非平等性的市场规制行为或者宏观调控行为。[①] 从征税行为的“三维构造”与行为主体的多元化特征出发,其行为模式可以理解为由权力行为向权力行为/权利行为的二元模式转变。

近些年来,与税法学有关的理论努力,无论是“新利益说”[②]对税收本质的重述、自由主义对税收是一种“基于同意的强制”[③]的理解还是税法内部主张“公法之债”的观念纠偏,都是在试图建构一种取向公私权利之平衡与征纳主体均衡保护之法学理想。这也是征税行为这一论题试图达致的价值目标之一。然而,现代民主国家依然肯认公权力机关“高权”性质之课税权,赋予其作为债权人之国家以私法债权人没有的自力执行权等特殊权力,其根本原因在于国家或公权力机关对于其辖区之人需提供非国家或公权力机关不得、不能或不愿提供之公共服务。当这一确定了税法之“公共性”的理由与租税国的理念相互联系时,纳税人与征税机关之间便通过一种“义务”上的关系而正当化了。“没有纳税义务,就不可能有经济自由;没有租税国家,也不可能有以经济自由为中心之实质法治国。”[④]这一“义务化”的结果——尽管受制于越来越精细化的税法原则与规范——依然赋予了征税行为主体在权义结构与行为特征上的差异性。

1.“权力—权利”范式下的权义分配

税法的公私融合性使其既关心公法性的权力,亦关注私法性的权利,因此,税法权利既包括课税权,也包括纳税人权利。[⑤] 正如有学者在“权力—权利论”中指出的,“税务局与纳税人之间的关系就是税务局的征税权力与纳税人的经营权利、财产权利(也包括相应的纳税义务)之间的关系,两个主体之间构成

---

① 参见彭飞荣、王全兴:《经济法行为类型化研究初探》,载《经济法论坛》2008 年第 0 期。

② 参见张馨:《公共财政论纲》,经济科学出版社 1999 年版,第 232 页;张馨等:《当代财政与财政学主流》,东北财经大学出版社 2000 年版,第 82 页。

③ 参见[英]弗里德利希·哈耶克:《法律、立法与自由》(第 1 卷),邓正来等译,中国大百科全书出版社 2000 年版,第 200 ~ 213 页;[英]J. S. 密尔:《代议制政府》,汪瑄译,商务印书馆 1982 年版,第 70 页。

④ 葛克昌:《租税国的危机》,厦门大学出版社 2016 年版,第 53 页。

⑤ 参见叶姗:《税法权利的逻辑结构——以霍菲尔德的权利分析理论为据》,载《甘肃政法学院学报》2007 年第 5 期。

了权力与权利的关系,绝非权利与义务的关系”。[①] 通过将财税法律关系的主体界分为“财税行为的主导者”与“财税行为的参与者”,学界提出了旨在协调国家财政权与人民财产权的“权力—权利”的分析范式,以取代传统的“权利—义务”范式。从“权力—权利”的视角观察,立法机构制定的税法规范由两部分构成:一类为向征税主体授予权力以及规定各主体间相互关系的法律,法律在向征税主体授予权力的同时,也规范了其责任,形成“权力—责任”之结构;另一类为向(广义上的)纳税(义务)人授予的权利,法律在向纳税人授予权利的同时亦规定其义务,形成“权利—义务”之结构。立法机关可制定授予权力与权利的法律规范因由宪法之授权,而宪法授权则源于纳税人之赋权,由此观之,征税行为“不仅仅是一个决定,而是一个过程,双方主体的行为都需要受到法律评价”。[②] 此二元构造的提出,旨在通过将不同财税主体的相互行为纳入法律评价,从而改变行政式的“权力—服从”机制,建构一种“对策博弈关系或协商契约关系”,[③]以凸显财税法律活动的民主性与互动性。

在分配征税行为主体权利义务的过程中,我们也可以突破行政行为所确立的以诉讼功能为取向的行政主体,借鉴“权力—权利”的思考方式,[④]依据征税行为的不同类型确立税收法律关系中各方主体的权利义务。在征税规定行为中,作为权力主体的征税机关所为的是制定规范性文件的抽象决策行为,税收权利主体所为的则是参与规则制定与决策的行为。在常规征税决定中,税收权力主体所为的是确定纳税人在具体个案中的权利义务的行为,税收权利主体所为的是参与决定作出过程以及“对法律规定作出应对、选择遵从、规避或是违反”[⑤]的行为。在特殊征税决定中,征税机关与纳税人都可能成为“权力

① 喻中:《论授权规则》(第2版),法律出版社2013年版,第228页。

② 刘剑文等:《财税法总论》,北京大学出版社2016年版,第257页。

③ 同上。

④ 行政法在努力扩大行政主体范围的同时,对行政相对人的可能拥有的“权力”亦不无反思,如有学者指出:“我们习惯于戴着偏颇的法社会学眼镜认识权力,误以为行政权力等同于层级式的权威。由此导致的结果是,在行政机关及其他承担行政任务主体一方,我们难以全面洞察除权力之外的其他法律状态,而在行政相对一方,又未能正视其可能拥有的规范意义上的权力。”参见郑春燕:《现代行政过程中的行政法律关系》,载《法学研究》2008年第1期。

⑤ 陈立诚:《财税行为建构论纲》,载《北京社会科学》2015年第7期。

主体”[①]或“权利主体”，如在税收合同中，税收权力主体与权利主体之间所为的是协商、合作的行为，征纳双方都是此类决定的决策主体。事实上，包括纳税行为在内的税法上的全部行为都可置于这一框架下讨论，如在纳税申报中，通过赋予申报纳税与税收核定同等的税额确认效力，纳税人取得了对确认税额“分而治之”的权力，具备了对税收征纳法律关系的肯定性控制力，而征税机关针对纳税申报进行的纳税评估则应理解为是一种不具有决定性、主导性与外部性效力的“权利”。

通过将纳税人的实质参与行为纳入“权力—权利”的分析范式，确认一种更具包容性和平等意义的法律主体资格，并在此基础上分别设置对税收权力行为与权利行为的评价标准，不仅在现代税收国家具有正当理由，也符合行政民主的发展趋势。[②] 通过“权力—权利”关系，折射出的是征税行为公私主体合作与博弈、冲突与妥协、依存与互动的新的权力图景。

2. 行为主体权义分配的法律特征

在征税主体一方，随着纳税人参与税收程序、表达自身诉求的机会增多，征税行为逐渐呈现一种开放、协商的“柔性”特征，传统征税行为中带有强制性、命令性特征的“高权”属性日渐淡化，税收合同等带有协商性、互动性要素的行为类型进一步改变了征税行为的单方意志色彩。但从根本上来看，对于任何类型的征税规定与征税决定的作出来说，纳税人的行为只能构成“反向性不对等”[③]的力量，征税机关的意志仍为唯一的关键要素。如果征税机关与纳税人的意志对于征税行为的作出具有同等价值，则其行为将因失去维护公共利益的能力而彻底失去其正当性，征税主体之行为亦将与民事行为无从分别，而重回“国库主义”之私主体身份。

与此相对应，在纳税主体一方，纳税人行为对征税主体并无直接强制力，但具有法律上的约束力，只是这种约束力的效果需借助权力机关的监督权、司

---

① 纳税人可否拥有“权力”需作进一步探讨，此处将“权力”理解为一种霍菲尔德式的、价值无涉并可应用于私法主体的“对特定法律关系的控制力”。参见沈宗灵：《对霍菲尔德法律概念学说的比较研究》，载《中国社会科学》1990 年第 1 期；王涌：《寻找法律概念的“最小公分母”——霍菲尔德法律概念分析思想研究》，载《比较法研究》1998 年第 2 期。

② 如日本法上“反射性利益”理论的式微、美国“利益代表模式”的兴起以及德国主观公权利理论的持续发展。

③ 方世荣：《对当代行政法主体双方地位平等的认知——从行政相对人的视角》，载《法商研究》2002 年第 6 期。

法机关的司法审查权或上级机关的监督权予以实现。在常规征税决定中，纳税人行为对于税收法律关系的产生、变更与消灭具有直接作用，如纳税人的申报纳税行为将启动税额确认程序，纳税人申请复议的行为将启动税款缴纳或复议程序。在税收合同等特殊征税决定中，纳税人行为更表现为一种体现合意性的平等行为。在征税规定中，纳税人行为亦表现为具有启动力（如启动上级税务机关处理某一类税收活动的批复）或参与性（如参与规定的制定过程）的行为。在理解纳税人行为内涵时，需注意以下几点：其一，纳税人是特定类型征税行为中的主体，拥有独立的法律地位，其行为将对税收法律关系中权利义务内容产生影响。其二，纳税人行为需受到征税机关行为的约束，这一约束力源于征税机关的固有职权约束。法律允许征税机关基于税收之“公共性”与行政权之“优益性”而对纳税人课予义务、采取强制措施、实施法律制裁，这一主导性地位决定了纳税人并非在所有征税行为中都具有主体地位，如征税规定行为与常规征税决定行为。其三，“纳税人”主体是一个动态的概念，用来表征在税收法律关系与征税行为中与征税机关相对的另一方，其具体形态既可以为“单位”亦可以为“个人”。①

六、征税行为中的意思表示

税法中是否存在意思表示的空间，有 3 种不同的观点。第一种观点认为，税收法律关系因符合税法规定的构成要件而成立，征税机关当严格依法律行政，纳税人的行为原则上也不能影响税收法律关系的成立，税收征纳双方应依法定要件完成其税法上的行为。因此，在税收征收中，征纳双方的意思表示对于税收债务的成立都是没有意义的。不仅税务机关与纳税人就各项税收债权所达成的税收契约为法所不许而无效，基于税收债务关系请求权的债务人与第三人进行契约协议，约定改由第三人负担债务时，此项约定对于税收债务关系请求权的发生也没有任何影响。② 第二种观点认为，意思表示（willenserklärung）系各法律领域所共有之制度，公法内亦有意思表示制度的存

---

① “单位和个人”为税收实体法上的习惯性表达，随着行政主体的多元化与内外资企业所得税法的统一，这一表达似应变更为自然人、法人、组织等，以求得法体系内部术语使用的统一，并在有必要作出特殊规定的情况下作出说明。

② 参见陈清秀：《税捐法定主义》，载翁岳生教授六秩诞辰祝寿论文集编辑委员会：《当代公法理论》，台北，月旦出版社股份有限公司 1993 年版，第 613 页。

在,属于公法一部分之租税法自不例外。[1] 当然,公法之债为法定之债,不以取得国家与纳税人之间的意思表示一致为前提,但在某些情况下,税法同样会赋予税收征纳主体一定的处分权或选择权。意思表示并未改变税法的严格拘束力,以意思表示形成税收法律关系以税法对其法律效果有所规定为前提。[2] 第三种观点则是来自行政法上的理解,认为公法上的意思表示与税收法律关系之间存在一种内在的关系。税收法律关系的设立、变更和消灭,可通过两种方式实现:基于法律的直接规定达成与经由意思表示达成。经由意思表示设立、变更、消灭税收法律关系的情况亦有二:其一,征税主体以其单方意思表示设立、变更、消灭税收法律关系;其二,税法主体以各方一致的意思表示设立、变更、消灭法律关系。

以上 3 种观点,皆为从意思表示之原初含义——私法上意思表示出发的阐释,其观点的根本差异在于"经意思表示设定法律效果"之私法秩序形成规则与严格的税收法定主义所形成的法律传统之间有无互通可能。

事实上,税法在法域属性上毕竟属公法。在税收的"债"的特性愈加受到重视的现代税收国家,意思表示或可成为达成税法上法律效果的一般行为方式,但对此的讨论亦不应忽视公法意思表示制度的源流、特征与现状。亦即,税法上的意思表示需周全考虑税法类推适用民法或行政法上意思表示制度的方法、限度以及税法自身之特性。在此基础之上,如何理解和界定征税行为的意思表示,意思表示是否是征税行为成立之必备要件,哪些征税行为中存在意思表示的空间,则为讨论之要点。[3]

(一)征税行为中的自由意志

人的社会活动通常都受其意志支配,并且根据意志的内容与状态而导致一定的法律后果,所以在绝大多数情况下,意志都是法律关系的起点。[4] 在私法上,这种意志的心理存在与外在表示构成法律行为的意思表示。私法上意思表示蕴含对具有自由意志的人的尊重,这一制度的基础为私法自治与契约自由的精神。私法上的自由精神能否在作为公法的税法中得到延展——如果

---

① 参见陈敏:《租税义务人之租税法意思表示》,载《政大法学评论》1993 年第 49 期。

② 参见刘剑文主编:《纳税主体法理研究》,经济管理出版社 2006 年版,第 140 页。

③ "基于同意而纳税"的税收宪法权利是一种宏观层面的税收契约合意行为,在民主体制下,当然可以被视为一种自由意志的表达,但并非作为规范命题的征税行为意思表示所涵盖之自由权利。

④ 参见米健:《意思表示分析》,载《法学研究》2004 年第 1 期。

不是以“旧瓶装新酒”的方式借用其名而颠覆其内涵——是意思表示制度能否适用的前提条件，因此，首先要完成的工作是考察税法中有无自由意志的适用空间。从税收法律关系的成立和税收行政过程的达成来看，税法中的自由意志主要体现在三个方面。

1. 征税主体的裁量自由

征税机关在税收征收活动中并非无自主性的主体，它具有受到限制的行政上的自由意志。这种自由意志集中体现在行政的自由裁量权上。在现代公法中，哪怕是最狭义的裁量定义也必定承认行政机关所具有的某种自主选择的权限。戴维斯对此的定义为“在作为与不作为间做出选择的权力”。[①] 如果从更广泛的意义上来看，行政权的裁量性几乎体现在全部“具有法定权力的行政职责中”[②]或“在做出决定过程的每一个环节中，从查明事实、把确定的标准运用到事实上，直至决定形成”[③]之中。

在税收法定主义的理念之下，税收的主体、客体、客体归属、税基以及税率构成要件只能由法律规定。[④] 因此，在税法中，构成税收债权的要素本身并不存在由自由意志形成的裁量空间。例如，在税额的确认中，税收债权和请求权并非由征税机关的创设产生，征税主体的行为只是使抽象的纳税义务具体化，其行为依据为法律的严格规定。因此，征税主体在实施征税行为中的“单方意志”，非为经由征税主体的意志判断决定纳税人具体的纳税义务内容（如选择确定纳税时间或纳税额度），而是指征税主体依税法规定，在税收征管职权范围内独立决定征税行为。换言之，这一意志并非在于确定实体法上的权利义务，而在于作出征税决定的过程中。另外，征税主体自由裁量权中的“自由”是单方主体所享有的自由，因而与私法契约、税收契约中基于平等合意的自由并非同义，但这一自由是在税收征纳过程中达成任何可能性合意的前提。

事实上，在征税决定过程中存在广泛的自由裁量权。以常规征税决定中的税务处罚为例，征税机关具有4类自由裁量权：(1)是否对纳税人实施处罚；(2)违法情节的认定；(3)处罚种类的选择；(4)处罚幅度的选择。现有的税务行政处罚幅度为12档（见表3-2）。

---

① [美]肯尼斯·卡尔普·戴维斯：《裁量正义》，毕洪海译，商务印书馆2009年版，第2页。

② Wade, *Administrative Law*, Oxford University Press, 2000, p. 315.

③ 余凌云：《对行政自由裁量概念的再思考》，载《法制与社会发展》2002年第4期。

④ 参见黄茂荣：《税法总论——法学方法与现代税法》（第1册），台北，植根法学丛书编辑室2002年版，第265页。

表 3－2　现有税务行政处罚的十二档幅度

序号	处罚类别	处罚内容
1	行为罚	没收非法所得和作案工具
2	额度财产罚	处以 2000 元以下罚款
3		处以 2000 元以上 5000 元以下罚款
4		处以 1 万元以下罚款
5		处以 1000 元以上 1 万元以下罚款
6		处以 2000 元以上 1 万元以下罚款
7		处以 5 万元以下罚款
8		处以 1 万元以上 5 万元以下罚款
9		处以 10 万元以上 50 万元以下罚款
10	比率财产罚	处以应扣未扣、应收未收税款 50% 以上 3 倍以下罚款
11		处以欠缴、不缴或者少缴 50% 以上 5 倍以下罚款
12		处以拒缴、骗取税款 1 倍以上 5 倍以下罚款

以国务院法制办 2015 年 1 月 5 日公布的《税收征收管理法修订草案（征求意见稿）》[①]（以下简称《征求意见稿》）第九章“法律责任”部分的 32 个条文为例，这 32 个法律责任规定均为“构成要件 + 法律效果”的规范结构。经分析可发现，在这些规定的构成要件部分，频繁出现“应扣未扣、应收未收”[②]“故意刁难”[③]“严重”[④]“等”等不确定法律概念，而在法律效果部分，征税机关或可选择行政处罚的具体手段（既包括多中选一，也包括增加或减免处罚），或可在特定

① 以《征求意见稿》为样本是因为《税收征收管理法》修订重颁在即，修订草案更能代表税收征管未来的发展趋势。参见佘倩影：《自然人税收征管的制度创新与改革路径——以〈税收征收管理法修订草案（征求意见稿）〉新规为中心》，载《国际税收》2017 年第 2 期。2015 年公布的《征求意见稿》围绕自然人作为直接纳税人的要求，从法律框架设计、具体制度创新、配套措施衔接等多个层面规范了针对自然人的税收征管。此次修法涉及纳税人识别号制度、自行申报制度、税收优先受偿权等多项制度创新与增补调整，初步建构了对自然人征税的基本制度框架，其目的在于通过破解自然人税收征管难题，为单个税种改革和系统性、全局性税制结构调整做制度铺垫。

② 参见《征求意见稿》第 105 条。

③ 参见《征求意见稿》第 120 条。

④ 参见《征求意见稿》第 106 条、第 114 条、第 115 条。

处罚种类的设定幅度内(可选幅度数额达40万元或10倍)[①]进行选择。以《征求意见稿》第106条为例,该条文规定:“纳税人、扣缴义务人逃避、拒绝或者以其他方式阻挠税务机关检查的,由税务机关责令改正,可以处一万元以下的罚款;情节严重的,处一万元以上五万元以下的罚款。”在构成要件部分,立法者具体列举了两种阻挠税务机关检查的具体形态,并附加了一个开放式条款“以其他方式”,且上述形态都可附加“情节严重”作为加重要件;在法律效果部分,征税机关被赋予了责令改正或罚款的处罚选择权,且每一种处罚种类都有可以选择的幅度范围。因此,在“阻挠税务机关检查”行为的构成要件认定上,尽管立法者试图列举说明但依然无法穷尽具体情境,尽管区分了一般情节与严重情节,但依然给予了征税机关法律适用的选择空间;在法律效果上,尽管立法者限定了行政处罚的种类与幅度,却依然允许征税机关在此框架内选择具体的处罚方式与处罚强度。

“一国的法律应该为行政权设立多大的弹性空间并不是一个逻辑问题,而是一个经验问题,它与一国的传统、现实息息相关。”[②]近些年来,不断有学者对“自由裁量”的表述提出质疑,认为不存在绝对自由的行政裁量。[③] 征税机关拥有裁量的自由意志,并非意味着在征税机关权限范围内之绝对自由的立场,也非德沃金所认为的“唯一正确答案”与“结果不可选择”[④]意义上的裁量可能。而是一种“给决定者在确定的框架与内容之内的一定程度的自治”[⑤]观念。如果从这个意义上来看,此处之“裁量”在内涵上比哈特、德沃金或戴维斯等学者

① 参见《征求意见稿》第110条。

② 杨解君:《“双服务”理念下现代行政之变革——服务行政的解读和提升》,载《行政法学研究》2004年第3期。

③ 参见杨建顺:《行政裁量的运作及其监督》,载《法学研究》2004年第1期;王天华:《行政裁量的理论与实践:作为教义学概念的行政裁量——兼论行政裁量论的范式》,载《政治与法律》2011年第10期;郑春燕:《现代行政中的裁量及其规制》,法律出版社2015年版,第1页;等等。

④ 德沃金由司法判决理论推导出“强的意义”与“弱的意义”上的裁量理论,并认为:“官员必须对各种不同因素互相之间相对的重要性作出判断,在这个意义上,他们并不具有自由裁量权。”参见[美]罗纳德·德沃金:《认真对待权利》,吴玉章译,中国大百科全书出版社1998年版,第51~61页。

⑤ 余凌云:《行政自由裁量论》(第3版),中国人民公安大学出版社2013年版,第31页。

作出的定义更宽泛,更类似我国行政自由裁量理论中的"统一裁量理论"。[①] 所谓"自由裁量在内容与本质上是伦理性裁量"[②]也正是在这个最广泛的裁量观基础上作出的判断。征税机关在这一空间内的自主意志具有形成税法秩序的效力,其意思表示的不真实、不一致或者受到政治权力的不当限制等,都会影响这一效力。

2. 纳税人的参与自由

纳税人的参与自由既应理解为一种自由表达意志的参与权利或能力,也是其负担的义务。从权利的角度来看,这是一种"公众在一定意义上复归'主权者身份'而享有的参与管理国家行政事务的权利"[③],如征税规定行为中的公众参与机制[④]、常规征税决定中的协商机制以及税收合同形成过程中的平等博弈与互动。从义务的角度来看,意味着纳税人并非在任何条件下都享有不参与税收事务的"消极自由",因为一些类型的征税行为需征税主体与纳税人共同完成,"稽征机关与纳税义务人为合作之伙伴关系,对事实之阐明负共同责任",[⑤]这一积极参与义务主要表现为纳税人的协力义务。[⑥] 唯有从权利与义务结合的角度,才能理解税收行政中"自由"的真正内涵。另外,从"公众参与

---

① 统一裁量理论强调将裁量与管制背景、管制结构、生活事实与秩序形成相联系的观念。如孙笑侠教授认为,行政自由裁量大致可分为"是否行为"和"如何行为"两大类的自由裁量,除此之外,几乎无法再作分类归纳,因为一旦属于自由裁量行为,它的每一个环节均具有自由裁量的特征;郑春燕教授认为,所谓的行政裁量是指行政机关依据立法授权,以实现个案实质正义为目标,以政府的行政任务为背景,在一定范围内自主确定贴近事实的条件、程序、方式与结果的行政权力;姜明安教授认为,行政自由裁量是法律、法规赋予行政机关在行政管理中依据立法目的和公正合理的原则自行判断行为的条件、自行选择行为的方式和自由作出行政决定的权力。参见姜明安:《论行政自由裁量权及其法律控制》,载《法学研究》1993 年第 1 期;郑春燕:《取决于行政任务的不确定法律概念定性——再问行政裁量概念的界定》,载《浙江大学学报》(人文社会科学版)2007 年第 3 期;孙笑侠:《法律对行政的控制——现代行政法的法理解释》,山东人民出版社 1999 年版,第 278 页。

② 孙笑侠:《法律对行政的控制——现代行政法的法理解释》,山东人民出版社 1999 年版,第 5 页。

③ 邓佑文:《论公众行政参与权的权力性》,载《政治与法律》2015 年第 10 期。

④ 包括多种参与形式,如《税收规范性文件制定管理办法》第 17 条、第 22 条规定的书面、网上征求意见,召开座谈会、论证会等。

⑤ 葛克昌:《行政程序与纳税人基本权》,北京大学出版社 2005 年版,第 9 页。

⑥ 当然,与协力义务者相对应者为协力权,即信息参与及提供之权利,这一权利又在参与自由之权利层面与之相契合了。

权与公权力的同源性与同质性”①角度,也可将其理解为一种创设和构造了新的税权结构与运行模式的权利形态。

3. 税收合意的形成自由

税收行政的合意包括征税机关与纳税人之间的合意,以及纳税人之间涉及税收权力介入可能的合意。征税行为中的大部分合意的形成,都发生在征税机关与纳税人之间,如税收规则制定中基于“表示意思——作出回应——产生实质影响”②的互动参与的合意,以及税收合同中对合同实质内容的趋于平等化的充分合意。这一形成合意的过程是在双方各自意志的基础上形成的一种新的共同意志。③ 产生于纳税人之间的合意如基于商事契约安排而达成代缴税款、纳税担保、转让退税请求权等,这类合意在性质上原属私法合意,但间接引发了税法上的效果。

受法定原则的约束,税法中的自由意志有别于私法契约中的意志自由,例如,私法上除强调当事人的自愿与合意外,还强调交易伙伴和交易方式的可选择性,而在税收行政合意的形成过程中,纳税人有选择是否缔结契约的自由,但一般来说并没有选择另一方的自由。尽管私法上契约自由的精神只能部分适用于税法,但是其背后所蕴藏的精神则应渗透于税法之中,如应认可双方当事人的独立意志、意志的真实自愿、对行为主体意志自由的合理限制等。

(二)公法意思表示与私法意思表示之区分

在19世纪末的德国行政法领域,借鉴民法意思表示制度对行政行为予以阐释并不罕见。但在其后的发展中,这一制度并未获得如其在民法中的重要地位。无论是民法学界还是行政法学界,都不乏反对的声音。弗卢梅本人便是反对者之一。④ 翁岳生教授也曾指出:“大陆法系之行政法学与行政处分等公法理论,建立于国家与公共团体之优越地位的基本前提上。因此,纵使在行政处分中能发现意思的因素,这种公法上之意思亦与民法上法律行为之意思

① 参见邓佑文:《行政参与权对新型行政法律关系的构造》,载《学术界》2012年第2期;邓佑文:《论公众行政参与权的权力性》,载《政治与法律》2015年第10期。

② 王锡锌主编:《公众参与和中国新公共运动的兴起》,中国法制出版社2008年版,第174页。

③ 参见张泽想:《论行政法的自由意志理念——法律下的行政自由裁量、参与及合意》,载《中国法学》2003年第2期。

④ 参见[德]维尔纳·弗卢梅:《法律行为论》,迟颖译,法律出版社2013年版,第47~51页。

不相同。”①

归纳起来,产生上述分歧的主因或许有三:其一,依法行政传统使行政主体的行为受到法律的严格限制,作为法律的执行者,行政法上的效果并非受行政机关之掌控,而是直接基于法律的规定,行政机关并无自由意志的发挥空间。其二,尽管意思表示的观念在行政法上曾昙花一现,但各国在行政实体法上均未对其进行规定,因此学理上也没有持续性的动力继续阐发这一理论。其三,早期形式法治国时期的行政法以干预行政为主,因此更强调控制和拘束行政机关,忽略行政相对人的主体性地位和私人主体意思表示的重要性,因此即便承认行政法上的意思表示,从行政的本质上来说也只存在一方意思表示,与私法上基于平等主体的,可以为单方、双方与多方意思表示的理论构造南辕北辙,无法在法律行为理论的基础上继续深入发展。

事实上,公法学者和民法学者是在不同意义上阐释和使用意思表示这一概念的。② 依民法通说,人之意思如欲发生法律上的效力,必须先经表示,此种经表示于外之意思,法律称之为意思表示。③ 意思表示需具备两个基本要素:意思本身和意思的表达,前者为主观要件,后者为客观要件。主观要件由行为意思、表示意思(或表示意识)和效果意思构成。行为意思可以理解为表意人有意作出表示的意思要素,表示意思或表示意识为实施具有法律上相关性的行为的意思或者意识,而效果意思或为旨在通过表示达到特定法律效果的法律效果意思,或为旨在达到特定经济上的、受法律保护的后果的意图,或为旨在引起特定经济效果的意思。④ 客观要件是意思表示的另一构成要素,其功能是“基于行为意思举止将交易意思及其中所包含的表示意识让他人所知,从而实现意思的外部表达”。⑤ 在民法上,经由法律秩序的认可,意思表示使个体能够以意思自治的方式形成、变更或消灭法律关系。换言之,民事主体所表达出来的效果意思,在当事人之间设定了一种个别性规范,法律行为的设权性即表现于此。对于民法来说,意思表示最终的目的性指向为“意思自治”的实现,个

---

① 翁岳生:《行政法与现代法治国家》,台北,台湾大学法学丛书编辑委员会 1982 年版,第 8 页。

② 参见汪厚冬:《论行政法上的意思表示》,载《政治与法律》2014 年第 7 期。

③ 参见芮沐:《民法法律行为理论之全部(民总债合编)》,中国政法大学出版社 2003 年版,第 100 页。

④ 参见[德]维尔纳·弗卢梅:《法律行为论》,迟颖译,法律出版社 2013 年版,第 53 ~ 57 页。

⑤ 米健:《意思表示分析》,载《法学研究》2004 年第 1 期。

体在法律秩序许可的范围内可以自主决定是否针对某些标的物或与某些人形成法律关系以及拟形成法律关系的类型。例如,只要买卖双方达成协议,买卖合同中的约定便具有法律效力,除法律规定无效外,在对买卖合同约定的法律效果进行法律评价时并不考虑该约定的"合理性",因为"意思自治在为法律秩序所认可的范围内先于法律价值评判而存在"。[①]

行政法正是试图借助意思表示所具备的可经由主观想法的外在宣示而获得某种法律效果的特征,为公法规则的适用提供一个成熟、合理的理论框架。就行政法而言,行政行为具有规制属性,这一属性可设定、变更、调整和解除公民在行政法上的权利义务关系,与民法上的意思表示内容一致。因此,早期行政法学者在诠释行政行为理论时,便将"行政行为"比拟为行政的意思表示。[②]公法意思表示的标的可以理解为"规则",基本结构可以理解为"规制意思—法律效果"。当一个行政机关对外作出某种决定、措施或处置行为,而根据其表示的内容,其目的在于引发某种法律上的效果时,该行为就具备了导致行政法法律效果的意思表示。行政法上的行政行为与事实行为便是以有无意思表示或规制意图为区分标准的,这与私法领域的法律行为和事实行为的区别相类似。但与民法不同的是,行政法上的意思表示并非基于意思自治而产生的"主观法效意思",[③]而是"全然不顾行政机关行为的主观意图,而仅以行为的客观效果为判断标准"[④]的客观意思说。这也是行政行为被德国学者称为"作为法律行为的行政行为"[⑤]或被我国台湾地区学者称为"法的行为",[⑥]以此区别于民法上法律行为的原因。

由此可见,公法意思表示与私法意思表示制度既有共同之处,亦存在根本性的差异。一方面,在公法行为中,意思要素确实发挥着一定的作用,这既表现为一定范围内的自主决定权,亦表现为法律上(非创造性)的设权行为。另一方面,公法在借鉴民法意思表示制度时完全忽略了其实现"私法自治"的基

---

① [德]维尔纳·弗卢梅:《法律行为论》,迟颖译,法律出版社2013年版,第2页。

② 参见王名扬:《法国行政法》,中国政法大学出版社1988年版,第136页。

③ 林纪东:《行政法》,台北,三民书局1988年版,第301页。

④ 余军:《行政法律行为理论的梳理与界别——从"法效意思"到"客观意思"》,载《求索》2004年第9期。

⑤ 赵宏:《行政法治国下的目的性创设——德国行政行为理论与制度实践研究》,法律出版社2012年版,第97~98页。

⑥ 翁岳生:《行政法与现代法治国家》,台北,台湾大学法学丛书编辑委员会1982年版,第15页。

本功能：在意思表示的内容上，民法中的"自主设权"被"设立、变更、消灭或确认公民在具体个案中的权利义务内容与关系"所取代；在意思表示的约束原则上，私法自治原则被合法性原则所取代；在核心问题上，"合同内容为何"被"内容是否符合法律规定"所取代。概言之，若非完全变更意思表示之原初含义，公法可借鉴私法意思表示制度的唯一共性在于二者皆为通过形成、变更或消灭法律关系的要件事实来引发法律效果的变动。

（三）税法类推适用意思表示制度的方法与边界

税法若类推适用行政法上的意思表示，则其意思表示的内容即征税机关一方主体所为之引发税法上法律效果的某种决定、措施或处置行为。这一构造，展现了征税行为的公法属性、权力要素和法定性特征的一面，但并未完全展现出征税机关除"规制"意图之外尚存的其他自由意志，且将行政的相对方即纳税人的意志完全排除在外，不符合税收法律关系中"债"的属性和征税行为主体的多元化特征，因而只能构成作为表意主体之一的征税机关一方意思表示的一部分。

为完整表达税法上可发生法律效果之其他自由意志，我们还需借鉴私法上意思表示制度之构成。然而民法属私法，规范与公权力行使无关的法律事实或法律关系；税法属公法、财政法，无论是财政目的税还是具有其他经济或社会目的的税收都有侵犯公民基本权的可能。民法法律关系的当事人地位绝对平等，当事人除遵守基本的诚实信用原则外，并无照顾对方的义务，在利益上也常处于对立状态；而在税收法律关系中，征纳双方的法律地位和权利义务关系并不绝对平等，征税机关行使征税权的目的在于实现公共利益，征税主体与纳税主体间的利益具有根本目的和价值目标上的一致性。鉴于此种法律地位上的根本差别，在讨论到税法意思表示，尤其是纳税人一方意思表示的问题时，还会产生税法与私法间概念借用的问题。税法如何借用民法概念，大致有3种观点：①第一种观点主张民法优位说，这种观点认为，基于法安定性的考量，税法应继受民法的基本价值与原则，利用民法的术语、依民法的观点解释民法的概念。第二种观点为规范目的说，这种观点认为，概念或类型在不同法律中

---

① 参见李刚：《税法与私法关系总论——兼论中国现代税法学基本理论》，法律出版社2014年版，第60～69页；[日]金子宏：《日本税法》，战宪斌、郑林根等译，法律出版社2004年版，第90页；黄茂荣：《法学方法与现代税法》，北京大学出版社2011年版，第296～310页；葛克昌：《行政程序与纳税人基本权》，台北，翰芦图书出版有限公司2012年版，第255～260页；等等。

的定义具有相对性，即使税法所使用的概念源自民法也不意味着民法目的的优位性，税法在概念的解释上具有自主性，应依税法自身的规范目的进行解释与使用，这一观点的极端形式是彻底否认税法借用概念的存在，认为只要为税法所用，便为税法的固有概念。第三种观点是调和性的观点，也被称为价值统一说、价值权衡说或有限统一说，这一观点认为，在统一的法体系下，事实上不可能主张"有任一法律肯认之原则或价值当然盖过其他法律肯认之原则或价值"，[①]因此应同时兼顾法安定性与税法的特殊性，在宪法理念的指导下统一于国家整体法秩序之下。

笔者认为，税法意思表示制度应在私法自治取向之民法优位说与量能平等取向之规范目的说之间作价值上的权衡，强调税法借用相邻概念与制度时的目的自主性，尽量避免未加斟酌之借用对法秩序与其他法域观念造成混乱。

（四）意思表示的概念与构成要件

如将征税主体的裁量自由、纳税主体的参与自由和税收合意的形成自由予以制度化，则构成征税行为中的意思表示，税法一般意义上的自由意志将转化为法律上的权利。

税法上的意思表示可首先借鉴民法意思表示制度，将其理解为意思与行为的宣告之间的关系。这一概念可以定义为：征税主体或纳税人将其期望发生一定法律效果的意思以一定方式表现于外，并由税法对其法律效果予以确认的表示行为。税法上的意思表示同样可被理解为主观见之于客观的过程，其构成要素由内在之"意思"与外在之"表示"构成。外部的表示行为可理解为行为的客观要件，即客观上可认为表意人在表示某种法律效果的意思，如税务机关发布通告的行为。内在之意思可理解为行为的主观要件，主观要件可进一步分解为：(1)行为意思，即表意人具备自觉地从事某项行为的意思，如主动申请退税的行为。(2)表示意思，即行为人意识到其行为已满足表示的事实构成。表示意思具有内容要素，如征税机关认识到其进行税务检查的行为属于具有"法律上相关性表示"的事实构成。(3)效果意思，即行为人欲依其表示发生税法法律效果的意思。效果意思应与表示行为的内容联系起来理解，如纳税人进行纳税申报并做计算扣除即为纳税人的意思表示，征税机关通过纳税评估程序确定最终征税数额为征税机关之意思表示。这是几乎完全遵照民法

---

① 黄茂荣：《法学方法与现代税法》，北京大学出版社2011年版，第309页。

法律行为来界定的概念,其要旨在于根据行为人意志发生相应法律效果。作为法律上的主体,一个最基本的条件是其要有独立作出意思表示的能力。[①] 在这一语境下,意思表示的表意人应具有独立人格与行为能力,意思表示内容具有设权属性并与法律效果直接关联。换言之,因包含了意思表示,这一类征税行为具有了法律行为的属性。以下的行为则因缺乏完整的要件而无法构成税法上的意思表示。

1. 税法的要件事实行为。纳税人安排生产经营等私法上的行为是税法上的要件事实行为,而非意思表示行为。纳税人税法上的意思表示与私法上的意思之区别在于:其一,从主体上来说,民法上意思表示的相对方是私人主体,而税法上的意思表示对象是征税机关;其二,从意思表示发生的效果上来看,纳税人私法上的意思表示,如生产、消费、投资、买卖等行为,虽能引起税收法律关系的变动,但并不具有发生税法上法律效果的意思,而是属于税法上的据以课税的原因事实,只构成影响税收构成要件的事实行为,对税收法律关系的成立仅具有间接意义。

2. 以私法方式辅助税收征纳的行为。即征税机关以私法方式获得税收征管所需的人力或物质的行为,如从纳税人处购买办公用品等。此类行为是民法上的法律行为,而非征税行为。这类行为中的征税机关与纳税人之间的关系为民法上的买卖合同关系,征税机关不得对纳税人行使公权力,纳税人对征税机关所作的意思表示为私法上的意思表示,而非税法上的意思表示。

3. 纳税人与征税机关之间并非以达成税法上法律效果为目的的、其他公法上的意思表示行为。如在税务行政诉讼中,税务机关与纳税人之间以平等身份同时接受司法审查,其意思表示之目的在于达成诉讼法上的法律效果,因此并非税法上的意思表示,这一诉讼法上的行为也并非征税行为范畴。与此相区分的是,纳税人向征税机关申请行政复议的行为。纳税人对税款核定结果不服而向作出核定的税务机关提出异议,或对税收强制措施、税务行政处罚等不服而向原处分机关或上级税务机关申请复议的行为具备税法上的效果意思,属税法上的意思表示行为。

4. 非真正申请行为。征收机关应依职权而为之的事项,纳税人的申请并非法律效果的生效要件,其申请之目的也仅在于督促征收机关依职权采取行动,因

---

① 参见张树义:《行政主体研究》,载《中国法学》2000 年第 2 期。

此在性质上不是税法上的意思表示，而是"事实之陈述"(Tatsachenborbringen)。[①]

5. 纳税人的事实说明行为。在纳税申报中，纳税人所负的事实说明义务也非意思表示，而是冯·图尔所说的"告知意识"，即表意人有意识地进行的一种告知。只有纳税人在纳税申报时可自主申请税收减免、选择扣除项目、决定夫妻合并申报中的申报方时，才属于"有意识地做出具有法律上相关性"的表示。

6. 征税机关的观念表示行为。观念表示与意思表示的区别在于并无设立、变更、消灭税法上权利义务的意图，只是对事实作出判断后表明观念的行为或证明、告知对方某种事实状态的行为。观念表示可能对纳税人产生实际的或间接的影响，但并不产生直接设立、变更和消灭纳税人权利义务的法律效果。例如，(1)征税机关受理纳税人申请的行为。受理行为尽管会产生决定纳税人是否可进一步实现其税收实体法上利益的效果，但接受或拒绝表示本身并不产生实体利益。(2)根据纳税人申请进行税务登记的行为。税务登记行为并未新设任何税法上的权利义务，即使征税机关作出不予登记的决定，也只是征税机关作出的认为纳税人的客观申请资格与事实条件不符合税法规定的事实认知与观念判断。(3)征税机关向纳税人出具完税凭证的证明行为。向纳税人出具完税凭证是依法对因履行而导致税收债务关系消灭这一事实的认可，其目的在于增强税法权利义务关系变动的确定性，而非创设新的权利义务。(4)征税机关的认定行为。如认定关联方关系的行为并不必然导致转让定价调查与调整等结果，但会作为程序性中间环节而发挥间接作用。此外，税务机关的答复行为也属于观念通知，而非征税机关的意思表示。

---

① 我国台湾地区有学者认为纳税期间之延长即为此种情况。依我国台湾地区"税捐稽征法"第10条的规定，因天灾、事变而迟误依有关规定所定缴纳税捐期间者，税捐稽征机关得视实际情形，延长其缴纳期间。因此，对是否延长纳税期间，稽征机关并非仅仅有依申请被动作为的义务，而需视情况主动为之。但在我国大陆，是否延长纳税期间，应为纯粹的依申请行为。我国《税收征收管理法》第31条第2款规定："纳税人因有特殊困难，不能按期缴纳税款的，经省、自治区、直辖市国家税务局、地方税务局批准，可以延期缴纳税款，但是最长不得超过三个月"；我国《税收征收管理法实施细则》第42条规定："纳税人需要延期缴纳税款的，应当在缴纳税款期限届满前提出申请，并报送下列材料……税务机关应当自收到申请延期缴纳税款报告之日起20日内作出批准或者不予批准的决定；不予批准的，从缴纳税款期限届满之日起加收滞纳金。"从语词表述上来看，纳税人与征税机关间对于是否可延期缴纳税款无疑为"申请—批准"的关系，征税机关并无依职权主动延长纳税人缴税期间的义务，此为我国大陆与台湾地区在实体法规范上的差别。参见陈敏：《租税义务人之租税法意思表示》，载《政大法学评论》1993年第49期。

七、本章小结

本章主要讨论了征税行为的范畴及其内涵、征税行为的主体制度以及意思表示制度3方面内容。对征税行为的规范性讨论，当以界定这一命题的范畴边界为起点。从功能主义的视角出发，征税行为可继受行政行为形式理论之制度化、衔接性与储藏性功能。一方面，经由对税收活动的类型化提炼可实现"依法律纳税"的要求；另一方面，亦需回应税法理念跃迁对既有行为类型的拓展，依据税法上特殊的建制原则与程序规则界定符合税法特征的行为范畴。据此，征税行为的基本范畴可初次类型化为征税规定行为与征税决定行为两个板块：征税规定行为是指征税主体制定和发布具有普遍效力的税收规范性文件的行为；征税决定行为是指征税主体针对特定事项所作的、能够引起税法上法律效果的行为。在此基础上可进行二次类型化，前者可在"实质标准—形式标准"（对内/对外、职权/授权）的基础上类型化为解释性征税规定、裁量性征税规定、事实认定性征税规定与组织性征税规定，后者可依权力化与程式化程度为标准类型化为常规征税决定与特殊征税决定。常规征税决定的类型由传统行政行为类型衍变而来，具备征税行为一般要件和全部特殊要件；特殊征税决定由"影响效果"行为、具有私法属性的征税决定以及制度化税收契约3种基本类型构成。特殊征税决定均需具备征税行为的一般要件，个别要件则依行为类型而有所不同。从征税行为的主体制度上来看，税收行政活动模式变迁的过程也是主体再造的过程，是权力由集中走向分化过程中将纳税人改造为独立主体的过程，这一主体变化的过程需在"权力—权利"的分析范式中获得合理解释。

如果意思表示制度是征税行为理论值得探讨的构成，则这一制度只有在税收法律行为与事实行为二分的背景下理解才有意义。最先将民法中的法律行为与事实行为的概念导入行政法中的是德国魏玛共和国时代的公法学家耶利内克。其在1928年出版的《德国行政法》中，将行政首先分为公行政与国库行政，再将公行政分为高权行政与单纯高权行政。其中的"单纯高权行政"就是后来的行政事实行为，它逐渐成为德国行政法学上一个基本范畴。[1] 行政事实行为是指行政主体直接发生事实上效果之行为，其与行政处分或其他基于

---

① 参见翁岳生编：《行政法》（下册），中国法制出版社2009年版，第748~749页。

意思表示的行为不同。[1] 事实行为不以产生法律效果为目的,但事实行为所造成的事实效果,亦可能形成违法之效果(最明显的是侵权效果)。[2] 税法上的事实行为并非不发生法律效果,但这种效果的发生并不是依据征税机关或纳税人的意思表示,而是基于法律的直接规定。因此,在事实行为中不存在意思表示的空间。法律行为从根本上来说是一种授权主义的法律调整方式,这种理性建构的实质是"当法律在某些情况下,对某些领域无法进行直接调控或强行调控又有失正当时,它就被立法者使用以达到间接控制的目的"。[3] 因而,也只有在法律行为中,法律才可授权某一主体通过意思表示行为创设特定的法律效果,从而实现"主观意思表示—客观设权性"之联结;而事实行为则是法定主义的调整方式,尽管某些税法上的事实行为也有设权效果,[4]但却不存在与之相连的意思表示,因为事实行为的法律效果严格依据法律的规定而产生,不问行为人的内心意图,排除行为人的主观选择,是经由法律直接调整税收法律关系的调整方式。因此,意思表示并非征税行为的构成要件,而只构成某一行为分类方式下特定范畴的构成要件,这再一次体现了类型化思维方式之于征税行为的意义。

① 参见吴庚:《行政法之理论与实用》,台北,三民书局1996年版,第393页。
② 参见陈新民:《中国行政法学原理》,中国政法大学出版社2002年版,第232页。
③ 陈裕琨:《分析法学对行为概念的重建》,载《法学研究》2003年第3期。
④ 如偶然所得之课税。

第四章　征税行为的类型化建构及其实定法呈现

一、征税行为的分类与类型

（一）分类思考方式的一般说明

“事物本质”是指向类型的。[①] 在法学中，类型化思考是一种比抽象概念更具体，比直观经验更抽象的理念类型，是概念提炼外的另一体系建构方法，也是弥补概念式类推逻辑之不足的重要思考形态。如拉伦茨所言，将大量彼此不同，而且本身极度复杂的生活事件，以明确的方式予以归类，用清晰易辨的要素加以描述，并赋予其中法律意义上“相同”者同样的法律效果，此正是法律的任务所在。[②] 法律类型中包含若干基于特定指导观点的彼此相连的要素，它们可以组成“类型系列”，建构成“可变的部分体系”。[③] 此一颇具灵活性的观念，为民法、行政法等传统法律部门建构、完善本部门行为理论所秉持的常规思维方式。例如，在民法上，并不存在“某一”法律行为本身，而仅存在为法律秩序所认可的、因其而存在的各种行为类型，如买卖合同、债权让与、所有权转移、订婚、结婚、遗嘱等行为。

---

① 参见［德］亚图·考夫曼：《类推与事物本质——兼论类型理论》，吴从周译，台北，学林文化事业有限公司1999年版，第40页。

② 参见［德］卡尔·拉伦茨：《法学方法论》，陈爱娥译，商务印书馆2003年版，第319页。

③ 同上书，第317页。

因此,法律行为的概念本身"只是所有在法律秩序中形成的行为类型的抽象"。[①] 以类型为单位的研究同样是行政法上、特别是行政行为形式理论研究的重要方法。通过将各种行政活动基本单元予以类型化和制度化,以产生法治国家之规律,为经由行政法来规范复杂多样的行政活动提供了可能。[②]

就法学上规范的行为理论而言,行为的分类与行为的类型不同。类型化的目的在于以不同方式提炼行为构成要素之"最大公约数",并通过将具体事实"归类"于类型之下,最终实现对具体事实的整体化掌握。而分类则是对各类具体法律现象的初步的、规律性的认识。如行政行为的研究所指出的,通过分类,我们才能进一步科学地认识和掌握行政行为的内容和形式、程序和结果、合法和违法、制度和运作,从而使行政行为定型化、模式化。[③] 因此,分类可以被理解为类型化、型式化的前提和起点。

在税法上,传统的税收行政活动如税收核定、税收保全、税收处罚和强制等已成为型式化的征税行为类型。这些税收活动以处分、处罚与强制为依托,更多体现了"命令—服从"式的权力特征,因此可以在传统的行政行为形式理论的框架下获得合理解释。但纳税申报、纳税评估、税收预先裁定、税务和解、转让定价和预约定价安排、特别纳税调整中的异议和复核等制度安排,则是税法领域的特殊活动,难以纳入传统的行政行为类型。对征税行为进行符合税收法律关系性质与未来发展趋势的分类,将有助于我们在广度上去发现这些在税收法治化、现代化过程中逐渐产生的、尚未稳定化和制度化的征税方式的规律与特征,也会推动我们在深度上去理解原有税收活动的变迁路径与演化规律,其最终目的在于沿"分类—类型"之思维进路,为一个处在持续发展变动的国家与社会的税法实践提供既具统合性又具有弹性化的类型化观察分析框架。

(二)现有分类及其功能

税法具有跨部门、跨学科、跨法域的综合属性,是典型的领域法。[④] 与这一学科特征相关,目前对税法上行为的分类,既受到传统部门法行为理论分类思

---

① [德]维尔纳·弗卢梅:《法律行为论》,迟颖译,法律出版社2013年版,第26~28页。

② 参见林明锵:《论型式化之行政行为与未型式化之行政行为》,载翁岳生教授六秩诞辰祝寿论文集编辑委员会:《当代公法理论》,台北,月旦出版社股份有限公司1993年版,第341页。

③ 参见叶必丰:《行政行为的分类:概念重构抑或正本清源》,载《政法论坛》2005年第5期。

④ 参见刘剑文:《论领域法学——一种立足新兴交叉领域的法学研究范式》,载《政法论丛》2016年第5期。

维的深刻影响，也展现出了税法所独有的多元分类标准与分类样态。

目前具有一定共识性基础的分类，大致沿两条路径展开：税法学理基础上的分类和行政行为理论框架下的分离。前者是对行为的类型进行税法学上的划分，其特点在于无须落脚在税法规则的设计和适用上，而是可以超脱于税法文本中的征税行为内容，纯粹服务于理论建构的目的。此种分类可以为税法解释学上的分类提供标准和指引，进而为税法文本中具有法条形式或概念形式的行为规范的设立与含义的确定产生影响。学理上有如下几种重要的分类类型：(1)以行为主客体为标准进行分类。前者如征税主体的行为和纳税主体的行为，后者如税权分配行为和税款征缴行为、征税行为与纳税行为。① (2)从"关系—行为"之关联视角出发，依税收法律关系类型或性质进行的分类。前者如税收宪法性法律行为、国际税收分配法律行为、税收征纳法律行为和税收行政法律行为，②后者如税收法律行为与税法上的事实行为。③ (3)依财税行为分类标准进行的分类。如财税权力行为与财税权利行为、财税基本行为与收支监管行为、决策行为与执行行为、申请行为与应对行为。④ (4)对法律规则涉及的一些非规范意义上的"行为"进行的分类。⑤ 后者则是在行政行为的分类体系内，以实定法为基础，对现存税收行为的具体方式进行的排列。这一分类将税法上的行为皆视为税收行政行为，依行政法学的标准分为抽象行为与具体行为、内部行为与外部行为、有效行为与无效行为，合法的行为与违法的行为等。

既有分类从多个角度透析、揭示了征税行为的现代性特征。如征税主体

---

① 参见张守文：《税收行为范畴的提炼及其价值》，载《税务研究》2003 年第 7 期；施正文：《论征纳行为》，载《当代财经》2004 年第 8 期。有学者在这一基础上将行为主体继续层层细分，如分为税收债权人的税收法律行为和税收相对人的税收法律行为，前者依据实质与形式的标准分为实质征税主体之国家的税收法律行为与形式征税主体之征税机关的税收法律行为，后者分为税收债务人的税收法律行为和其他税收义务人的税收法律行为。参见李刚：《税法与私法关系总论——兼论中国现代税法学基本理论》，法律出版社 2014 年版，第 125 页。

② 参见李刚：《税收法律行为初论》，载《当代法学》2004 年第 3 期。

③ 有学者在这一框架下作了调整并依据是否产生税收法律效果、税收法律效果的产生方式以及税行为的意志因素继续细分。参见张晓婷：《论征税行为的无因性》，载《法学家》2007 年第 1 期。

④ 参见陈立诚：《财税行为构建论纲》，载《北京社会科学》2015 年第 7 期；胡瑞琪：《财税行为的分类及其法律意义探究》，北京大学 2017 年硕士学位论文；等等。

⑤ 参见阮家福：《论税收行为的道德缺失及其治理机制》，载《税收经济研究》2011 年第 4 期；阮家福：《税收行为法律规范研究》，载《财政研究》2007 年第 8 期。

行为与纳税主体行为的分类，将纳税人行为纳入研究视阈，有利于打破“国库主义”与“征税之法”的认识，将观察视角拓展到纳税人权利的保护上；税收法律行为与税法上事实行为的分类，有利于区分税法行为与私法行为，揭示了容易为人们所忽视的纳税人意思表示制度、税法上事实行为制度等的存在意义；财税权力行为与财税权利行为的分类，为新型的“契约—协商”关系替代征税机关与纳税人之间传统的“权力—服从”关系提供了理论契机。

(三)现有分类之症结与本文分类之考量

尽管学界已作了诸多有益的探索，但对税法上行为的分类——或从某种程度上来说是对“税法上的行为”这一命题本身——的研究还有待深化。具体而言，当前分类存在如下不足：

首先，分类前提不明确，即对“行为”与“征税行为”的理解模糊。当前学界一般在通常意义上而非规范意义上使用征税行为这一概念，并常与税行为、税收行为、税收法律行为等概念混同使用，造成征税行为语意失范。从分类的功能来看，征税行为的分类也是对征税行为内涵之多维表达，这必然要求对征税行为概念理解的统一化。

其次，分类逻辑不统一。例如，税款征缴行为既被认为是征税客体的行为类别，亦是税收法律关系的行为类别。此种差异，并非源于对同一行为过程或性质理解角度不同而产生的分类上的交叉性与相对性，而是由“类”之划分差异造成的，这就涉及学理分类的根本问题，即对逻辑学上分类标准的遵循问题。又如，因税法规制经济活动的复杂化以及税法上量能课税原则的特殊性，税法已脱离行政法而构成独立的法律领域，①但对征税行为的分类依然未脱离行政行为形式论的基本框架，这种长期依附的结果将导致“租税法难以依该领域之特殊性质或目的，形成具有独自特色之法学体系及法教义”。②

最后，学理上的分类与税收实体法也未见有交互融通。在税法上涉及“行为”的大多为具有特定含义的、专属税法领域的表达，如税收实体法中的“销售行为”“应税行为”，税收程序法中的“征收和缴纳行为”“逃避纳税义务行为”“税收违法行为”等，这些专属概念并未在法释义学范畴内进行专门化的解释与适用。

---

① 参见陈清秀：《税法总论》，台北，元照出版公司2014年版，第5页。

② 赖恒盈：《行政法律关系论之研究——行政法学方法论评析》，台北，元照出版公司2003年版，第54页。

笔者认为,对征税行为的分类,应遵循如下两个原则:

其一,这一分类应有学理上的必要性和紧迫性,当行为特征显著到如不通过分类阐释则无法或难以对其差异性作出合理的解释和安排时,才应进行类别上的区分。如税权分配行为与税款的征纳行为,前者是在不同层级的国家机构之间分配税收征管权与税收收益权的活动,后者则是税收征纳主体之间的税款征缴与博弈活动,二者在行为主体、内容、规制方式等方面存在霄壤之别,在理论上应分别讨论。

其二,这一分类应有一定的预见性与支配性,能体现税收征纳关系与征税行为性质在未来一段时间内的基本特征与发展趋势。在这一分类基础上,或可建立效力制度、责任制度、合法/违法判定标准等其他制度,或可根据不同的征税行为类型改进税收活动方式。当前,对税收法律行为和税法上的事实行为的分类,就是具有上述作用的分类。在基本原理上,此种分类与私法上的法律行为与事实行为的区分类似——且无论其对第三人代缴纳税款等契约行为的法律性质判定是否还有继续探讨的余地,从整体结构上来说,它建构了一个将私法法律行为与行政法律行为纳入其中的税法行为理论框架,使各类税法上的行为都可以依设立、变更或消灭税收法律关系的意图与税法上的法律后果为区分标准来进行讨论。

二、征税行为分类模型之理念基础

(一)理论标识:权力与契约之融合

如亨利·梅因所指出的,"关于我们所处的时代,能一见而立即同意接受的一般命题是这样一个说法,即我们今日的社会和以前历代社会之间所存在的主要不同之点乃在于契约在社会中所在范围的大小",[①]契约法文明起源于罗马法,一直以来被认为是私法的核心范畴。现代法治对公共权力则施加了严格的限制,严防私法契约遁入公法之虞。随着国家职能的历史性变革,法治思想经历了从自由法治国向社会法治国、形式法治国向实质法治国的转变,原本狭隘的形式化法治被赋予了越来越丰富的内涵。在这一过程中,契约逐渐和各种现代性观念混合起来,而成了具有了超越意思自治内涵、超越当事人意思变化性的独立价值和作用,成为一个社会历史文化范畴。[②] 随着现代化的全

---

① [英]梅因:《古代法》,沈景一译,商务印书馆2010年版,第172页。

② 参见蒋先福:《契约文明:法治文明的源与流》,上海人民出版社1999年版,第17页。

球性拓展,契约文化开始盛行于公共领域,现代国家在某种意义上成为契约化的国家,契约精神也成为一种普遍性的社会观念和衡量社会进步的尺度。

现代法治观念的进化为税法理论的发展带来了丰富的资源,人们对税收法律关系性质的认识逐渐由传统的权力服从关系转变为公法上的债权债务关系。尽管在认识上存在"一元论"与"二元论"等差异,但税收法律关系的集合中并存基于行政的权力性要素与基于债的平等性要素当无争议。[①] 从整体趋势上来看,理论界和实务界对税收债权债务关系的理解和其适用的范围在不断扩大。在这一观念刚刚兴起之时,尽管国家与纳税人之间的税收征纳关系逐渐被理解为私法上的金钱给付关系,但依然强调税收债务与私法上的金钱债务之间的区别,如认为税法是一种强行性法律,对税收债务不承认和解,以及作为税收债权人的国家享有私法债权人所没有的种种优越权等。[②] 随着税收和解、预先裁定、预约定价、定期定额征收等具有契约属性的征税方式不断在税法实践中被采纳,税法逐渐呈现一种契约化的趋向。这一趋向与税收债务关系说的出现密不可分。在由请求权构成的关系中,纳税人不再是权力作用的客体,而成为独立于国家的权利主体,国家与纳税人之间由此形成互动与博弈的动态关系,并不断催生新的征税行为模式。从这个意义上说,以债务关系说为基础,从权力性与契约性要素的角度在这种动态的变动关系与行为模式之间建立因果联系的想象,可为我们划分征税行为的类别提供一个合理维度。

(二)视角拓展:税收契约的3个层次

由税收法律关系的债权债务属性衍生出的税法上的契约关系可以概括为宏观意义上国家和纳税人共同体之间形成的社会契约、国家与征税机关之间的代理契约和征税部门与纳税人之间的制度化税收契约。在这3个层次的契约关系中,前二者是征税行为契约化的观念基础,而具体的、制度化的税收契约则与征税行为的构成要素和法律效果直接相连。

1. 国家与纳税人之间的社会契约关系

自然法学派的社会契约思想,对近现代国家观、法律观的构成产生了重要影响。契约所具有的世俗性,它所隐含的平等、自由、功利和理性的原则作为

---

① 近三十年来学界对税收法律关系性质认识的变迁,参见李刚:《现代税法学要论》,厦门大学出版社2014年版,第41~74页。

② 参见杨小强:《论税法与私法的联系》,载《法学评论》1999年第6期。

一种新的模式被用来构建国家和社会。① 在一般性的契约理论基础上，霍布斯、洛克②、孟德斯鸠③等创造性地用自然状态和社会契约论的思想论证了国家税收权力的合理性和合法性。

当然，由社会契约形成契约国家乃是一种理论化的隐喻，理论的抽象不能替代历史的真实。赋予国家以课税权力的社会契约一旦形成，公共意志便取代了个体纳税人直接请求国家提供公共产品的权利。在当代实证法秩序之下，这一权力的移转需宪法秩序之约束。在宪法层面上，它所反映的是私人财产与公共财产之“零和博弈”，即国家征税权与纳税人财产权的分配协调。因此，宪法应对这种抽象的税收契约化机制作出基本规范，并构筑作为征税行为基础的“纳税者基本权”。④

2. 权力机关与征税机关之间的“委托—代理”契约关系

正如卢梭在《社会契约论》中所阐释的：“公共力量须有一个适当的代理人来把它结合在一起，并使它按照公意的指示而活动；他可以充当国家与主权者之间的联系……这就是国家之中所以要有政府的理由；政府和主权者往往被人混淆，其实政府只不过是主权者的执行人。”⑤国家与其征税部门的“委托—代理”契约是国家在行使征税权过程中派生的另一种契约关系。国家是一个虚拟主体，需委托政府行使征税权，这种委托代理关系内还嵌套错综复杂的多层代理关系。权力机关与征税机关“委托—代理”关系的证成需存在一定的前提条件，如二者均具有有限理性，因此需要外在制度的约束；权力机关对征税机关具有不完全的监督能力；征税机关有寻租动机；⑥等等。从博弈论的视角来看，权力机关与征税机关之间存在信息不对称的情况，作为代理国家获取财政收入的具体执行者，政府具有滥用共同体财富的内在冲动。代理人征税部门在追求自身利益最大化动机的驱动下会选择寻租（与纳税人共谋寻租和独

---

① 参见苏力：《从契约理论到社会契约理论——一种国家学说的知识考古学》，载《中国社会科学》1996 年第 3 期。

② 参见［英］洛克：《政府论》（下篇），叶启芳、瞿菊农译，商务印书馆 2015 年版，第 88 页。

③ 参见［法］孟德斯鸠：《论法的精神》（上册），张雁深译，商务印书馆 1982 年版，第 4 页。

④ 参见［日］北野弘久：《日本税法学原论》（第 5 版），郭美松、陈刚译，中国检察出版社 2008 年版，第 78 ~ 80 页。

⑤ ［法］卢梭：《社会契约论》，何兆武译，商务印书馆 2011 年版，第 72 页。

⑥ 参见蔡昌：《税收信用论：基于产权与税收契约视角》，清华大学出版社 2014 年版，第 45 页。

自寻租)策略。①

不同于平等主体之间的代理关系,权力机关与征税机关之间既是创设与被创设的关系,又是代理关系,是“创生关系与代理关系的复合体”,②这决定了权力机关与征税机关之间的关系是不平等的,权力机关有权改变征税机关的基本职权、具体决定甚至撤销征税机关本身——当征税机关以受托人的身份来执行共同体的财产时,委托人有监督和更换代理人的权力。但权力机关约束政府征税和用税权的主要方式是通过主权者制定的法律与政策,以及纳税人共同体的监督。这一层面的契约关系在税法上落实的关键在于践行税收法定之精神。

3. 征税机关与纳税人之间的制度化税收契约关系

征税权力的运行可以采用契约方式予以实现。作为国家征税代理人的征税机关与纳税人之间形成的税收契约之本质,是在法律规定的范围内以一致的意思表示使税法上的权利义务关系发生变化。

在我国,税收征管现实的复杂以及税收与私法的密切关系让我们难以精确锁定具有契约性质的税收合同滥觞于何时,但随着单方行政向契约化行政的转变,具有契约性质的征税方式在税收实务中占有一席之地,并发展出多种形态。这些已制度化、型式化或尚在制度化、型式化过程中的税收契约展现了税收公权运行模式的多元化趋势。

三、分类模型的二维建构:作为自变量的“合意”与“强制”

(一)分类模型的两个维度:作为自变量的“合意”与“强制”

税法上的契约化是一个相对的概念,契约意味着绝对的平等与多方主体的意思自治,权力则折射出相对的不平等和行政主体单方意志的强制性。以权力与契约的双重属性为基础对征税行为进行分类,这一分类形态必定包含两个变量:一是合意的程度,二是强制的程度。

所谓合意,是指在征税行为中,征税主体与纳税人双方在意思表示基础之上形成的一种新的共同意志。如黑格尔所言,契约的本性就在于共同意志和

---

① 参见廖楚晖、崔亚飞:《国家、征税部门及纳税人的博弈分析》,载《财经科学》2005 年第 2 期。

② 张治宇:《合作论——从政治哲学、法哲学到行政法哲学》,法律出版社 2017 年版,第 103 页。

特殊意志都获得表达。[①] 合意是自由意志的合意,是一种基于接纳和认同而产生的心理状态,体现了税收征纳主体权利义务内容的协商性和主体意志的双向互动性。合意的存在,使征税活动从只关切征税机关的意志转变为关切税收征纳过程中多方主体利益,也使对税收征纳活动的效力评价标准突破"合法律性"(legality)所设定的合法/违法的二元代码,转向法律产生程序的合理性与规则内在理由的可接受性。因此,合意的要素往往在过程和程序中展现,尤以征税行为主体参与影响结果的过程中的能力和表达自我的能力为评判标准。"合意"及其蕴含的公法上的契约精神能否突破征税权力配置的单方性,成为划分征税行为类别的基础标准,既取决于这一理念自身的影响力与渗透力及其与税法理念的适配性,又取决于税法内在价值的包容性、开放性程度,同时还受税法实践所能提供的现实制度的影响。

税收征纳中的强制性,是指通过强制的手段实现征税行为权利义务内容的法律效力。这种强制性作用力是实然的、显性的,涉及是否取得法律承认的强制性效果。征税行为的强制性既包括对纳税主体的强制,也包括对征税主体的强制。当法律为征税主体设定权力义务时,强制性表现为当征税主体不依法行使权力或履行其义务时,纳税人可通过提起诉讼等救济机制促使其履行义务的法律效力。当法律为纳税主体设定义务时,该行为的强制力表现为纳税人不自觉履行其义务时可对其强制执行。纳税主体首先应自行履行其义务,如依法进行纳税申报、依法缴纳税收滞纳金等,即通过自行执行来实现征税行为之内容,但鼓励自愿遵从和运用奖励措施、提高纳税服务等柔性手段并不能完全取代强制性。针对纳税人的强制性执法程度将直接影响人们的纳税遵从率:强制性下降的结果是,当纳税人发现因逃税而受到的惩罚减少时会选择少缴税;强制性的提高将抑制人们的逃税意愿,即便实际发现他们未如实申报的概率很低。[②] 而征税行为之强制程度,既受到行政意图的推行手段(如命令、禁止、制裁、强迫等)之影响,也受行政强制力的介入意愿、介入阶段与介入的频率等因素的影响。

(二)分析框架:征税行为的4个基本类型

从动态的角度来看,随着合意程度与强制程度此消彼长,在这两级之间的

---

① 参见[德]黑格尔:《法哲学原理》,范扬、张企泰译,商务印书馆1961年版,第85页。

② See Mark D. Phillips, *Essays on Individual Income Tax Compliance* (Ph. D. diss., University of Chicago, 2011), p. 2.

征税行为呈现多种行为形态。征税主体与纳税主体之间的互动,在很多情况下是合意的因素和强制的因素相混合的结果。依合意与强制程度之差异,可将征税行为分为4个基本类型(见图4-1)。

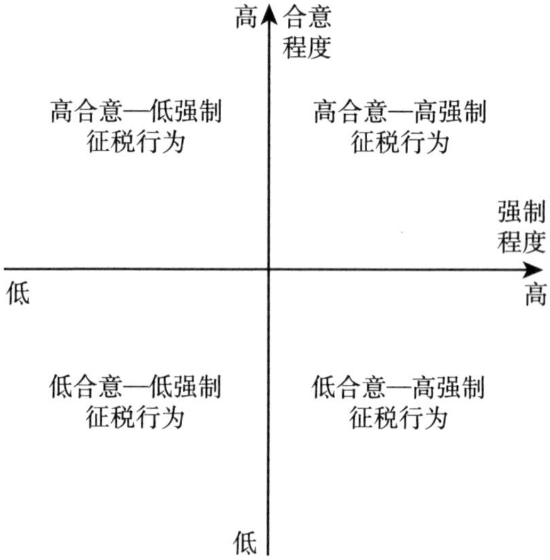

图4-1 征税行为分类模型

1."高合意—高强制"征税行为

这一类型的征税活动,一方面,体现了征纳双方的高合意性,征税主体的单方意志不再具有绝对的正确性,纳税主体的意志和利益受到重视,协商、妥协、和解等非强制手段在确定税收秩序过程中获得了充分的运用;另一方面,这类行为中又时刻存在作为支配性力量的行政权力的影子。在一些关键环节,征税机关不仅具有支配纳税人的意图,还具有强令其服从的能力。一般来说,税收领域的制度化税收契约多属这类行为,无论是税务行政委托合同等传统的公法合同,还是专属于税法领域的预约定价安排、税务和解协议、税收遵从协议、纳税担保合同等,都为兼具高合意性和高强制性特征的行为。

以委托代征①为例,在世界范围内,行政权限的委任范围呈扩大趋势,行政

① 此处的委托代征不包括《深化国税、地税征管体制改革方案》和"营改增"过程中提及的国税、地税部门之间委托代征税款,只包括征税机关委托不具有税收征管权的行政、事业、企业单位及其他社会组织或自然人代征税款。

活动呈现不论是权力性还是非权力性领域均可委任给民间进行的趋势。① 基于提升纳税人满意度、税法遵从度和税收征管质效的考虑，征税机关也可在税法授权的前提下，委托没有税收管理权的机关或单位代征某些税款。② 在作为典型权力性行政的税收领域，由委托代征所产生的特定范围内的征税权既需秉持双方自愿的原则，又隐含由征税机关主导的强制性特征。委托代征的高合意性体现在，它是通过税务机关与受托人经过平等协商，约定好权利义务，达成委托征收的共同意向的行为。无论是作为委托人的征税机关还是作为受托人的行政、事业、企业单位及其他社会组织或自然人，都具有选择是否参加契约的自由，征税机关与代征人也可在法律法规设定的范围内对委托代征的范围和期限、代征手续费的具体比例③、责任承担④等事项进行协商。在实践中也存在纳税人在多个征税机关中依据具体待遇选择委托人的情况。⑤ 此外，在代征人违规多征税款致使纳税人合法权益受到损失的情况下，应由税务机关先赔偿后追偿，⑥这一规定带有民法债权合同的底色，具有典型的契约特征。同时，它的强制性特征又不容忽视，税务机关拥有对代征单位的代征税款检查权、违法行为处罚权、违约赔偿请求权、中止和终止合同等权力，⑦具有作为“税

① 参见[日]米丸恒治:《私人行政——法的统制的比较研究》，洪英等译，中国人民大学出版社2010年版，第10页。

② 《委托代征管理办法》第2条规定:“本办法所称委托代征，是指税务机关根据《中华人民共和国税收征收管理法实施细则》有利于税收控管和方便纳税的要求，按照双方自愿、简便征收、强化管理、依法委托的原则和国家有关规定，委托有关单位和人员代征零星、分散和异地缴纳的税收的行为。”

③ 《关于进一步加强代扣代收代征税款手续费管理的通知》(财行〔2019〕11号)依代征方和行业的不同确定了代征手续费的支付上限。又依《委托代征管理办法》第17条的规定:“……(八)在有关规定确定的代征手续费比率范围内，按照手续费与代征人征收成本相匹配的原则，确定具体支付标准，办理手续费支付手续。”因此，委托代征税款手续费的支付比例可在一定范围内由征税机关与代征人协商确定。

④ 《委托代征管理办法》第26条规定:“违反《委托代征协议书》其他有关规定的，按照协议约定处理。”

⑤ 参见阮家福:《论委托课税风险的防范机制》，载《税务研究》2016年第11期。

⑥ 《委托代征管理办法》第22条规定:“……代征人违规多征税款的，由税务机关承担相应的法律责任，并责令代征人立即退还，税款已入库的，由税务机关按规定办理退库手续;代征人违规多征税款致使纳税人合法权益受到损失的，由税务机关赔偿，税务机关拥有事后向代征人追偿的权利……”

⑦ 参见陶佳琳、车文琴:《关于委托代征个体增值税若干问题的思考》，载《财政经济研究》2012年第3期。

务机关自力征收的补充”[1]的性质。例如，在预约定价程序（Advance Pricing Arrangement，APA）中，高合意性表现为签谈方式以及事实认定过程的平等性，强制性则表现为独立交易原则、信息披露义务与保密责任等。另外，尽管 APA 程序由纳税人最先提出申请，但能否启动正式程序则由税务机关最终决定，因此，APA 最基本的原则是纳税人的自愿性与 APA 程序规则的强制性的结合，呈现“自愿性和强制性交替互现”[2]的特征。又如，税务和解的高合意性体现在以契约的方式确定征税机关与纳税人之间的权利义务关系，纳税人在税务和解中拥有自由选择权。税务和解与传统税务行政最大的区别在于其改变了税务行政的单方性，融入了纳税人的意志，是双方合意的结果。[3] 高强制性则源于行政公益优先原则的要求，具体表现在征税机关一般为税务和解程序的启动主体，在具体的和解范围和方式的确定上享有指导权、事先约定的强制执行权[4]和单方变更权等权力。

2.“高合意—低强制”征税行为

税法中的“高合意—低强制”类型的行为并不多，比较典型的是取决于纳税人自愿且不能申请行政复议或提起行政诉讼的纳税辅导、纳税咨询等纳税服务行为。另外，如果将纳税评估的法律性质视为与日常税务检查和税务稽查相区分的、建立在以分析纳税申报资料为基础的非强制性行政指导行为，则纳税评估也应当被理解为“高合意—低强制”征税行为。[5]

值得一提的是，如果从税法上的所有行为类型范畴，而非本论题所限定的征税行为范畴理解，税法上的“高合意—低强制”行为多为以发生私法上与税法上双重法律效果为直接目的的私法法律行为，即税法上的事实行为。如第三人基于商事契约的安排而加入税收之债中替代税收债务人缴纳税款的行为，以及纳税人向第三人转让退税请求权等税收债权的行为。[6] 这类行为的高

---

① 王明世、刘拥军：《后“营改增”时期税款委托代征规范化研究》，载《税收经济研究》2016年第5期。

② 叶姗：《税法之预约定价制度研究》，人民出版社2009年版，第147页。

③ 参见顾德瑞：《税务和解适用的正当性论证和环境检视》，载《中国石油大学学报》（社会科学版）2016年第1期。

④ 参见刘继虎、张成：《税务和解的程序法构建》，中国法学会行政法学研究会2009年年会论文，第313页；吴立亚：《税务行政和解效力内容探析》，载《人民论坛》2016年第5期。

⑤ 这一认识也与纳税评估的含义逐渐由狭义（只由征税机关实施）向广义（纳税人、税务代理人等通过纳税评估进行自查）扩大的趋势是一致的。

⑥ 参见李刚：《税收法律行为初论》，载《当代法学》2004年第5期。

合意性在于其本质上为私法法律行为，无论是为他人代缴税款还是转让税收债权，都是基于纳税人与第三人商事交易的便利或其他私法上的考量，只是这一私法上的契约安排同时引发了公法上的效果。因此，这类税收行为的高合意性产生于私法主体之间，正因为这类税法上的事实行为本质上为民事法律行为，因而压缩了税权强制力直接干预的范围和力度。如依税收债法原理，民商事主体约定由第三人以代缴税款的方式履行合同义务，税收机关原则上应"同意"，第三人不履行债务或者履行债务不符合约定，税收债务并不归于消灭，但应由税收债务人向债权人承担违约责任，征税机关不得直接对第三人采取税收保全措施或其他强制性措施。①

3."低合意—低强制"征税行为

合意程度和强制程度都低的行为一般为非以设定、变更、消灭税法上权利义务为内容、不具有完整法律效力的行为。从征税行为的类型上来看，这类行为主要为一些不产生直接法律效果的具有中间性、过程性、阶段性的行为，如税务受理行为、确认行为、证明行为、答复行为等，同时还包括某些以非表示方式作出的行为。

例如，在答复行为中，一般不存在征税机关与纳税人之间以设定、变更或撤销税收征纳法律关系为目的的合意。征税机关答复行为对纳税人产生的影响程度，依答复指向的对象而有所不同，如针对纳税人公益性举报的答复并不会影响纳税人在税法上的权利义务，针对纳税人在缴税过程中出现的问题的答复可能会影响纳税人的程序性权利，针对纳税人的自益性举报的答复可能会对举报人的实际利益产生影响。② 但在实践中，对答复行为的程序性权利的保护程度依然是比较弱的，③这也意味着对征税机关答复行为的强制性程度较低。又如，欠税公告只是对纳税人欠税行为的宣告，并无合理告知、听取意见、

---

① 在经税务机关同意或确认，纳税人或其他自然人、法人、经济组织以保证、抵押、质押的方式，为纳税人应当缴纳的税款及滞纳金提供担保的情况下，行政强制力的介入程度会更高，介入可能性也更大，如我国《纳税担保试行办法》第12条、第23条、第24条、第30条的强制性规定。因此纳税担保契约属"高合意—高强制"征税行为还是"高合意—低强制"征税行为还有待商榷。

② 针对涉税案件"举报—答复"关系与后果的讨论，参见滕祥志：《税法实务与理论研究》，法律出版社2008年版，第212～235页。

③ 国家税务总局2019年公布、2020年施行的《税收违法行为检举管理办法(征求意见稿)》第五章专章规定了对检举人的答复和奖励，细化了对检举人的答复范围和程序，但依然未明确不予答复的法律责任。

说明理由等正当程序保障，也缺乏交涉基础上意见趋于一致的过程。① 同时，欠税公告行为也不产生强制改变纳税人私人财产权现状、迫使纳税人缴纳税款的强制性法律效果。再如，非表示行为中的税务信息公开行为、辟谣行为、听取意见和申辩等行为也是典型的"低合意—低强制"征税行为，这类行为本身既未经与一般、具体纳税人的合意过程，亦无强制措施之适用对象与适用可能。此外，如果将税收服务完全理解为被动的、依照法律的服务，那么纳税服务行为也会因缺乏与纳税人之间的充分沟通与合作而异化为一种低合意、低强制性的行为。

虽然一般来说这类行为的强制程度都比较低，但并非所有的阶段性行为与非表示行为都缺乏合意性。或者说，当前税法的努力方向就是提高这些不具有完整的法律效力的行为在作出过程中的合意程度。从规制征税机关行政裁量权的被动性视角来看，无论是代议机关的监督、司法机关的审查还是行政裁量基准的衡量，所能发挥的作用都是有限的，有效控制行政裁量权的重要手段是不断强化纳税人的参与意志，不断扩大纳税人的法定参与权利，促使征税机关在征税规定与征税决定作出过程中主动吸纳纳税人的意见，从而在交涉与妥协中逐步取得合意的效果。从征税机关自主寻求合意的现实基础上来看，随着科技的迅速发展与社会的不断进步，经济活动方式愈加复杂，税法规则出现不同程度的漏洞，征税机关的执法风险与纳税人税收负担不确定性程度同时增加，一些尚不具备税法上最终法律效果的、却会对税收征纳双方权利义务产生影响的过程性行为意义凸显。在税收法定原则与依法行政原则的约束下，出于提升征管效率、控制执法风险、降低征税成本的考量，征税机关以越来越主动的姿态寻求纳税人的自愿合作，从而增强了这类行为的合意程度。

4."低合意—高强制"征税行为

"低合意—高强制"征税行为一般发生在3个领域：首先，发生在传统的权力关系领域。这一关系中，税务机关一般作为行政权力主体而处于主导地位，与纳税人之间的法律关系的调整通常借助单向权力手段，最典型如税务稽查、税务检查等。② 其次，税收代位权与撤销权的行使也属于这类行为。代位权与

---

① 国家税务总局《欠税公告办法(试行)》只在第8条规定："公告机关在欠税公告前，应当深入细致地对纳税人欠税情况进行确认，重点要就欠税统计清单数据与纳税人分户台账记载数据、账簿记载书面数据与信息系统记录电子数据逐一进行核对，确保公告数据的真实、准确。"

② 《税收征收管理法》第37条、第38条、第40条赋予了税务机关对采取了保全措施的财产直接强制执行的权力；在执行税务行政处罚决定等情况下，税务机关也可申请法院强制执行。

撤销权制度本身是私法性质，征税机关行使税收代位权与撤销权的行为更多体现了税收之债的属性，在税法中引入这一制度的目的也在于柔化税收征纳双方之间的关系，但这一过程中并没有太多征税机关与纳税人之间的合意过程，税收代位权的诸多规定都体现了其不同于私法行为的公法强制性属性。[①] 最后，某些缺乏必要的行政参与和互动沟通的部颁税法行为也可被认为是缺乏合意的高强制征税行为。

当然，并不是所有的征税活动都可精确地归入这 4 个行为类型象限中，如税收事先裁定制度。事先裁定无疑是一种具有较高合意性的行为，具体表现在裁定程序依纳税人自愿申请而启动、裁定过程具有“个性化纳税服务”之特征[②]、征税机关与纳税人之间始终保持相对充分的沟通交流[③]、纳税人有权决定在申请裁定的预期交易事项真实发生时是否遵从裁定内容等。需要讨论的是事先裁定的强制性程度。对于纳税人来说，如将事先裁定理解为征税机关提供的纳税服务，弱化其权力性、行政性之特征似乎更符合对它的期待。但作为一项公法上的制度安排，强制性因素在约束了纳税人行为的同时也提升了税法适用的明确性，加强了对纳税人的预期保护。[④] 因此，如何划分预先裁定制度的行为类型，需考量其所欲实现之立法目的。

四、本章小结

作为征税行为概念外延的另一表述，征税行为的分类是型式化与类型化的起点。沿着“分类—类型”的思维进路，以税法权力与契约的双重属性为理论标识，以合意程度和行政强制力的介入程度为判断标准，可将征税行为分为“低合意—高强制”“高合意—低强制”“低合意—低强制”“高合意—高强制”4 种类型。在税收“行为—责任”基本框架之下，这种分类为讨论征税行为的实

---

① 如主张的税收代位权对“入库规则”的突破、征税机关对通过代位权诉讼获得财产的优先受偿权等。

② 参见朱大旗、姜姿含：《税收事先裁定制度的理论基础与本土构建》，载《法学家》2016 年第 6 期。

③ 与此形成对比的是我国当前的税收个案批复制度，与个案批复相比，税收事先裁定之税法解释过程更具针对性与互动性。

④ See Benjamin Alarie et al., *Advance Tax Rulings in Perspective: A Theoretical and Comparative Analysis*, New Zealand Journal of Taxation Law and Policy, Vol. 4, p. 362 – 389 (2014); Yehonatan Givati, *Resolveing Legal Uncertainty: The Unfulfilled Promise of Advance Tax Rulings*, Virginia Tax Review, Vol. 29, p. 137 – 175 (2009).

体权利义务配置、程序规范与控制以及救济制度提供了一个类型化的分析框架。合意所具有的平等性、协商性、参与性，使其与税收债法制度、非正式程序制度、自由裁量权制度等直接相连；强制的权力属性则决定了征税行为对征纳双方主体的拘束作用，并具体表现在对征税行为的法律效力与效果的影响之上。合意性不同，每种类别的行为应当分别设置的沟通程序不同；强制性不同，征税机关主导性权力的程度以及纳税人享有对征税机关履行义务的监督权也不同。合意和强制的比例也是选择救济方式、完善税收责任立法的关键性考量因素。

从整体趋势上看，征税行为模式正在从“低合意—高强制”“低合意—低强制”向“高合意—低强制”“高合意—高强制”转化。传统征税权力关系领域（如稽查检查）已然出现了增强合意性的趋势转变，而在之前默认的、无须合意的欠税公告等非表示行为中，对基于沟通的合意性需求也愈发凸显。这一税收行政活动的演变过程，内含税收法律关系公私兼备的特有属性，也呈现现代公法学发展进路中的非强制性、非型式化的共性趋势。征税行为合意性的增强，将凸显财税法的公共财产法特征，淡化税收作为无对价金钱给付的单向性，培育理性而善于沟通的纳税人品格，营造和谐共赢的税收征纳关系与财税文化。就此而言，从增强契约性的角度重新界定征税权，将为推动构建可持续的、良性互动的税收取予关系开辟新的理论视域。

第五章　征税行为的效力评价基准与效力来源

征税行为的作出旨在对外发生法律效果，因此征税行为的效力规则是征税行为评价的首要问题。征税行为的效力评价涉及行为生效与成立的区分、内部效力与外部效力的区别、有效/无效与合法/违法之协调等诸多角度。深入研究征税行为的效力制度，需在一个周延、合理的征税行为价值体系、范畴体系、概念体系与类型体系基础上，提炼、总结不同类型征税行为的成立时间、效力内容、效力评价标准、效力影响因素以及不同类型的征税行为对各类主体所具有的不同效力。本章的讨论在前文所界定的行为范畴和行为类型基础上进行，以此作为对征税行为效力部分内容的逻辑限定。

一、征税规定效力体系

征税规定具有何种效力，往往需要对其内容进行具体分析后才能确定。在法理学上，法律效力主要讨论 3 个问题："一是法律的效力来源问题；二是法律效力的适用范围问题；三是不同法律相互之间的效力关系问题，即法律的效力等级或法律位阶问题。"①规范性

---

① 周永坤：《法理学——全球视野》，法律出版社 2010 年版，第 93 页。

文件的“效力”多从内容的角度[①]、效力层级的角度[②]以及效力来源与效力面向等角度[③]进行描述。本章将在讨论征税规定适用信赖保护原则的一般规则基础上,分析征税行为效力的不同面向。

区分规范性文件的对内效力与对外效力,是划分普遍适用的规范性文件效力的一般方法,如德国法中“法规命令”与“行政规则”,[④]日本法中的“作用法”与“组织法”,[⑤]以及美国法上“立法性规则”与“非立法性规则”。[⑥] 依其内容的不同,征税规定的效力体系可分为内部效力、间接外部效力与直接外部效力三部分,以下分述之。

(一)效力确证、规定变迁与信赖保护

尽管所有法律在法律上是有效的,但是并非所有法律上有效的规则都是法律。[⑦] 这个问题涉及法律权威性的判断。权威命题是“法律性质的一部分”(part of the nature of law),是一个概念性的主张(a conceptual claim)而不是一个经验性的主张(an empirical claim)。[⑧] 正如拉兹所言:“固然,如果一个人接受权威的合法性,那么权威命令(instructions)被他接受为遵守行动的理由。但是直到我们理解权威命令怎样且为什么成为这样的理由以及它们怎样不同于其他的一般理由时,我们才将开始理解权威的性质。”[⑨]税收规定在我国不是正式的法律渊源,却具有凯尔森意义上的对人的行为有拘束力的“法的效力”,[⑩]在诸多情境下对纳税人权利义务起到支配性作用。

征税规定之所以可通过对征税行为主体的支配,构建税收行为秩序,首

---

① 参见叶必丰、刘道筠:《规范性文件的种类》,载《行政法学研究》2000 年第 2 期。

② 参见黄金荣:《“规范性文件”的法律界定及其效力》,载《法学》2014 年第 7 期。

③ 参见贾圣真:《论国务院行政规定的法效力》,载《当代法学》2016 年第 3 期。

④ 参见[德]哈特穆特·毛雷尔:《行政法学总论》,高家伟译,法律出版社 2000 年版,第 609 页。

⑤ 参见[日]平冈久:《行政立法与行政基准》,宇芳译,中国政法大学出版社 2014 年版,第 269 页。

⑥ 参见胡敏洁:《美国行政法中的“政策声明”》,载《行政法学研究》2013 年第 2 期。

⑦ 参见[英]约瑟夫·拉兹:《法律的权威》,朱峰译,法律出版社 2005 年版,第 131 页。

⑧ See Kenneth Einar Himma, *Inclusive Legal Positivism*, in Jules L. Coleman and Scott Shapiro, eds., The Oxford Handbook of Jurisprudence and Philosophy of Law, Oxford University Press, 2002, p. 156.

⑨ Joseph Raz, *The Moralty of Freedom*, Oxford University Press, 1986, p. 41 – 42.

⑩ [奥]凯尔森:《法与国家的一般理论》,沈宗灵译,中国大百科全书出版社 1996 年版,第 65 页。

先,依赖其背后的行政系统权力所保障的事实上的规制效力;其次,征税规定的司法审查机制亦赋予其正当性与有效性。《行政诉讼法》[①]与最高人民法院《关于适用〈中华人民共和国行政诉讼法〉的解释》[②]的规定赋予法院审查规范性文件是否合法的权力。但由于法院的合法性审查只有针对个案的效力,只能在个案中决定是否将不合法的征税规定作为判定依据,而不具有裁判征税规定最终效力的权力,因而将征税规定效力的最终决定权保留在征税机关。

因此,征税规定之变更,如同征税机关所作之征税决定,同样应受到信赖保护与平等原则的保护。但对于不同类型的规定,受到信赖利益保护的程度应有所区分。例如,解释税法原意的征税规定并不改变法律规范的内容,因而受保护程度弱于具有"创制性"意义的补充税法漏洞的征税规定。又如,组织性征税规定在不具有"外溢性"效力的情况下,亦不涉及规定变迁与信赖保护的问题。每种类型征税规定引发的信赖保护的问题又分为多种情况。以解释性税收规定为例,如果所变更的征税规定原则上对纳税人有利,则可追溯既往,自规定生效之日起适用,但基于法安定性之考量,在变更解释前,具体的征税决定已作出且所依据之征税规定并非当然违法,则不应受变更解释的影响。如果所变更之征税规定对纳税人不利,且已依据该征税规定作成课税处分或其他具有外部效力的征税决定,以及具体征税决定虽尚未作出,但纳税人已经善意信赖该征税规定并据此进行交易活动或处置财产等,则纳税人应受到信赖利益之保护。当然,在纳税人依据原有征税规定避税时,其信赖利益不值得保护,因而不禁止新颁布之规定为对纳税人不利之处置。[③]

---

① 《行政诉讼法》第64条规定:"人民法院在审理行政案件中,经审查认为本法第五十三条规定的规范性文件不合法的,不作为认定行政行为合法的依据,并向制定机关提出处理建议。"

② 最高人民法院《关于适用〈中华人民共和国行政诉讼法〉的解释》第147条规定:"人民法院在对规范性文件审查过程中,发现规范性文件可能不合法的,应当听取规范性文件制定机关的意见。制定机关申请出庭陈述意见的,人民法院应当准许。行政机关未陈述意见或者未提供相关证明材料的,不能阻止人民法院对规范性文件进行审查。"第149条规定:"人民法院经审查认为行政行为所依据的规范性文件合法的,应当作为认定行政行为合法的依据;经审查认为规范性文件不合法的,不作为人民法院认定行政行为合法的依据,并在裁判理由中予以阐明……"

③ 对变更征税规定的信赖保护原则之适用,可参见我国台湾地区"税法"对行政规则变更之信赖保护。参见陈清秀:《现代税法原理与国际税法》,台北,元照出版公司2010年版,第298~299页。

(二)内部"外溢性"效力

对系统合法性来说,健全的行政内部法律规范始终是必要的,它通常是私人内部权力的最持续的保护者。① 强调征税规定的内部效力,源于当前"司法行为的内化"与"内部行政行为的外化"趋势。② 所谓内部效力,基于不同理解,可区分为规范"内部事项"的规定与"具有内部性效力"的规定。前者着眼规范对象的行政内部性,后者则着眼征税规定效力、效果的行政"内部"性。本书所指主要为前一种意义上的"内部效力",即将行政内部作为规范对象的规定。这些为数不少的征税规定,即使只具有针对征税机关及其人员的内部拘束力,但内部组织及人员是否有效遵守了内部规定,依然会对征税主体之外的其他主体的权利义务产生隐性影响,因此,有必要考察和归纳此类征税规定的效力。③ 一般来说,这一类征税规定主要为一些作为业务参考标准的内部文件,如供海关内部使用的《海关对跨国公司转移定价估价指导意见》(税管函〔2008〕335 号)。另外,规范征税机关及其工作人员的行为准则与责任准则的工作规则,如《国家税务总局工作规则》等也属此类规定。这些工作规则一般都规定了领导(部门)承担的职责、民主决策程序、依法行政要求等,具有一定的"外溢性效应",征税主体是否严格遵循此类规定,会间接影响纳税人权利的实现与义务的履行,进而对税收行为秩序产生影响。例如,《北京市国家税务局稽查局工作规则(试行)》中规定的选案制度的具体标准,④检查团队制度、⑤督办督导制度,⑥以及要把合法合规性审查、群众参与和集体讨论决定作为重

---

① 参见[美]杰里·L. 马肖:《创设行政宪制:被遗忘的美国行政法百年史(1787 - 1887)》,宋华琳、张力译,中国政法大学出版社 2016 年版,第 223 页。

② 参见林纪东:《行政法》,台北,三民书局股份有限公司 1988 年版,第 129 页;胡建淼主编:《行政行为基本范畴研究》,浙江大学出版社 2005 年版,第 62 页。

③ 只针对内部事项且只具有纯粹内部性效力的税收规定类型,奖惩有关单位和人员(如税总发〔2017〕81 号《国家税务总局关于给予营改增试点工作中成绩突出的集体和个人记功、嘉奖的决定》、国税发〔2011〕64 号《国家税务总局关于表彰 2010 年度税务系统打击发票违法犯罪活动工作成绩突出的单位和个人的决定》)、选拔培养内部人才(国家税务总局通告 2017 年第 5 号《国家税务总局关于第五批全国税务领军人才培养对象录取情况的通告》)、行政系统办公管理(如税总发〔2017〕33 号《国家税务局系统节约能源资源工作实施意见》)、内部机构调整(如沪地税函〔2016〕93 号《上海市地方税务局〈关于同意上海市浦东新区地方税务局内设机构调整的批复〉》)等事项的规定,则并非此处之具有"内部效力"的税收规定。

④ 参见《北京市国家税务局稽查局工作规则(试行)》第 14 ~ 18 条。

⑤ 参见《北京市国家税务局稽查局工作规则(试行)》第 19 ~ 23 条。

⑥ 参见《北京市国家税务局稽查局工作规则(试行)》第 24 ~ 28 条。

大决策的必经程序等规定，[①]皆应理解为具有规范性效力的内容。

（三）间接外部效力

在韦伯对近代官僚制特殊功能模式的论述中，官僚层级制（Amtshierarchie）与审级制（Instanzenzug）是其核心，它提供了一套明确的、规定上下级机关之间关系的制度。[②] 在这种“一元制支配模式下的层级结构”[③]中，有些征税规定并不直接对纳税人产生影响，而是经由上级税务机关的批复或下级征税机关的实施而对纳税主体的权利义务产生影响，具有间接的外部效力。

从征税规定的作用对象分析，其效力是通过两种模式实现的。第一种模式为“上级发布—下级执行”，即将税务机关依照法定职权和规定程序制定并发布的征税规定层层传达到下级税务机关，通过下级税务机关的执行而产生外部效力。国家税务总局对各省、自治区、直辖市和计划单列市国家税务局、地方税务局、局内各单位发布的大量通知（意见），一般都需经由省以下各级税务机关继续向其下级发布不直接对纳税人权利义务产生影响的实施意见，直至由最终的执行机关落实。第二种模式为“请示—批复—执行”的路线，即下级税务机关向上级机关请求“政策性与问题性指示”，[④]上级机关对下级机关请示进行“政策性与问题性批复”后，再由下级机关执行，进而产生外部效力。[⑤]

在这一间接效力结构中，征税机关可以通过对其内部控制间接影响纳税人权利义务。征税规定间接效力的实现机制既包括刚性指示，也包括柔性指导。如果上级税务机关的征税规定具有明确、稳定的规范性内容，这时，征税机关内部的行为规范也间接对纳税人生效，构成纳税人的行为规范。大部分明确、细化税收法律规范的解释性征税规定以及通过对裁量基准的确定实现其效力的事实性和裁量性征税规定都是通过这种刚性指示发挥外部效果的。

---

① 参见《北京市国家税务局稽查局工作规则（试行）》第7条。

② 参见［德］马克斯·韦伯：《支配社会学》，康乐、简惠美译，广西师范大学出版社2010年版，第22～23页。

③ 同上书，第16页。

④ 请示分为“政策性请示、问题性请示和事务性请示”，与之相对应，批复分为“政策性批复、问题性批复和事务性批复”，事务性请示与批复一般不对纳税人产生直接影响。参见《全国税务机关公文处理办法》第20条、第21条。

⑤ 《税务规范性文件制定管理办法》第7条第2款规定：“上级税务机关对下级税务机关有关特定税务行政相对人的特定事项如何适用法律、法规、规章或者税务规范性文件的请示所作的批复，需要普遍适用的，应当按照本办法规定的制定规则和制定程序另行制定税务规范性文件。”

(四)直接外部效力

大部分征税规定都具有直接的对外效力,具有直接对外效力的征税规定需满足以下3个条件:

其一,需公开发布后发生效力。一切欲产生普遍对外效力的税法规则都需公开。对纳税人公开是征税规定成为评价纳税人行为依据的前提,也是纳税人据以安排交易活动、确定收益归属、预测税收负担与评价征税机关行为的前提。

其二,具有直接对外效力的征税规定的直接指向对象为纳税主体一方并且对其产生规范效果。① 具有直接外部效力的征税规定一般不包括对内发布的规范。征税系统内部发布的文件多针对内部行政事务或工作要求,对税务系统之外的纳税人来说没有规范意义。此类规则如果对纳税人的权利义务产生"影响效果",则转化为具有内部"外溢性效力"的征税规定。

其三,具有明确的规范内涵。不具有明确性内容的规定不构成社会行为规范,无法为纳税人提供有效的行动指引,不具备针对纳税人的直接效力。因而,确实影响纳税人权利义务的征税规定一定是明确、具体的。

二、常规征税决定的效力结构:以存续力为核心

常规征税决定的权力属性使其在效力上首先遵从以存续力为核心的三重效力结构,并在具体的征税决定中展现出各自的特征。下文首先论述其一般的效力规则,并以最典型的常规征税决定——税收核定为例,阐释其基本的效力内容在具体税收决定中的意涵。

从学术发展史上来看,常规征税决定受行政行为影响至深,大体是后者的摹本,具有类似行政行为——或者更追根溯源的说是类似司法判决——的效力。当然,如前所述,随着税收之债等理论的发展,税法与行政法分离趋势愈加明显。因此,我们不能把行政行为的效力理论简单植入、临摹到征税行为中,还需根据税法上特殊的价值、原则等进行调整和重新阐释。

(一)存续力

常规征税决定具有非经法定程序不得任意变更的效力,这种效力即为存

① 《税务规范性文件制定管理办法》第2条所指的"县以上税务机关依照法定职权和规定程序制定并发布的,影响纳税人、缴费人、扣缴义务人等税务行政相对人权利、义务,在本辖区内具有普遍约束力并在一定期限内反复适用的文件",即主要为具有直接的外部效力的税收规定。

续力。存续力可进一步解构为两个方面,即形式存续力和实质存续力。

1.形式存续力①

形式存续力的法律效果仅针对税收法律关系中的纳税主体一方,是指一旦过了救济期限,纳税人不得再依常规救济途径质疑征税决定中的规范内容,即不得要求复议机关撤销征税决定,或提起撤销之诉、义务之诉。形式存续力源自司法判决中的"一事不再理"原则,这一效力的要旨在于使税收法律关系尽快稳定,从而维护税法秩序的安定性。我国台湾地区学者认为,税收核定具备形式上的存续力的情形包括经税捐稽征机关核定之案件纳税义务人未依法申请复查者、经复查决定纳税义务人未依法提起诉愿者等。② 依我国《税收征收管理法》的规定,这一形式上的确定力体现为:(1)纳税人、扣缴义务人、纳税担保人同税务机关在纳税上发生争议时,未依照税务机关的纳税决定缴纳或者解缴税款及滞纳金或者提供相应的担保,因而不可提起行政复议,或依照税务机关的纳税决定缴纳或者解缴税款及滞纳金或者提供相应的担保并提起行政复议,但未向人民法院起诉而告确定者;(2)当事人对税务机关的处罚决定、强制执行措施或者税收保全措施不服的,未依法申请行政复议或依法向人民法院起诉而告确定者;(3)经法院判决维持原处分而不得再提起诉讼而告确定者。③ 然而形式存续力并非绝对效力,正如同司法判决的既判力同样受法律明文规定的再审制度的限制一样,基于征税行为的实质正义追求,形式存续力的效力受到"程序的重新进行"(Wideraufgreifen des Verfahren)④的限制,赋予纳税人在特定情形下要求征税机关对征税决定的内容进行重新审查的权利。因

---

① 形式存续力有多种表述,我国大陆和我国台湾地区学者多称形式确定力,日本学者多称不可争力。即便有学者对此概念予以严格区分,其目的亦在于强调行政与司法之差异,而非对此二者本质差异之区分。参见吴庚:《行政法之理论与实用》,中国人民大学出版社 2005 年版,第 237 页;赵宏:《法治国下的行政行为存续力》,法律出版社 2007 年版,第 24 ~ 30 页。

② 依我国台湾地区"税捐稽征法"第 34 条(重大逃漏税之公告及重大欠税、逃漏税案件确定之意义)的规定:台湾地区财政事务主管部门或经其指定之税捐稽征机关,对重大欠税案件或重大逃漏税捐案件经确定后,得公告其欠税人或逃漏税捐人姓名或名称与内容,不受前条第 1 项限制。台湾地区财政事务主管部门或经其指定之税捐稽征机关,对于纳税额较高之纳税义务人,得经其同意,公告其姓名或名称,并予奖励;其奖励办法,由台湾地区财政事务主管部门定之。第 1 项所称确定,系指下列各种情形:一经税捐稽征机关核定之案件,纳税义务人未依有关规定申请复查者。二经复查决定,纳税义务人未依有关规定提起诉愿者。三经诉愿决定,纳税义务人未依有关规定提再起诉愿者。四经再诉愿决定,纳税义务人未依有关规定提起行政诉愿者。五经行政诉讼判决者。

③ 参见《税收征收管理法》第 88 条。

④ 参见赵宏:《法治国下的行政行为存续力》,法律出版社 2007 年版,第 201 ~ 215 页。

此，若认为原征税决定不合法或不适当，无论该处分是否经复议、诉讼而告确定，作出税收核定的机关及其上级机关皆可为有利于纳税人的撤销或变更。

2. 实质存续力

实质存续力的法律效果针对税收法律关系中征税主体一方，是指常规征税决定一旦作出，则作出决定的征税主体原则上不得随意更改变动，不得在常规救济途径（税务行政复议与税务诉讼）之外的作为中排除征税决定的效力。实质存续力源自司法判决的羁束力[①]与确定效力。[②] 正如形式存续力可以概括为"不可诉请撤销性"一样，"有限的废除性"则是实质存续力的同一性概念或核心表达，[③]其理论基础同样是法的安定性原则与对纳税人合法预期的保护。

此处涉及法的安定性原则与依法课税原则之间的冲突。基于纳税人之信赖保护与法的安定性要求，常规征税决定应尽可能提高其实质存续力。但是，法律的实质正确性原则要求征税决定的作成内容、种类及额度皆应正确，因此存在突破存续力之维、废弃或变更不正确之征税决定的可能。据此，实质存续力的有限废除性基于两方面考虑：其一，征税行为作出程序的严谨性与缜密远不及司法程序，因而无法提供司法判决确定力可保障的合法性程度；其二，税法调整对象的复杂性与税收"大量行政"之特征要求其行为方式的灵活性，[④]因而尽管征税主体不得"任意"否定征税决定的效力，但仍得在满足法定主体、条件与程序的情况下，依法定途径撤销、变更不当决定。但考虑到税法作为无对价金钱给付对纳税人宪法权利的侵犯性，任何突破实质存续力之维的撤销、变更或废止，皆应遵循严格税收法定主义的"法律保留"要求，在税收法律中详尽表列。[⑤]

（二）构成要件效力与确认效力

构成要件效力和确认效力的术语源自德国行政法，是指行政行为对法院、

① 参见章志远：《行政行为效力论》，中国人事出版社 2003 年版，第 79 页。

② 参见赵宏：《法治国下的目的性创设——德国行政行为理论与制度实践研究》，法律出版社 2012 年版，第 217 页。

③ 参见赵宏：《法治国下的行政行为存续力》，法律出版社 2007 年版，第 69 页。

④ 德国税法上承认保留事后调查权的课税处分与暂时性课税处分，以及我国台湾地区采书面审核制度并保留事后调查权限，可在事后再作详尽调查而撤销、变更原处分，不受职权撤销或废止的限制，便是基于此等考虑。

⑤ 例如，《德国租税通则》第 172～177 条详尽规定了非暂时性或附有事后调查权之租税裁决、出现新事实或证据之租税裁决、冲突之租税核定以及其他情形之租税裁决的废弃或变更条件，以及废弃或变更租税裁决的信赖保护情形与法律瑕疵之更正的具体要求。

其他行政机关以及其他组织或个人产生的拘束效果。这一法律效果在国内有多种理解与表述，如作为公定力的一部分①或将其作为“狭义拘束力”②予以单独讨论。依行政法上的理解，构成要件效力是指除常规征税决定的作出机关外，其他所有的行政机关和公法上的行政事务承担者，以及原则上所有的法院都必须对已生效的征税决定中确认的事实要件及其在法律上的存在予以尊重，并作为自身决定的基础，即征税决定的“规制内容”对其他国家机关的拘束；而确认效力则是作为征税决定内容基础的“事实与法律认定”，或者是支持征税决定最终结论的“理由”部分对其他国家机关的拘束。③ 这两种效力，除基于税法秩序的统一性与安定性的要求外，亦基于权力分立的考虑。正如司法判决可以约束、监督征税主体的决定，征税主体之行为亦应受到司法机关和其他机关的承认和尊重，才能保证税收权力体系以和谐、稳定的整体性面貌呈现，为纳税人提供合理的保护预期。

(三)执行力

征税行为的形式与实质存续力、构成要件效力与确认效力的最终指向必然是执行力。执行力的概念在行政法领域争议颇多。常规征税决定如欲借鉴行政领域之执行力理论，需回答 3 个问题：第一，执行力的作用对象是纳税主体，还是所有征税行为主体？第二，执行力是不是征税机关固有的自力救济能力，借助法院的执行是否属于征税行为的执行效力？第三，执行力是被动效力还是主动效力，主动、自觉的履行是否属于执行力的范围？

笔者认为，首先，征税行为的执行力作用于所有征税行为主体。征税决定作出后，纳税人若没有异议，或未能提起税收救济，④或提起税收救济后没有获

---

① 行政法上，不少学者认为作用于行政主体之外的第三人的拘束力为公定力的一部分，没必要单独讨论。参见叶必丰：《行政行为的效力研究》，中国人民大学出版社 2002 年版，第 91 页；杨小军：《行政法基础理论研究》，西安交通大学出版社 2000 年版，第 161 页；等等。

② 余凌云教授认为，无论是公定力还是确定力，都不足以充分全面凸显对第三人拘束方面的意义，所以将这方面的意义独立为一项效力内容为妥。参见余凌云：《行政法讲义》(第 2 版)，清华大学出版社 2014 年版，第 226 页、第 229 ~ 230 页。

③ 参见赵宏：《法治国下的目的性创设——德国行政行为理论与制度实践研究》，法律出版社 2012 年版，第 292 ~ 306 页。

④ 需额外关注的是“未能提起税收救济”这一情形。我国《税收征收管理法》第 88 条的“清税前置”和“复议法定前置”的制度阻塞了无力缴纳税款及滞纳金或无法提供担保的纳税人寻求救济的渠道，近些年不断有学者对此提出反对意见。

准执行中止,[①]则必须履行税收行为规定的作为与不作为义务。同样,征税主体亦应履行其积极义务或消极义务,纳税人亦有权通过税务复议、诉讼、监督等途径迫使其执行征税决定。其次,执行力既包括自行履行力,也包括自力履行之外的其他强制实现力。依《税收征收管理法》的规定,征税机关和人民法院都有强制执行的权力。[②] 从前两个问题可推知,征税行为的执行力既包括被动效力也包括主动效力。事实上,税收大量行政的特征和取之于民、用之于民的本质,使主动、自觉的履行更应成为征税决定执行力的常态。

三、特殊征税决定的效力规则

常规征税决定发轫于传统的行政行为,更多体现了"命令—服从"式的权力性特征,因而得以在具有类似权利构造的行政行为效力规则基础上进行改造重整。常规征税决定的效力以存续力为核心,是基于税收国家纳税人共同体整体利益的需要,也是税收行政对法安定性与实质正义的秩序价值的追求使然,这一效力在多数情况下可以扩大适用到征税规定行为,但却往往不能推及特殊征税决定。

(一)效力规则的特殊性:不完备公法效力

相对常规征税决定以存续力为核心、以法的安定性为价值目标的效力规则来说,特殊征税决定主体的多元性、行为内容与行为方式的多样性、法律效果的间接性等特征,使其不具有权力性公法行为的完整效力结构。如果试图归纳特殊征税决定效力的统一规则,则只能称其为一种"不完备公法效力"[③]的状态。与特殊征税决定的效力相关的是其救济途径的特殊性。尽管诉讼通道的功能是公法行为理论的传统功能,但随着对纳税人保护范围的扩大,越来越多的特殊征税决定都可获得司法救济,如税务信息的公开,[④]但总体而言,目前的税务行政诉讼机制对特殊征税决定并未采取整体接纳的态度。

---

① "救济不停止执行原则"以优先实现税收债权为主导思想,与税收救济的目的亦不无抵触。

② 《税收征收管理法》第88条规定,当事人对税务机关的处罚决定逾期不申请行政复议也不向人民法院起诉、又不履行的,作出处罚决定的税务机关可以采取本法第40条规定的强制执行措施,或者申请人民法院强制执行。这也与《行政诉讼法》第95条的规定一致。

③ 是否可依更具有私法属性(如预先裁定)还是公法属性(如税收任务内部责任书)将特殊征税决定的效力分为"不完全公法效力"与"公法与私法效力混合",尚需进一步探讨。

④ 《政府信息公开条例》第51条规定:"公民、法人或者其他组织认为行政机关在政府信息公开工作中侵犯其合法权益的,可以向上一级行政机关或者政府信息公开工作主管部门投诉、举报,也可以依法申请行政复议或者提起行政诉讼。"

特殊征税决定的表现形式多样,效力规则亦呈现多样化特征,因而只能逐一考察不同类别决定的具体效力规则。特殊征税决定中最具代表性的为最具有契约属性的制度化税收合同。此处以税务和解契约为例,考察这一行为类型的效力规则,并以此为契机,延伸出对特殊决定效力之"不完备性"内涵的理解。

(二)个案检视:税务和解契约的效力

税务和解契约为税法上制度化契约的重要类型,在我国亦有实定法上的依据。①

和解契约之"契约"属性决定了其并不具备常规征税决定的全部效力,但依然具备部分效力,这是因为税法属强行规定,税捐债务性质上为法定债务,在税收法定主义的课税合法性要求下,即使税法中存在契约形态,双方的合意空间也是有限的。税法契约中的"自由"程度不能突破合目的性原则与比例原则等公法一般原则以及税法上的量能原则、稽征经济原则等理念划定的界限。因此,税法之和解契约,不能与民法上的和解契约相提并论,而宜以常规征税决定之效力结构为参照进行解析。

1.存续力之不完备性

税务和解契约是否具备"不可诉请撤销"之形式存续力,首先涉及税务上可为"和解"之范围。依《税务行政复议规则》的规定,②凡为"存在合理性问题"的具体行政行为,③一旦经和解达成,即具有形式存续力。该条款依据和解事项之范围概括授予了和解契约完整的形式存续力。然而,对形式存续力的判断,应依据和解契约之"标的"而非可为和解之"事项"。依税收法定主义之

---

① 在我国税法上,税务和解的实定法依据有二:《行政复议法实施条例》第40条规定:"公民、法人或者其他组织对行政机关行使法律、法规规定的自由裁量权作出的具体行政行为不服申请行政复议,申请人与被申请人在行政复议决定作出前自愿达成和解的,应当向行政复议机构提交书面和解协议;和解内容不损害社会公共利益和他人合法权益的,行政复议机构应当准许。"《税务行政复议规则》第86条规定:"对下列行政复议事项,按照自愿、合法的原则,申请人和被申请人在行政复议机关作出行政复议决定以前可以达成和解,行政复议机关也可以调解:(一)行使自由裁量权作出的具体行政行为,如行政处罚、核定税额、确定应税所得率等。(二)行政赔偿。(三)行政奖励。(四)存在其他合理性问题的具体行政行为。行政复议审理期限在和解、调解期间中止计算。"

② 《税务行政复议规则》第88条规定:"经行政复议机构准许和解终止行政复议的,申请人不得以同一事实和理由再次申请行政复议。"

③ 事实上,《税务行政复议规则》扩大了国务院《行政复议法实施条例》确立的和解案件的范围,将行政赔偿、行政奖励等不属于行政自由裁量权范围的具体行政行为皆纳入和解事项,其合法性有待商榷。

课税合法性原则,大陆法系国家一般认为税务案件在性质上并无成立和解契约之可能,因而对税务上的和解采严格主义的态度。例如,日本禁止采用和解方式处理税务争议。① 德国传统上均认为依税法上不容和解之原则,公法契约非稽征机关的合法行为方式之一,但近些年,德国联邦财务法院在判决中对"事实认知之协议"予以承认,②因此针对实体税收债权订立的税收协议因违反法律优位原则而无效,但承认针对应税事实订立的税收契约的法律拘束力。法国民事最高法院曾表示,税捐之征收主要是涉足公共秩序领域,故不得成为契约之标的。③ 依循大陆法系通说,税务和解契约仅应发生确定课税主要事实或相关事实的效力,纳税人不得就已经合意确定的课税事实或法律状态再行争执,而和解协议之形式存续力也只涉及"课税事实"部分,但课税的法律要件或税法适用部分并非税务和解协议之"标的",纳税人仍有进行质疑的请求权。可见,常规征税决定之形式存续力一般为一个由"课税的主要事实与相关事实"与"课税的法律要件与法律适用等规制内容"所构成的效力整体,但税务和解协议之形式存续力为仅针对课税事实的"部分形式存续力"。与之相对应,征税机关亦受到和解协议所确定之"事实"的约束,不得任意否定和解协议之效力。当然,从税收公平的角度来看,不应排除稽征机关及纳税人事后以发现新事实、新证据为理由,推翻原税务上和解契约所确定的事实或法律状态,④此即形式存续力与实质存续力之效力界限。

2. 是否具备构成要件效力与确认效力

税务和解契约是否具备构成要件效力与确认效力,取决于是否将和解契约视为独立的征税行为类型。有学者认为,成立税务上和解契约者不当然发生"缔结行政契约、以替代行政处分"⑤的效果,稽征机关如欲确定纳税义务人的税捐债务,尚需依据该和解契约所确定的事实或状态,另适用相关规定,再

① 但在实务中,当税务机关认为诉讼难以继续下去,会主动宣布以前确定的纳税金额(tax assessment)无效,纳税人则会因这个无效宣告而主动撤回诉讼。参见廖仕梅:《论税务行政争议和解机制》,载《税务研究》2017 年第 3 期。

② 参见葛克昌:《行政程序与纳税人基本权》,北京大学出版社 2005 年版,第 194 页。

③ 参见颜运秋:《税务和解的正当性分析》,载《法学杂志》2012 年第 8 期。

④ 参见葛克昌:《行政程序与纳税人基本权》,北京大学出版社 2005 年版,第 194 页。

⑤ 我国台湾地区"行政程序法"第 136 条规定:行政机关对于行政处分所依据之事实或法律关系,经依职权调查仍不能确定者,为有效达成行政目的,并解决争执,得与居民和解,缔结行政契约,以代替行政处分。

作成一核课处分。[①] 这一观点将税务和解契约视为常规征税决定(核课处分)中的一个中间环节,而非产生独立法律效果的行为。笔者认为,尽管税务和解契约之内容只包含确定课税主要事实与相关事实的内容,而不包含最终的课税决定,但正如一个理想的"依法律征税"模型所描述的,当法律规定的课税要件具备时,征税机关对税收的课征并无裁量权。如果税务和解契约已产生确定课税事实的效果,并对征税机关与纳税人同时产生拘束力,则征税机关只需以法定的课税事实为前提,并辅之以税额计算所需的相关资料,正确计算纳税人应缴纳之税额。此时,税务和解契约与核课处分的区别恐怕只在于是否对纳税人另行发放一纸"缴纳税款通知书",而并无实质上的法律效果差异。因此,作为替代常规征税决定的和解契约,应对其他国家机关产生拘束力。又因和解之内容为"事实认定",从理论上也应产生确认效力。只是税务和解之目的本身即在于降低征税机关的调查难度、调查成本以及纳税人常规救济途径可能产生的纳税风险,通过司法途径寻求救济并产生此种效力问题的可能性较低。

3."合同"执行力

从制度设计来看,税务和解协议可产生两种不同的执行效力:如将税务和解协议的效力等同常规征税决定的效力,则和解协议一经生效,双方当事人的权利义务关系即予以确定,具有强制执行之效力。和解协议存在无效或可撤销原因的,可以在法定期间内要求继续对原案件申请复议。如将税务和解协议的效力等同税收合同的效力,则具有执行依据之效力。纳税人不履行合同义务的,征税机关可以依法强制执行或申请人民法院强制执行;征税机关一方不履行合同义务的,纳税人亦可以提起行政诉讼,由法院以判决的形式责令征税机关履行义务。《税务行政复议规则》并未规定税务和解的效力,但在第 91 条、第 92 条中规定税务调解协议具有常规税收决定之效力。[②] 鉴于税务和解与调解机制具有一定程度的同质性,而条例制定机关在明示税务调解的法律效力时,并未明示税务和解的效力,可以推定在条例制定者

---

① 参见葛克昌:《行政程序与纳税人基本权》,北京大学出版社 2005 年版,第 192 页。

② 《税务行政复议规则》第 91 条规定:"行政复议调解书应当载明行政复议请求、事实、理由和调解结果,并加盖行政复议机关印章。行政复议调解书经双方当事人签字,即具有法律效力。调解未达成协议,或者行政复议调解书不生效的,行政复议机关应当及时作出行政复议决定。"第 92 条规定:"申请人不履行行政复议调解书的,由被申请人依法强制执行,或者申请人民法院强制执行。"

看来,税务和解与调解并不具有同等效力,税务和解只应具有税收合同的效力,一般来说不应由征税机关直接行使强制执行权,但可作为执行之依据。[①]

四、征税行为的效力来源:基于程序主义法范式的思考

正如同行政行为诞生于"依法律行政"这一形式法治国基本逻辑之下,征税行为的创设最终取向税收法定主义这一宪法原则,这就无可避免地会涉及一个宏大的法哲学议题,即国家法本身的不足问题。在税法领域,这一问题常常以"形式上的税收法定主义"与"实质上的税收法定主义"、税法的"实质正义"与"形式正义"、"税的形式合法性"与"税的实质合法性"、"税收法定主义发展的不同阶段"之类的概念表述出来。在税法的基本原则层面,税法的实质正义问题由量能课税原则和实质课税原则衡量,但作为对国家法能力的追问无法停留在分析实证法学的规范论调层面。只有对征税行为效力来源的讨论——产生对征税行为绝对控制力的税收实定法合法性的追问和对由形式法范式支配的征税行为的正当性探寻,才能回答"当前中国需要怎样的税法"这个问题。因此,对征税行为具体效力的讨论,最终会回到征税行为何以产生效力的本源性问题,回到对征税行为效力的法哲学反思上来,即在我国当前财税理论与实践的发展阶段,什么才是一个"好的"征税行为评价体系。

(一)"有效/无效"与"合法/违法"之区分

征税行为的合法与违法和有效与无效是两组既有联系又有区别的概念。前者涉及对税收法定之理解,后者涉及法政策方面的权衡与考量。税法和其他部门法一样,面对利益冲突确立了协调规则,而冲突协调规则的确立过程,就是作出价值判断的过程,这同时也是最值得争论的问题,比如,确认某一类型的征税行为绝对无效规则的理由为何。违法的行为不一定无效,有效的行为不一定合法,这一原理在民法与行政法中都有阐述。如税收优惠的授予,原则上需经纳税人申请,若征税机关未经纳税人申请而给予其税收优惠,属违法但有效的行为,纳税人补申请后则可弥补这一行为瑕疵。在税法中,此二者之区分因税法对法秩序安定性的更高要求而体现得更明显,征税行为的效力可

---

① 有学者将税务约谈记录区分为未具附款、具附款以及附具自愿接受执行三种样态,分别讨论其强制执行功能,也可以理解为对此类税收合同执行效力理论的进一步推进。参见陈珠成:《税务约谈法律问题之研究》,东海大学2001年硕士学位论文;倪维:《税务约谈法制化建构之研究》,中国政法大学2008年博士学位论文。

被理解为是由一种“古典的”[①]法定原则所衍生出的、特定的法律约束力和强制力。

征税行为效力评价面临的根本问题，是非民选的行政机关及其人员行使财税权，如何能得以“合法化”解释。围绕这一问题，税收法定原则的“合法性解释模式”试图将立法机关的政治合法性“传送”到税收行政活动之中，从而赋予征税权力的行使以过程的合法性。然而，以合法性作为效力评价的唯一基准的观念随第二次世界大战之惨痛教训而日渐遭到质疑。由于征税权力的广泛存在以及现代税收行政过程不断向一核多元的“政治过程”转化，合法性模式的解释能力面临巨大挑战。[②] 合法性评价或能成为征税行为有效/无效的评价标准之一，但非全部，原因有二：一方面，合法性评价中的“法”是指实定法，而其本身可为背离正义之恶法，因此应区分“合法性”与“合法律性”，“合法性”评价之内涵，除合法律性外，尚有合目的性评价、社会效果等评价规则；另一方面，违法性评价的程度亦有区别，征税主体的违法行为可为轻微违法、一般违法和重大违法，纳税主体的行为亦有合法、违法与适法之分，与此对应，行为效力亦不可不分畛域，比量齐观。因为一个法律行为的无效，意味着几方当事人的失败，几方当事人的失败就意味着社会关系发生紊乱，意味着一定范围的社会活动失去了可预见性。[③] 仅以合法/违法二维标准判定效力之有无难免以偏概全，损及税法秩序之安定。

规范性理论不仅要求陈述逻辑的一致性（无矛盾性），还要求无评价矛盾存在。从法定主义的努力方向来看，征税行为的效力不外乎来自法律的确定（义务）或授予（权利）——哈特意义上“规范人们具体的行动或变动的初级规则”与“产生了责任或义务的创设或改变的次级规则”。[④] 无论从财政的公共

---

① 在与20世纪以来出现的社会权利相区分的意义上，租税法律主义的原则被认为是立足于近代市民法原理之上的不受公共权力干涉的被动性权利，因而可以被评价为具有更高约束力的“古典的”原则。参见［日］北野弘久：《日本税法学原论》（第5版），郭美松、陈刚译，中国检察出版社2008年版，第71页。

② 以美国税法为例，税款一旦认定，在特定时间限度内必须缴纳。否则联邦意义上的税收债务就自动产生，并对纳税人在税额认定时拥有的所有财产以及税额认定后产生的收入均产生效力。但是这种债务不是自动执行的，政府必须通过征收或者提起诉讼来实现税收债权。See Camilla E. Watson, *Tax Procedure and Tax Fraud in a Nutshell*, 5th Edition, West Academic Publishing, 2016, p. 186.

③ 参见江必新：《法律行为效力制度的重构》，载《法学》2013年第4期。

④ ［英］哈特：《法律的概念》（第2版），许家馨、李冠宜译，法律出版社2011年版，第74页。

性、公共财产法的角度还是在实定法内部进行逻辑推演,恐怕都无法理解为何法律从众多规则中选取这两类规则赋予“法”的名称,并将其适用于如此多异质性的对象上。如本书第一章所述,对征税行为的讨论遵循了分析实证意义上的规范论方法——将法律视为包含“应当”①命题的行动理由,采取这一规范性前提的根本理由在于,分权规则对立法与行政权力配置的最初设定,而征税行为是遵循法律标准而导致的“规范性行动”。既然征税行为所建构的是税收行政秩序,则必然要遵守“分离命题”之下的事实性的法。

既然合法律性不能成为判断效力来源的唯一标准,我们需要讨论的问题将是,什么样的法是可以成为支配征税行为、为征税行为效力提供正当性基础的“合法之法”。因此,对征税行为效力来源的讨论,只有深入实定法之外的法律的事实性与有效性、公共自主与私人自主、形式法范式与实质法范式的层面进行思考,方能获得对征税行为效力的本源性认识。这一延伸性的讨论并未背离本书所设定的“规范性”前提,如果从分析实证主义的视角来看,征税行为效力来源的讨论处于奥斯丁谓之“主权者命令”、哈特语境下的“承认规则”或凯尔森意义上的“基础规范”的层面。

(二)税收法定主义祛魅:“合法性”与“合法律性”辨析

当我们的讨论已深入“合法性并非来自合法律性”这一与实定法的合法性危机相关的内容时,哈贝马斯的程序主义法范式无疑为我们在“形式理性法范式”与“实质理性法范式”、“权力斗争范式”与“权利本位范式”②、“本土资源范式”与诸多部门法学者的“法条主义范式”以及如权利与义务、公平与效率、国家与社会等“二元对立范式”③中的辗转徘徊、徙倚彷徉提供了新的思考进路。

在征税行为的评价体系中,“合法/违法”涉及对形式法治国之税收法定原则的理解,即哈贝马斯所说的“合法律性”(legality)与“事实性”之层面“,而“有效/无效”则涉及“合法性”(legitimacy)与“有效性”的问题。“合法律性”

---

① 所谓具有“应当”性质的行动指:行为人P在面临行动选择时,既有基于其自身偏好或者个人自利性(self-interest)的判断A,也有基于区别于自身偏好或自利判断之外的行为理由所导致的行动要求B,此时他受到行动理由的拘束,以B的方式行事,而没有遵从A的指引,此时他的行动就是具备“应当”性质的行动。参见陈景辉:《道德善、理性化与法的规范性——以哈特理论为中心的反省》,载《法律科学(西北政法大学学报)》2012年第4期。

② 张文显、于宁:《当代中国法哲学研究的范式转换——从阶级斗争范式到权利本位范式》,载《中国法学》2001年第1期。

③ 储槐植:《提倡折衷——法学研究范式检讨》,载《浙江社会科学》2005年第3期。

与“合法性”是哈贝马斯政治和法学著作中常用的两个基本概念，前者意指法律的效力源于法律形式本身，后者意指法律的效力除基于法律形式外，还应基于法律产生程序的合理性与规则内在理由的可接受性。“事实性”意味着规则的被承认，“有效性”意味着规则的值得承认。哈贝马斯所探讨的法律“事实性”与“有效性”之间的关系，实质上涉及的就是法学界长期争论的“实然”与“应然”之间的关系，以及法的安定性与实质正义之间的关系。

税法作为“干预法”与“分配法”，兼具哈贝马斯谓之“资产阶级形式法范式”与“社会福利国家法范式”[①]的特征。学界一直在试图激活税收法定主义的形式法面向，通过法律的治理来限制政府征税权的恣意行使，维护纳税人私人自主，这体现在：第一，主张税收法律至上，控制征税权的法律需由民主代议机构制定与监督，并赋予其至高无上的地位；第二，强调规则之治与程序正义，税收法律应成为治理税法秩序的主要方式，事先制定的税法规则需具有严密的结构与明确的范围，得到严格的遵守和普遍的服从，并通过罗尔斯式的程序正义观——“存在一种正确的或公平的程序，这种程序若被人们恰当的遵守其结果也会是正确的或公平的”，[②]控制征税权的恣意与实现纳税人的基本权；第三，强调“法律的自治”，税法的合法性判准来自国家法而非其他的社会目标、政策或道德标准，法律本身的自治同时衍生出对税收机构（行政与司法）的区分要求；第四，强调税收法律形式上的稳定性、连续性、公开性、明确性等特征，并基于税法之“大量行政”特征，强调具有如上特征之法律在适用上的普遍公正，不应基于个案对法律作出个别性调整；第五，强调税法的主要目的在于保护纳税人权利。税法的形式法范式坚持国家与社会的二分，[③]注重对纳税人财产自由、营业自由、职业自由等私人领域的维护，抵御公权力对纳税人基本权的侵蚀成为税收正义的核心内容。税法的实质法特征则突出体现在财政分配和居民个人收入分配功能上，通过在国家与纳税人以及纳税人之间重新分配税收负担，税法从形式面向转向实质面向，即“从一个强调有助于私人行动的国家框架的更为个人主义的社会的想象和意识形态，转变为一个更为注重管

---

① [德]哈贝马斯：《在事实与规范之间：关于法律和民主法治国的商谈理论》，童世骏译，生活·读书·新知三联书店2014年版，第485页。

② [美]约翰·罗尔斯：《正义论》，何怀宏等译，中国社会科学出版社1988年版，第82页。

③ 税法领域国家与社会二分的宪法意义，参见葛克昌：《租税国的危机》，厦门大学出版社2016年版，第26～48页。

理、再分配和福利的国家的现象和意识形态”。[①] 然而,正如哈贝马斯所断言的,无论是关注法律形式要件的形式法范式,还是偏重法的实质合理性的实质法范式,都有其缺陷:前者如“理性人”的理论预设缺陷无法实现实质平等与弱势群体的自由,个人主义的出发点也必将导致人与人之间更深层次的隔阂;后者如国家在提供照顾、分配生活机会的同时也将不可避免地造成公权力的扩张与私人自主的丧失。

(三)建构程序主义法范式的征税行为效力评价标准

依据所有的程序性理论,一个规范的正确性或一个陈述的真值取决于,这个规范或陈述是不是,或者是否可能是一个特定程序的结果。[②] 在分别对这两种主导当代法秩序的范式进行批判的基础上,哈贝马斯将寻求法律可辩护性的努力引向了程序主义的进路。他认为,在道德多元主义的现代社会,法律的正当性只能靠法律得以产生的程序来保障。他给出的解决方案是,诉诸交往理性和商谈论民主的重构,通过建构一种可以生成“合法之法”的程序主义法范式,缓解法律的事实性与有效性之间的紧张关系,重建法律的有效性。

哈贝马斯认为,“合法之法”的生成需经历两个阶段。第一阶段为非正式政治意见的形成阶段,公民通过政治自主权的形式,在非建制化的公共领域、依循特定的“交往结构”,[③]就法律问题进行开放的沟通与讨论,进而形成公共意见与公共舆论。从“意见”到“公共意见”,哈贝马斯认为,存在“按照议题和肯定/否定的观点对意见进行分拣”以及“把信息和理由加工为有焦点意义的观点”两个环节。[④] 这两个环节的存在使公共意见与民意调查相区分。第二阶段则是立法商谈阶段,是指在吸收、过滤公众立法意见和建议的基础上,形成正式的政治意志的过程,这一阶段同时也是专家参与立法的过程。这二者间是一个循环往复的过程,对于产出立法的建制化商谈,最后仍然要接受公共领域的检验,当公共领域的批判拥有足够的理由时,建制化的商谈程序和结构都

① [德]哈贝马斯:《在事实与规范之间:关于法律和民主法治国的商谈理论》,童世骏译,生活·读书·新知三联书店2014年版,第502页。

② 参见[德]罗伯特·阿列克西:《法、理性、商谈:法哲学研究》,朱光、雷磊译,中国法制出版社2011年版,第103页。

③ “交往结构”是哈贝马斯理论中“公共意见”与“意见”、“交往行动”与“日常交往”相区分的主要标志,遵循特定交往结构形成公共意见是构成公共领域的不可分离的两个要素。

④ 参见[德]哈贝马斯:《在事实与规范之间:关于法律和民主法治国的商谈理论》,童世骏译,生活·读书·新知三联书店2014年版,第445~452页。

可能为之改变。

在程序法范式的理论框架下理解，第一阶段“政治公共领域立法意见的形成过程”是与征税相关的意见依循“交往结构”在无政府的、非组织的、敏锐而包容的纳税人群体间自由流动的过程。情景的普遍化、包容性和更高的匿名性一方面要求这些意见的明确性和非专业性，另一方面也可减轻由行动责任导致的公众决策的负担，①使纳税人之见解更趋近于理智化。因此，这一阶段也是重构纳税人基本权利体系的过程，是纳税人共同体之间相互承认、相互赋予权利的横向社会联系过程，是税收法定主义脱离其形式化局限与合法化危机的关键，其根本目的在于“通过自己的公共意见而对议会组织（以及法院）造成一定效应，并且迫使政治系统转到正式的权力循环”。② 然而，哈贝马斯同时认为，民主的政治意见如果要形成具有能贯穿整个社会并具有集体约束力的政治决定，必须经过某种集中、整理与过滤的过程，非建制化的公共领域不足以承担形成统一意志的政治功能，③因为非建制化的软弱性同样造成其易受到行政权力与社会权利的排挤。因此，依然需要一种具有固定程序和严格规则的建制化商谈——立法机构的论证性商谈——去形成政治意志，第二阶段的商谈是产出立法的建制性商谈，以纵向的国家政治权力为保障，将经由沟通互动而达成的纳税人共同体理想转变为实然的权利。这一阶段的商谈过程包括道德商谈、伦理商谈、实用商谈等在内，所有商谈最终将以法律商谈表现出来，④即立法过程终于法律商谈。《立法法》修法过程中税收法定条款的逆转，即可理解为道德商谈与法律商谈的结果。

征税行为理论试图通过型式化的努力一边控制公权主体，另一边赋权于私权主体，从而建构兼具合法律性与合法性内涵的税收行政秩序。若想在一个广土众民的现代国家和一个高度技术化、专业化的领域内实现这样的目标，可以支配并作为征税行为效力来源的将仅仅是那些哈贝马斯语境下“可以在一个商谈性意见形成和意志形成过程中被所有法律同伴所合理接受”的法律，

① 从“死亡税率”引发的风波不难看出交往意见和具体行动责任的分离对行动者的意义。

② ［德］哈贝马斯：《在事实与规范之间：关于法律和民主法治国的商谈理论》，童世骏译，生活·读书·新知三联书店2014年版，第460页。

③ 参见高鸿钧：《商谈法哲学与民主法治国——〈在事实与规范之间〉阅读》，清华大学出版社2007年版，第69页。

④ 参见［德］哈贝马斯：《在事实与规范之间：关于法律和民主法治国的商谈理论》，童世骏译，生活·读书·新知三联书店2014年版，第205页。

从而在价值多元难以弥合的现实下,通过一种可能达成的程序性共识来最终实现实质上的共识,使国家的征税活动不是出于封闭的行政权的支配意志,而是出于经协商达成的共同意志。

五、本章小结

无论是在理论上还是在实务中,征税行为面临的第一个问题就是生效与无效的制度安排。如何理解征税行为的效力规则,代表了税法学理对税法的事实性与有效性、税法秩序的安定性与实质正义这两对矛盾的思考。依内容的不同,征税规定的效力体系由内部"外溢性"效力、间接外部效力与直接外部效力三部分组成;常规征税决定的效力规则得以在行政行为效力制度基础上重整续造,形成以存续力为核心的三重效力结构;与常规税收决定不同,特殊征税决定的效力则展现出"不完备公法效力"之特征。对征税行为效力制度的讨论,最终会回归对效力来源的追问上来。笔者认为,合法律性无法成为判断效力来源的唯一标准,以沟通行动理论与商谈伦理学为理论基础、以公众参与和协商为制度基础的程序主义法范式,或可成为支配征税行为、为征税行为效力提供正当性基础的"合法之法"的生产系统。①

---

① 这一变化过程也可以从法学研究的范式转化中获得理解。在苏式法学话语处于支配地位的时期,法学研究范式大体对应国家主义的立法中心主义范式;20 世纪 90 年代后,司法中心主义的英美法话语体系占据一席之地;为回应行政权扩张这一世界性的潮流,行政中心主义研究范式强调重视行政机构及其行为在公共生活与法律领域内的巨大影响;直到近些年,强调回应民众对法律的期待与想象的多元主义范式获得重视。

结　论

税法上行为理论之建构,以及由此衍生的相关理论和实践议题,近年在学界引发相当程度的关注。唯当前对这一论题的认识仍然存在若干不足,其中不乏少数者因在语词选用、价值功能、范畴边界、法律效力等根本性问题上未达成共识而造成偏误。欲为税法实践提供适格的理论指导工具,应先在学理上结束对这一术语的分散的、非规范的研究状态,探寻、厘清如上"前问题"之答案。本书择"征税"视角,从大陆法上行为理论的知识传统出发,系统讨论了征税行为的理论构成、基本功能、约束原则、内涵要素、范畴边界等论题,初步建构统摄多元税收行政活动方式、指导税收行政秩序形成的"征税行为"理论。据此,全书之观点可作如下归纳:

第一,从理论创设的基本路径来看,行政法上的行为理论与税收活动在基本理念上存在差异,经济法上的行为理论与税收活动在功能定位上存在分歧,民法上的法律行为理论与税收活动在属性上无法兼容,财税法自身尚未达成对"行为"的统一理解。为贯彻税法上法治国诸原则、实现税法体系与税法秩序的理性统一,对征税行为乃至对税法上全部"行为"的理解皆应遵循法学行为理论的知识生产传统,传承这一套业已成熟的理论话语体系所具有的价值上和技术上的优势。

第二,征税行为的根本目的与价值追求在于通过形塑税收行政秩序,实现税法秩序之安定性与实质正义。其中,税法的安定性目标具有优先的价值位阶。征税行为价值目标的作用机制在于与制定法和司法判决共同构成了完整的税法秩序:一方面,将既不受宪法性法律与税收行政立法授权规则直接约束,也无法完全依赖司法监督的那一部分税法规范纳入视野;另一方面,通过法律涵摄的过程,将纳税人在税收法律关系中的权利义务以及纳税人与征税机关之间的关系通过个案宣示予以具体化、明确化,再经由不断将新兴税收活动锻造为征税行为的固定类型,使由征税行为确定的内容如同司法判决一样对纳税人具有明确性、客观性和可预测性,从而维护税法的整体秩序。

第三,征税行为范畴之界定,一方面,需考虑继受行政行为形式理论在教义上的核心功能;另一方面,亦需回应税法理念跃迁对既有行为类型的拓展,依税法上特殊的建制原则与程序规则界定符合税法价值目标的范畴边界。据此,征税行为的基本范畴由征税规定行为与征税决定行为两个板块构成,征税规定行为,是指征税主体制定和发布具有普遍效力的税收规范性文件的行为;征税决定行为,是指征税行为主体针对特定事项所作的、能够引起税法上法律效果的行为。在此基础上可进行二次类型化,前者可在“实质标准—形式标准”(对内/对外、职权/授权)的基础上类型化为解释性征税规定、裁量性征税规定、事实认定性征税规定与组织性征税规定,后者可以权力化与程式化程度为标准类型化为常规征税决定与特殊征税决定。常规征税决定的类型由传统行政行为类型衍变而来,具备征税行为一般要件和全部特殊要件;特殊征税决定由“影响效果”行为、具有私法属性的征税决定以及制度化税收契约 3 种基本类型构成。特殊征税决定均需具备征税行为的一般要件,个别要件则依行为类型而有所不同。

第四,征税行为的内涵要素可从构成要件、法律特征、主体制度与意思表示制度 4 个角度理解。征税行为中的“行为”,是指税收法律关系参加者为实现税法上的权利义务内容所为之特定活动。在构成要件上,征税行为的成立分为一般要件与特殊要件,征税机关的税收征管权是征税行为成立的唯一一般要件,特殊要件则包括主体要件、表示要件与法律效果要件,一般要件是征税行为成立的必备要件,特殊要件的具体构成则随征税行为类型不同而有所差异。在法律特征上,征税行为表现出行政性、过程性与受法律规制性的特征。在主体制度上,纳税人日渐在税收行政活动中获得独立的法律资格与“形成性”的纳税人权利,这一主体变化的过程需在“权力—权利”的分析范式中获得合理解释。在征税行为的意思表示制度上,尽管可由公法与私法意思表示的理论成果中推导出税法意思表示制度的法律属性与具体内容,但意思表示并非征税行为的一般构成要件,而只构成特定分类方式下某一类行为的构成要件。

第五,在征税行为的分类上,以税法权力与契约的双重属性为理论标识,以合意程度和行政强制力的介入程度为判断标准,可将征税行为分为"低合意—高强制""高合意—低强制""低合意—低强制""高合意—高强制"4 种类型。这一划分,一方面展现了税收法律关系公私兼备的基本属性及现代公法学所具有的某种非强制性、非型式化的共性和趋势;另一方面也展现了我国税收行政活动在实践中的多元性、复杂性及税收权力性质的演变规律。合意所具有的平等性、协商性、参与性使其与税收债法制度、非正式程序制度、自由裁量权制度等直接相连,强制的权力属性则决定了征税行为对征纳双方主体的拘束作用,并具体表现在征税行为的效力规则上。从整体趋势上来看,征税行为模式正在从"低合意—高强制""低合意—低强制"向"高合意—低强制""高合意—高强制"行为转化。

第六,在征税行为的效力规则上,以本书确立的征税行为范畴为逻辑限定,征税规定的效力体系由内部"外溢性"效力、间接外部效力与直接外部效力三部分组成;常规征税决定的效力内容由以存续力为核心的三重效力构成;特殊征税决定的效力则展现出"不完备公法效力"之特征。在征税行为的评价体系中,"合法/违法"涉及对形式法治国之税收法定原则的理解,即"合法律性"与"事实性"之层面,而"有效/无效"则涉及法政策方面的权衡与考量,即"合法性"与"有效性"的问题。合法律性无法成为判断效力来源的唯一标准,以沟通行动理论与商谈伦理学为理论基础、以公众参与和协商为制度基础的程序主义法范式,或可成为支配征税行为、为征税行为效力提供正当性基础的"合法之法"的生产系统,从而使国家的征税活动不是出于封闭的行政权的支配意志,而是出于经协商达成的共同意志。

本书对征税行为核心要素的讨论虽由影响理论建制之历史背景、价值目标、基本原则等"暗线"贯穿牵引,但对于这一处于"前范式时期"命题的论证,注定无法穷尽所有相关要素、将全部税收活动予以类型化处理,而更多的是一种提示性探索。但依然希望,这样的探索可以为税收行政法治化目标之实现提供一种可能的思考进路。

参 考 文 献

一、著作类

(一)中文著作

1. 王泽鉴:《民法总则》,北京大学出版社2009年版。

2. 张文显:《法哲学通论》,辽宁人民出版社2009年版。

3. 董安生:《民事法律行为》,中国人民大学出版社2002年版。

4. 孙宪忠主编:《民法总论》,社会科学文献出版社2004年版。

5. 苏永钦:《私法自治中的经济理性》,中国人民大学出版社2004年版。

6. 苏永钦:《走入新世纪的私法自治》,中国政法大学出版社2002年版。

7. 苏永钦:《寻找新民法》,北京大学出版社2012年版。

8. 郑永年:《中国的"行为联邦制":中央—地方关系的变革与动力》,邱道隆译,东方出版社2013年版。

9. 耿林:《强制规范与合同效力——以合同法第52条第5项为中心》,中国民主法制出版社2009年版。

10. 梁慧星:《民法总论》,法律出版社1996年版。

11. 王利明:《民法总则研究》,中国人民大学出版社2003年版。

12. 翁岳生:《行政法与现代法治国家》,台北,详新印刷公司 1979 年版。

13. 罗豪才、湛中乐主编:《行政法学》(第 4 版),北京大学出版社 2016 年版。

14. 姜明安主编:《行政法与行政诉讼法》(第 6 版),北京大学出版社、高等教育出版社 2015 年版。

15. 叶必丰:《行政行为的效力研究》,中国人民大学出版社 2002 年版。

16. 余凌云:《行政法讲义》(第 2 版),清华大学出版社 2014 年版。

17. 胡建淼、江利红:《行政法学》(第 4 版),中国人民大学出版社 2018 年版。

18. 杨建顺主编:《行政法总论》,中国人民大学出版社 2012 年版。

19. 罗豪才主编:《行政法学》,中国政法大学出版社 1999 年版。

20. 胡建淼主编:《行政行为基本范畴研究》,浙江大学出版社 2005 年版。

21. 张兆成:《行政法律行为论纲》,人民出版社 2013 年版。

22. 王清云、迟玉收:《行政法律行为概要》,对外贸易教育出版社 1990 年版。

23. 王清云、迟玉收主编:《行政法律行为》,群众出版社 1992 年版。

24. 袁曙宏等:《现代公法制度的统一性》,北京大学出版社 2009 年版。

25. 李昌麒主编:《经济法学》(第 5 版),中国政法大学出版社 2017 年版。

26. 张守文:《经济法理论的重构》,人民出版社 2004 年版。

27. 史际春、邓峰:《经济法总论》(第 2 版),法律出版社 2008 年版。

28. 孟庆瑜主编:《经济法》,清华大学出版社 2014 年版。

29. 张文显主编:《法理学》,高等教育出版社 2003 年版。

30. 张晓婷:《税行为研究》,北京师范大学出版社 2011 年版。

31. 李刚:《税法与私法关系总论——兼论中国现代税法学基本理论》,法律出版社 2014 年版。

32. 姚文胜:《政府采购法律制度研究》,法律出版社 2009 年版。

33. 刘剑文等:《财税法总论》,北京大学出版社 2016 年版。

34. 陈新民:《中国行政法学原理》,中国政法大学出版社 2002 年版。

35. 翁岳生编:《行政法》(上册),中国法制出版社 2009 年版。

36. 赵宏:《法治国下的目的性创设——德国行政行为理论与制度实践研究》,法律出版社 2012 年版。

37. 卓泽渊:《法学导论》(第 2 版),法律出版社 2015 年版。

38. 高其才:《法理学》(第3版),清华大学出版社2015年版。
39. 李龙主编:《法理学》,武汉大学出版社2011年版。
40. 张文显主编:《法理学》(第5版),高等教育出版社2018年版。
41. 葛克昌:《所得税与宪法》,台北,翰芦图书出版有限公司2009年版。
42. 葛克昌:《租税国的危机》,厦门大学出版社2016年版。
43. 何勤华:《德国法律发达史》,法律出版社2000年版。
44. 章剑生:《现代行政法总论》,法律出版社2014年版。
45. 张守文:《财税法学》(第6版),中国人民大学出版社2018年版。
46. 陈少英主编:《税法学》(第2版),格致出版社、上海人民出版社2011年版。
47. 张怡主编:《税法学》,法律出版社2010年版。
48. 赖恒盈:《行政法律关系论之研究——行政法学方法论评析》,台北,元照出版公司2003年版。
49. 葛克昌:《行政程序与纳税人基本权》,北京大学出版社2005年版。
50. 黄茂荣:《法学方法与现代税法》,北京大学出版社2011年版。
51. 顾功耘主编:《经济法教程》(第3版),上海人民出版社、北京大学出版社2013年版。
52. 李昌麒、刘瑞复主编:《经济法》,法律出版社2004年版。
53. 李曙光主编:《经济法学》(第2版),中国政法大学2013年版。
54. 徐孟洲主编:《经济法学》,北京师范大学出版社2010年版。
55. 刘瑞复:《经济法学原理》(第4版),北京大学出版社2013年版。
56. 张守文主编:《经济法学》(第7版),北京大学出版社2018年版。
57. 张正钊、李元起主编:《部门行政法研究》,中国人民大学出版社2000年版。
58. 刘剑文:《财税法——原理、案例与教材》(第3版),北京大学出版社2017年版。
59. 李刚:《现代税法学要论》,厦门大学出版社2014年版。
60. 葛克昌:《税捐行政法——纳税人基本权视野下之税捐稽征法》,厦门大学出版社2016年版。
61. 全国高等教育自学考试指导委员会组编、张守文主编:《经济法概论》,北京大学出版社2005年版。
62. 张富强主编:《税法学》,法律出版社2007年版。

63. 刘春堂:《租税优先权研究》,台北,台湾地区财政事务主管部门财税人员训练所1980年版。

64. 许智诚:《我国租税债权之保全与强制执行》,台北,联经出版事业公司1986年版。

65. 康炎村:《租税法原理》,台北,凯仑出版社1987年版。

66. 陈清秀:《税法总论》,台北,元照出版公司2014年版。

67. 刘剑文、熊伟:《税法基础理论》,北京大学出版社2004年版。

68. 施正文:《税收程序法论——监控征税权运行的法理与立法研究》,北京大学出版社2003年版。

69. 刘剑文主编:《财税法学前沿问题研究:依宪治国、收入分配与财税法治》,法律出版社2015年版。

70. 钱俊文:《国家征税权的合宪性控制》,法律出版社2007年版。

71. 陈丹:《论税收正义——基于宪法学角度的省察》,法律出版社2010年版。

72. 滕祥志:《税法实务与理论研究》,法律出版社2008年版。

73. 刘剑文:《税法学》(第5版),北京大学出版社2017年版。

74. 徐孟洲主编:《税法》,中国人民大学出版社1999年版。

75. 刘剑文主编:《财政税收法》(第3版),法律出版社2003年版。

76. 张守文:《税法原理》(第8版),北京大学出版社2018年版。

77. 孙树明主编:《税法教程》,法律出版社1995年版。

78. 严振生主编:《税法》,中国政法大学出版社2007年版。

79. 许善达等:《中国税权研究》,中国税务出版社2003年版。

80. 楼继伟主编:《深化财税体制改革》,人民出版社2015年版。

81. 马骏:《治国与理财:公共预算与国家建设》,生活·读书·新知三联书店2011年版。

82. 马骏:《中国公共预算改革:理性化与民主化》,中央编译出版社2005年版。

83. 马骏、谭君久、王浦劬主编:《走向"预算国家":治理、民主和改革》,中央编译出版社2011年版。

84. 刘剑文:《重塑半壁财产法:财税法的新思维》,法律出版社2009年版。

85. 葛克昌:《国家学与国家法》,台北,月旦出版社股份有限公司1996年版。

86. 葛克昌:《所得税与宪法》,北京大学出版社 2004 年版。
87. 韩大元主编:《依宪治国》,社会科学文献出版社 2016 年版。
88. 陈端洪:《宪治与主权》,法律出版社 2007 年版。
89. 任际:《财政法理论研究》,法律出版社 2016 年版。
90. 葛克昌:《税法基本问题——财政宪法篇》,台北,元照出版公司 2005 年版。
91. 郑永流:《法治四章——英德渊源、国际标准和中国问题》,中国政法大学出版社 2002 年版。
92. 城仲模主编:《行政法之一般法律原则》,台北,三民书局股份有限公司 1999 年版。
93. 朱新力、唐明良等:《行政法基础理论改革的基本图谱:“合法性”与“最佳性”二维结构的展开路径》,法律出版社 2013 年版。
94. 熊文钊主编:《公法原理》,北京大学出版社 2009 年版。
95. 何勤华、张海斌主编:《西方宪法史》,北京大学出版社 2006 年版。
96. 翟小波:《人民的宪法》,法律出版社 2009 年版。
97. 陈瑞华:《看得见的正义》,中国法制出版社 2000 年版。
98. 陈新民:《法治国公法学原理与实践》,中国政法大学出版社 2007 年版。
99. 季卫东:《法治秩序的建构》,商务印书馆 2014 年版。
100. 何怀宏:《公平的正义——解读罗尔斯〈正义论〉》,山东人民出版社 2002 年版。
101. 黄俊杰:《税捐法定主义》,台北,翰芦图书出版有限公司 2012 年版。
102. 周刚志:《财政转型的宪法原理》,中国人民大学出版社 2014 年版。
103. 甘功仁主编:《财税法学专题》,北京师范大学出版社 2015 年版。
104. 余凌云:《行政契约论》(第 2 版),中国人民大学出版社 2006 年版。
105. 杨仁寿:《法学方法论》(第 2 版),中国政法大学出版社 2013 年版。
106. 翟继光:《税法学原理——税法理论的反思与重构》,立信会计出版社 2011 年版。
107. 许宗力:《法与国家权力》,台北,月旦出版社股份有限公司 1993 年版。
108. 蒋红珍:《论比例原则——政府规制工具选择的司法评价》,法律出版社 2010 年版。

109. 陈清秀:《现代税法原理与国际税法》,台北,元照出版公司 2010 年版。

110. 黄茂荣:《税法总论——法学方法与现代税法》(第一册),台北,植根法学丛书编辑室 2002 年版。

111. 张文显:《法哲学范畴研究》(修订版),中国政法大学出版社 2001 年版。

112. 江利红:《日本行政法学基础理论》,知识产权出版社 2008 年版。

113. 杨建顺:《日本行政法通论》,中国法制出版社 1998 年版。

114. 吴庚:《行政法之理论与实用》,中国人民大学出版社 2005 年版。

115. 胡建淼:《行政与法治》,国家行政学院出版社 2014 年版。

116. 林来梵主编:《宪法审查的原理与技术》,法律出版社 2009 年版。

117. 张莉:《当代法国公法——制度、学说与判例》,中国政法大学出版社 2013 年版。

118. 胡建淼:《行政法学》(第 4 版),法律出版社 2015 年版。

119. 马怀德主编:《行政法与行政诉讼法》(第 5 版),中国法制出版社 2015 年版。

120. 杨生、孙秀君:《行政执法行为》,中国法制出版社 2003 年版。

121. 傅红伟:《行政奖励研究》,北京大学出版社 2003 年版。

122. 方世荣主编:《行政法与行政诉讼法学》,人民法院出版社 2003 年版。

123. 何海波:《行政诉讼法》(第 2 版),法律出版社 2016 年版。

124. 杨解君主编:《中国行政合同的理论与实践探索》,法律出版社 2009 年版。

125. 佟柔主编:《中国民法》,法律出版社 1990 年版。

126. 张俊浩主编:《民法学原理》,中国政法大学出版社 1997 年版。

127. 张怡等:《人本税法研究》,法律出版社 2016 年版。

128. 魏俊:《税权效力论》,法律出版社 2012 年版。

129. 龚伟:《税法中的利益及其平衡机制研究》,中国法制出版社 2016 年版。

130. 张治宇:《合作论——从政治哲学、法哲学到行政法哲学》,法律出版社 2017 年版。

131. 喻中:《论授权规则》(第 2 版),法律出版社 2013 年版。

132. 张馨等:《当代财政与财政学主流》,东北财经大学出版社 2000 年版。

133. 刘剑文主编:《WTO体制下的中国税收法治》,北京大学出版社2004年版。
134. 刘剑文主编:《纳税主体法理研究》,经济管理出版社2006年版。
135. 郑春燕:《现代行政中的裁量及其规制》,法律出版社2015年版。
136. 余凌云:《行政自由裁量论》(第3版),中国人民公安大学出版社2013年版。
137. 孙笑侠:《法律对行政的控制——现代行政法的法理解释》,山东人民出版社1999年版。
138. 王锡锌主编:《公众参与和中国新公共运动的兴起》,中国法制出版社2008年版。
139. 芮沐:《民法法律行为理论之全部(民总债合编)》,中国政法大学出版社2003年版。
140. 王名扬:《法国行政法》,中国政法大学出版社1988年版。
141. 翁岳生主编:《行政法》,台北,翰芦图书出版有限公司2000年版。
142. 吴庚:《行政法之理论与实用》,台北,三民书局股份有限公司1996年版。
143. 蒋先福:《契约文明:法治文明的源与流》,上海人民出版社1999年版。
144.《德国租税通则》,陈敏译,台北,台湾地区财政事务主管部门财税人员训练所1985年版。
145. 肖金明主编:《行政强制释论》,山东大学出版社2012年版。
146. 傅士成:《行政强制研究》,法律出版社2001年版。
147. 顾培东:《社会冲突与诉讼机制》,四川人民出版社1991年版。
148. 周永坤:《法理学——全球视野》,法律出版社2010年版。
149. 林纪东:《行政法》,台北,三民书局股份有限公司1988年版。
150. 赵宏:《法治国下的行政行为存续力》,法律出版社2007年版。
151. 章志远:《行政行为效力论》,中国人事出版社2003年版。
152. 杨晓君:《行政法基础理论研究》,西安交通大学出版社2000年版。
153. 高鸿钧:《商谈法哲学与民主法治国——〈在事实与规范之间〉阅读》,清华大学出版社2007年版。
154. 刘剑文主编:《财税法学前沿问题研究:法治财税与国家治理现代化》,法律出版社2016年版。

155. 张馨:《公共财政论纲》,经济科学出版社 1999 年版。

156. 叶姗:《税法之预约定价制度研究》,人民出版社 2009 年版。

157. 李建人:《英国税收法律主义的历史源流》,法律出版社 2012 年版。

(二)外文译著

1. [德]维尔纳·弗卢梅:《法律行为论》,迟颖译,法律出版社 2013 年版。

2. [德]亚图·考夫曼:《法律哲学》,刘幸义等译,台北,五南图书出版有限公司 2000 年版。

3. [德]奥托·迈耶:《德国行政法》,刘飞译,商务印书馆 2013 年版。

4. [法]米歇尔·福柯:《规训与惩罚》,刘北成、杨远婴译,生活·读书·新知三联书店 1999 年版。

5. [英]约瑟夫·拉兹:《法律的权威》,朱峰译,法律出版社 2005 年版。

6. [德]卡尔·拉伦茨:《法学方法论》,陈爱娥译,商务印书馆 2003 年版。

7. [古罗马]盖尤斯:《盖尤斯法学阶梯》,黄风译,中国政法大学出版社 2008 年版。

8. [意]杜里奥·帕多瓦尼:《意大利刑法学原理》,陈忠林译,法律出版社 1998 年版。

9. [德]汉斯·海因里希·耶赛克、托马斯·魏根特:《德国刑法教科书》,徐久生译,中国法制出版社 2001 年版。

10. [美]诺内特、塞尔兹尼克:《转变中的法律与社会:迈向回应型法》,张志铭译,中国政法大学出版社 1994 年版。

11. [奥]凯尔森:《法与国家的一般理论》,沈宗灵译,中国大百科全书出版社 1996 年版。

12. [德]罗伯特·阿列克西:《法律论证理论——作为法律证立理论的理性论辩理论》,舒国滢译,中国法制出版社 2002 年版。

13. [美]本杰明·卡多佐:《司法过程的性质》,苏力译,商务印书馆 1998 年版。

14. [日]北野弘久:《日本税法学原论》(第 5 版),郭美松、陈刚译,中国检察出版社 2008 年版。

15. [美]休·奥尔特、[加]布赖恩·阿诺德:《比较所得税法——结构性分析》(第 3 版),丁一、崔威译,北京大学出版社 2013 年版。

16. [法]莫里斯·奥里乌:《行政法与公法精要》(下册),龚觅等译,辽海出版社、春风文艺出版社 1999 年版。

17. [德]格奥格·耶利内克:《主观公法权利体系》,曾韬、赵天书译,中国政法大学出版社 2012 年版。

18. [德]施密特·阿斯曼:《秩序理念下的行政法体系建构》,林明锵等译,北京大学出版社 2012 年版。

19. [日]金子宏:《日本税法原理》,刘多田等译,中国财政经济出版社 1989 年版。

20. [日]金子宏:《日本税法》,战宪斌、郑林根等译,法律出版社 2004 年版。

21. [美]本杰明·N. 卡多佐:《法律的成长》,李红勃、李璐怡译,北京大学出版社 2014 年版。

22. [日]村井正:《现代租税法之课题》,陈清秀译,台北,台湾地区财政事务主管部门财税人员训练所 1989 年版。

23. [德]罗伯特·阿列克西:《法、理性、商谈:法哲学研究》,朱光、雷磊译,中国法制出版社 2011 年版。

24. [美]理查德·A. 马斯格雷夫、佩吉·B. 马斯格雷夫:《财政理论与实践》,邓子基、邓力平译,中国财政经济出版社 2003 年版。

25. [美]罗伯特·达尔:《民主理论的前沿》,顾昕、朱丹译,生活·读书·新知三联书店 1999 年版。

26. [英]弗里德利希·冯·哈耶克:《法律、立法与自由》,邓正来等译,中国大百科全书出版社 2000 年版。

27. [英]威廉·夏普·麦克奇尼:《大宪章的历史导读》,李红海编译,中国政法大学出版社 2016 年版。

28. [美]库恩:《科学革命的结构》,李宝恒、纪树立译,上海科学技术出版社 1980 年版。

29. [美]理查德·A. 马斯格雷夫、艾伦·T. 皮考克主编:《财政理论史上的经典文献》,刘守刚、王晓丹译,上海财经大学出版社 2015 年版。

30. [美]詹姆斯·M. 布坎南:《民主财政论》,穆怀朋译,商务印书馆 2002 年版。

31. [日]神野直彦:《财政学——财政现象的实体化分析》,彭曦等译,南京大学出版社 2012 年版。

32. [美]史蒂芬·霍尔姆斯、凯斯·R. 桑斯坦:《权利的成本——为什么自由依赖于税》,毕竟悦译,北京大学出版社 2011 年版。

33. [德]阿图尔·考夫曼:《法律哲学》(第2版),刘幸义等译,法律出版社2011年版。

34. [德]康德:《法的形而上学原理——权利的科学》,沈叔平译,商务印书馆1991年版。

35. [英]弗雷德里希·奥古斯特·哈耶克:《自由宪章》,冯兴元等译,中国社会科学出版社1999年版。

36. [美]詹姆斯·M. 布坎南、戈登·图洛克:《同意的计算:立宪民主的逻辑基础》,陈光金译,上海人民出版社2014年版。

37. [澳]杰佛瑞·布伦南、[美]詹姆斯·M. 布坎南:《宪政经济学》,冯克利等译,中国社会科学出版社2004年版。

38. [日]大桥洋一:《行政法学的结构性变革》,吕艳滨译,中国人民大学出版社2008年版。

39. [美]罗纳德·德沃金:《法律帝国》,许杨勇译,上海三联书店2016年版。

40. [英]A. W. 布拉德利、K. D. 尤因:《宪法与行政法》(下册),刘刚、江菁等译,商务印书馆2008年版。

41. [美]阿曼·卡恩、W. 巴特利·希尔德雷思编:《公共部门预算理论》,韦曙林译,格致出版社、上海人民出版社2010年版。

42. [美]斯蒂芬·布雷耶:《积极自由——美国宪法的民主解释论》,田雷译,中国政法大学出版社2011年版。

43. [英]卡罗尔·哈洛、理查德·罗林斯:《法律与行政》(上卷),杨伟东等译,商务印书馆2004年版。

44. [英]卡罗尔·哈洛、理查德·罗林斯:《法律与行政》(下卷),杨伟东等译,商务印书馆2004年版。

45. [德]拉德布鲁赫:《法学导论》,米健译,法律出版社2012年版。

46. [美]约翰·罗尔斯:《正义论》,何怀宏等译,中国社会科学出版社1988年版。

47. [德]施塔姆勒:《正义法的理论》,夏彦才译,商务印书馆2012年版。

48. [日]中里实等编:《日本税法概论》,郑林根译,法律出版社2014年版。

49. [德]卡尔·恩吉施:《法律思维导论》,郑永流译,法律出版社2004年版。

50. [英]威廉·配第:《赋税论》,邱霞、原磊译,华夏出版社2017年版。

51. [英]亚当·斯密:《国民财富的性质和原因的研究》(下卷),郭大力、王亚南译,商务印书馆1981年版。

52. [英]约翰·梅纳德·凯恩斯:《就业、利息和货币通论》(重译本),高鸿业译,商务印书馆2005年版。

53. [美]朱迪·弗里曼:《合作治理与新行政法》,毕洪海、陈标冲译,商务印书馆2010年版。

54. [美]理查德·B.斯图尔特:《美国行政法的重构》,沈岿译,商务印书馆2011年版。

55. [德]格奥格·耶利内克:《主观公法权利体系》,曾韬、赵天书译,中国政法大学出版社2012年版。

56. [德]哈特穆特·毛雷尔:《行政法学总论》,高家伟译,法律出版社2000年版。

57. [日]南博方:《行政法》(第6版),杨建顺译,中国人民大学出版社2009年版。

58. [日]盐野宏:《行政法》,杨建顺译,法律出版社1999年版。

59. [日]棚濑孝雄:《纠纷的解决与审判制度》,王亚新译,中国政法大学出版社1994年版。

60. [美]利普哈特:《民主的模式:36个国家的政府形式和政府绩效》,陈崎译,北京大学出版2006年版。

61. [英]J. S. 密尔:《代议制政府》,汪瑄译,商务印书馆1982年版。

62. [美]肯尼斯·卡尔普·戴维斯:《裁量正义》,毕洪海译,商务印书馆2009年版。

63. [美]罗纳德·德沃金:《认真对待权利》,信春鹰、吴玉章译,中国大百科全书出版社1998年版。

64. [德]亚图·考夫曼:《类推与事物本质——兼论类型理论》,吴从周译,台北,学林文化事业有限公司1999年版。

65. [英]亨利·萨姆纳·梅因:《古代法:与社会远史及现代观念的联系》,郭亮译,法律出版社2016年版。

66. [英]洛克:《政府论》(下篇),叶启芳、瞿菊农译,商务印书馆2015年版。

67. [法]孟德斯鸠:《论法的精神》(上册),张雁深译,商务印书馆1982年版。

68. [法]卢梭:《社会契约论》,李平沤译,商务印书馆 2011 年版。

69. [德]黑格尔:《法哲学原理》,范扬、张企泰译,商务印书馆 1961 年版。

70. [美]麦克尼尔:《新社会契约论》,雷喜宁、潘勤译,中国政法大学出版社 2004 年版。

71. [英]弗里德利希・冯・哈耶克:《自由秩序原理》(上册),邓正来译,生活・读书・新知三联书店 1997 年版。

72. [日]米丸恒治:《私人行政——法的统治的比较研究》,洪英等译,中国人民大学出版社 2010 年版。

73. [日]平冈久:《行政立法与行政基准》,宇芳译,中国政法大学出版社 2014 年版。

74. [德]马克斯・韦伯:《支配社会学》,康乐、简惠美译,广西师范大学出版社 2010 年版。

75. [英]哈特:《法律的概念》(第 2 版),许家馨、李冠宜译,法律出版社 2011 年版。

76. [德]哈贝马斯:《在事实与规范之间:关于法律和民主法治国的商谈理论》,童世骏译,生活・读书・新知三联书店 2014 年版。

(三)外文原著

1. Donald Black, *The Behavior of Law*, Special Edition, Emerald Group Publishing Limited, 2010.

2. Cristima Redondo, *Reasons for Action and the Law*, Kluwer Academic Publishers, 1999.

3. Hans Kelsen, *General Theory of Norms*, trans. by Michael Hartney, Oxford Clarendon Press, 1997.

4. Laurence M. Friedman, *American Law*, W. W. Norton & Company Inc., 1984.

5. Eyal Zamir & Doron Teichman, *The Oxford Handbook of Behavioral Economics and the Law*, Oxford University Press, 2004.

6. Marvin A. Chirelstein & Lawrence Zelenak, *Federal Income Taxation*, 13th Edition, Foundation Press, 2015.

7. Liam Murphy & Thomas Nagel, *The Myth of Ownership: Taxes and Justice*, Oxford University Press, 2002.

8. Steven M. Sheffrin, *Tax Fairness and Folk Justice*, Cambridge University

Press,2013.

9. Caiden Nomai, *Shaping Things to Come*: *Super-budgeters as Heroes* (*Heroines*) *in the late-twentieth Century*, in Iren Rubin, ed., New Directions in Budget History, State University of New York Press, 1988.

10. Isaac William Martin, Ajay K. Mehrotra & Monica Prasad, *The New Fiscal Sociology*: *Taxation in Comparative and Historical Perspective*, Cambridge University Press, 2009.

11. L. N. Lindberg and J. L. Campbell, *The State and the Organization of Economic Activity*, in J. L. Campbell, J. R. Hollings-worth and L. N. Lindberg, eds., Governance of the American Economy, Cambridge University Press, 1991.

12. Scharpf F. W., *Economic and Institutional Constraints of Full-employment Strategies*: *Sweden*, *Austria*, *and West Germany*, 1973 - 1982, in J. Goldthorpe, ed., Order and Conflict in Contemporary Capitalism, Clarendon Press, 2010.

13. Benjamin Constant, *The liberty of the Ancients Compared with That of the Moderns* (1819), in Biancamaria Fontana, trans. and eds., Political Writings, Stanford University Press, 1988.

14. Gerald E. Frug et al., *Local Government Law*: *Cases and Materials*, West Academic Publishing, 2015.

15. H. W. R. Wade, *Administrative Law*, Oxford University Press, 1988.

16. Kenneth Einar Himma, *Inclusive Legal Positivism*, in Jules L. Coleman and Scott Shapiro, eds., The Oxford Handbook of Jurisprudence and Philosophy of Law, Oxford University Press, 2002.

17. Joseph Raz, *The Moralty of Freedom*, Oxford University Press, 1986.

18. Camilla E. Watson, *Tax Procedure and Tax Fraud in a Nutshell*, 5th Edition, West Academic Publishing, 2016.

19. 田中英夫『BASIC 英米法辞典』(東京大学出版会,1993)。

二、论文类

(一)中文期刊论文

1. 刘剑文:《论领域法学:一种立足新兴交叉领域的法学研究范式》,载《政法论丛》2016 年第 5 期。

2. 梁文永:《一场静悄悄的革命:从部门法学到领域法学》,载《政法论丛》2017 年第 1 期。

3. 王桦宇:《论领域法学作为法学研究的新思维——兼论财税法学研究范式转型》,载《政法论丛》2016 年第 6 期。

4. 熊伟:《问题导向、规范集成与领域法学之精神》,载《政法论丛》2016 年第 6 期。

5. 张学博、李玉云:《领域法学:法学研究的第三条道路》,载《长春市委党校学报》2017 年第 2 期。

6. 王琦:《德国法上意思表示和法律行为理论的新发展——兼论对中国民法总则立法的启示》,载《清华法学》2016 年第 6 期。

7. 刘志刚:《基本权利对民事法律行为效力的影响及其限度》,载《中国法学》2017 年第 2 期。

8. 孙鹏:《私法自治与公法强制——日本强制性法规违反行为效力论之展开》,载《环球法律评论》2007 年第 2 期。

9. 许中缘:《论违反公法规定对法律行为效力的影响——再评〈中华人民共和国合同法〉第 52 条第 5 项》,载《法商研究》2011 年第 1 期。

10. 谢鸿飞:《论法律行为生效的"适法规范"——公法对法律行为效力的影响及其限度》,载《中国社会科学》2007 年第 6 期。

11. 薛军:《法律行为"合法性"迷局之破解》,载《法商研究》2008 年第 2 期。

12. 薛军:《法律行为理论在欧洲私法史上的产生及术语表达问题研究》,载《环球法律评论》2007 年第 1 期。

13. 易军:《私人自治与法律行为》,载《现代法学》2005 年第 3 期。

14. 迟颖:《法律行为之精髓——私法自治》,载《河北法学》2011 年第 1 期。

15. 朱庆育:《法律行为概念疏证》,载《中外法学》2008 年第 3 期。

16. 杨海坤、蔡翔:《行政行为概念的考证分析和重新建构》,载《山东大学学报》(哲学社会科学版)2013 年第 1 期。

17. 章志远:《行政行为概念重构之尝试》,载《行政法学研究》2001 年第 4 期。

18. 江必新:《司法解释对行政法学理论的发展》,载《中国法学》2001 年第 4 期。

19. 章志远:《新〈行政诉讼法〉实施对行政行为理论的发展》,载《政治与法律》2016 年第 1 期。

20. 张兆成:《行政法律行为论纲——对以往行政行为概念之反思与重构》,载《重庆与世界》2010 年第 13 期。

21. 余军:《行政法律行为理论的梳理与界别——从“法效意思”到“客观意思”》,载《求索》2004 年第 9 期。

22. 徐孟洲、杨晖:《法律行为与经济法行为的关系——经济法行为的正当性》,载李昌麒主编:《经济法论坛》第 5 卷,群众出版社 2008 年版。

23. 冯果、武俊桥:《超越局部与个体的经济法行为——以中央银行宏观调控行为为视角而展开》,载《法学杂志》2008 年第 3 期。

24. 陈云良:《谨慎干预——经济法的现代新理念》,载《法商研究(中南政法学院学报)》2001 年第 3 期。

25. 王全兴、管斌:《经济法学研究框架初探》,载《中国法学》2001 年第 6 期。

26. 彭飞荣、王全兴:《经济法行为类型化研究初探》,载李昌麒主编:《经济法论坛》第 5 卷,群众出版社 2008 年版。

27. 刘光华:《法律上的“行为”:什么是经济法的视角?》,载《首都师范大学学报》(社会科学版)2008 年第 1 期。

28. 张守文:《税收行为范畴的提炼及其价值》,载《税务研究》2003 年第 7 期。

29. 李刚:《税收法律行为的私法学分析》,载《税务研究》2008 年第 3 期。

30. 阮家福:《论税收行为的道德缺失及其治理机制》,载《税收经济研究》2011 年第 4 期。

31. 阮家福:《税收行为法律规范研究》,载《财政研究》2007 年第 8 期。

32. 施正文:《论征纳行为》,载《当代财经》2004 年第 8 期。

33. 孙树明、郑里:《财政法律关系论》,载《财政研究》1988 年第 9 期。

34. 陈立诚:《财税行为构建论纲》,载《北京社会科学》2015 年第 7 期。

35. 左卫民、谢鸿飞:《司法中的主题词》,载《法学研究》2002 年第 2 期。

36. 叶必丰:《法学思潮与行政行为》,载《浙江社会科学》2000 年第 3 期。

37. 陈兴良:《无行为则无犯罪——为一条刑法格言辩护》,载《中外法学》1999 年第 5 期。

38. 马克昌:《刑法中行为论比较研究》,载《武汉大学学报》(哲学社会科学版)2001 年第 2 期。

39. 童德华:《刑法中的行为:机能、概念与犯罪论体系》,载《法学评论》2001 年第 6 期。

40. 葛岩:《法学研究与认知——行为科学》,载《上海交通大学学报》(哲学社会科学版)2013 年第 4 期。

41. 雷磊:《法教义学的基本立场》,载《中外法学》2015 年第 1 期。

42. 余军:《“行政处分”与“民事法律行为”之关系——作为规定功能的法概念》,载《法学》2007 年第 7 期。

43. 陈敏:《宪法之租税概念及其课征限制》,载《政大法学评论》1981 年第 24 期。

44. 杨建顺:《论行政裁量与司法审查——兼及行政自我拘束原则的理论根据》,载《法商研究》2003 年第 1 期。

45. 葛克昌:《纳税人之程序基本权——行政程序法在稽征程序之漏洞》,载《月旦法学杂志》2001 年第 5 期。

46. 陈敏:《租税稽征程序之协力义务》,载《政大法学评论》1988 年第 37 期。

47. 聂森、熊伟:《重塑税收核定:我国税收行政确定的建构路径》,载《税务研究》2015 年第 12 期。

48. 潘亚岚:《征税行为的属性刍议》,载《税收征纳》2000 年第 3 期。

49. 刘剑文:《财税法功能的定位及其当代变迁》,载《中国法学》2015 年第 4 期。

50. 刘剑文:《私人财产权的双重保障——兼论税法与私法的承接与调整》,载《河北法学》2008 年第 12 期。

51. 杨小强:《论税法与私法的联系》,载《法学评论》1999 年第 6 期。

52. 叶金育、熊伟:《民法规范进入税法的立法路径——公法与私法“接轨”的规范配置技术》,载《江西财经大学学报》2013 年第 4 期。

53. 李刚、丛中笑:《税法与私法关系探源——对(私人)财产权的确认和保障》,载《法制与社会发展》2003 年第 6 期。

54. 葛克昌:《税法适用:第 1 讲——税法独立性与统一法秩序》,载《月旦法学教室》2008 年第 66 期。

55. 张守文:《税收行为范畴的提炼及其价值》,载《税务研究》2003 年第 7 期。

56. 陈敏:《租税债务关系之变更》,载《政大法学评论》1984 年第 30 期。

57. 邓海波:《论赋税法与债法》,载《朝阳大学法律评论》1972 年第 2 期。
58. 岳松:《税权制衡机制的若干问题》,载《税务研究》2004 年第 8 期。
59. 蔺翠牌:《税法理论热点问题探寻》,载《法学杂志》2005 年第 1 期。
60. 蔺翠牌:《对中国税法理论的突破与创新的几点疑问》,载《税务研究》2005 年第 2 期。
61. 王家林:《也从纳税人的权利和义务谈起——就一些税法新理论求教刘剑文教授》,载《法学杂志》2005 年第 5 期。
62. 陈端洪:《法律程序价值观》,载《中外法学》1997 年第 6 期。
63. 李大庆:《财税体制科学化与税收程序契约化的法律路径——兼评我国〈税收征管法〉的修改》,载《税务研究》2014 年第 6 期。
64. 施正文:《我国建立纳税人诉讼的几个问题》,载《中国法学》2006 年第 5 期。
65. 赵宏:《作为客观价值的基本权利及其问题》,载《政法论坛》2011 年第 2 期。
66. 张翔:《基本权利的双重性质》,载《法学研究》2005 年第 3 期。
67. 林来梵、季彦敏:《人权保障:作为原则的意义》,载《法商研究》2005 年第 4 期。
68. 施正文:《论税收程序法的法域属性及税收关系划分》,载《现代财经(天津财经大学学报)》2006 年第 6 期。
69. 滕祥志:《部颁税法规则正义:从形式到实质》,载《公法研究》2011 年第 2 期。
70. 丛中笑、翟中玉:《税权平衡论纲》,载《河北法学》2014 年第 2 期。
71. 陈刚:《税的法律思考与纳税者基本权的保障》,载《现代法学》1995 年第 5 期。
72. 张守文:《税权的定位与分配》,载《法商研究》2000 年第 1 期。
73. 赵长庆:《论税权》,载《政法论坛》1998 年第 1 期。
74. 王相坤、刘剑文:《论税权的理论根据——以法权为视角》,载《山东警察学院学报》2007 年第 2 期。
75. 张富强:《论税权二元结构及其价值逻辑》,载《法学家》2011 年第 2 期。
76. 贾康:《从"国家分配论"到"社会集中分配论"(下)》,载《财政研究》1998 年第 5 期。
77. 沈宗灵:《对霍菲尔德法律概念学说的比较研究》,载《中国社会科学》

1990 年第 1 期。

78. 王涌:《寻找法律概念的“最小公分母”——霍菲尔德法律概念分析思想研究》,载《比较法研究》1998 年第 2 期。

79. 赵宏:《社会国与公民的社会基本权:基本权利在社会国下的拓展与限定》,载《比较法研究》2010 年第 5 期。

80. 刘剑文、王桦宇:《公共财产权的概念及其法治逻辑》,载《中国社会科学》2014 年第 8 期。

81. 翟小波:《代议机关至上的人民宪政——我国宪法实施模式的解释性建构》,载《清华法学》2007 年第 2 期。

82. 朱大旗、何遐祥:《论我国税务法院的设立》,载《当代法学》2007 年第 3 期。

83. 李大庆、侯卓:《我国税务司法专门化之路径取向——兼论税务法院之设立》,载《云南社会科学》2015 年第 3 期。

84. 张定淮:《英国“公民宪章”运动的现状与前景》,载《深圳大学学报》(人文社会科学版)1996 年第 1 期。

85. [奥]阿道尔夫 · J. 默克尔:《法治国的观念和形态》,载《环球法律评论》1983 年第 5 期。

86. 郭介恒:《纳税者应有之权利保护——以程序正当为中心》,载《月旦法学杂志》2006 年第 137 期。

87. 张进德、陈志成:《租税法应适用正当程序原则》,载《税务旬刊》2012 年第 6 期(总第 2185 期)。

88. 季卫东:《程序比较论》,载《比较法研究》1993 年第 1 期。

89. 佘倩影、刘剑文:《税收法定主义:从文本到实践的挑战与路径》,载《辽宁大学学报》(哲学社会科学版)2016 年第 6 期。

90. 张永忠、张春梅:《行政裁量权限缩论——以税收和解适用为例》,载《政治与法律》2011 年第 10 期。

91. 张守文:《税收权利的性质及其法律保护》,载《法商研究》2001 年第 6 期。

92. 柯格钟:《量能原则作为税法之基本原则》,载《月旦法学杂志》2006 年第 136 期。

93. 陈清秀:《税务行政争讼的审理范围——以课税处分之撤销诉讼为中心》,载《月旦法学杂志》2006 年第 136 期。

94. 陈敏:《租税课征与经济事实之掌握——经济考察方法》,载《政大法学评论》1982 年第 26 期。

95. 滕祥志:《税法的交易定性理论》,载《法学家》2012 年第 1 期。

96. 叶俊荣:《论比例原则与行政裁量》,载《宪政时代》1986 年第 3 期。

97. 叶姗:《应税事实依据经济实质认定之稽征规则——基于台湾地区“税捐稽征法”第 12 条之 1 的研究》,载《法学家》2010 年第 1 期。

98. 崔卓兰、卢护锋:《我国行政行为非强制化走向之述评与前瞻》,载《北方法学》2007 年第 2 期。

99. 熊樟林:《“非正式行政行为”概念界定——兼“非强制行政行为”评析》,载《行政法学研究》2009 年第 4 期。

100. 蒋红珍:《非正式行政行为的内涵——基于比较法视角的初步展开》,载《行政法学研究》2008 年第 2 期。

101. 鲁鹏宇:《论行政法学的阿基米德支点——以德国行政法律关系论为核心的考察》,载《当代法学》2009 年第 5 期。

102. 于立深:《多元行政任务下的行政机关自我规制》,载《当代法学》2014 年第 1 期。

103. 于立深:《概念法学和政府管制背景下的新行政法》,载《法学家》2009 年第 3 期。

104. 江利红:《论行政法学中“行政过程”概念的导入——从“行政行为”到“行政过程”》,载《政治与法律》2012 年第 3 期。

105. 朱新力、唐明良:《现代行政活动方式的开发性研究》,载《中国法学》2007 年第 2 期。

106. 滕祥志:《论〈税收征管法〉的修改》,载《清华法学》2016 年第 3 期。

107. 陈发:《浅论税务部门规章与税收规范性文件的区别》,载《法制与社会》2013 年第 7 期。

108. 洪小东:《税收规范性文件司法审查的标准和方法》,载《大连海事大学学报》(社会科学版)2016 年第 2 期。

109. 葛克昌:《“税法”解释函令之法律性质:兼论“税捐稽征法”第一条之一之增订》,载《月旦法学杂志》1997 年第 21 期。

110. 陈敏:《租税法之解释函令》,载《政大法学评论》1997 年第 57 期。

111. 刘松山:《“红头文件”冲突法律的责任归属——兼评福州王凯锋案》,载《法学》2002 年第 3 期。

112. 陈高英:《论行政规范性文件与依法行政》,载《行政与法》2005 年第 10 期。

113. 黄勇:《新形势下反行政垄断执法与司法:挑战、思考与展望》,载《价格理论与实践》2015 年第 1 期。

114. 郑雅方:《我国行政规则研究中的若干误区之克服》,载《政法论坛》2012 年第 5 期。

115. 王锡锌、章永乐:《专家、大众与知识的运用——行政规则制定过程的一个分析框架》,载《中国社会科学》2003 年第 3 期。

116. 朱芒:《论行政规定的性质——从行政规范体系角度的定位》,载《中国法学》2003 年第 1 期。

117. 宋华琳:《论行政规则对司法的规范效应——以技术标准为中心的初步观察》,载《中国法学》2006 年第 6 期。

118. 林来梵:《转型期宪法的实施形态》,载《比较法研究》2014 年第 4 期。

119. 胡敏洁:《行政规定变迁中的信赖利益保护研究》,载《江苏行政学院学报》2011 年第 5 期。

120. 陈骏业:《重新定位行政规定的功能》,载《法商研究》2006 年第 5 期。

121. 钱宁峰:《论〈行政奖励法〉的立法思路》,载《河北法学》2014 年第 8 期。

122. 叶金育、顾德瑞:《税收优惠的规范审查与实施评估——以比例原则为分析工具》,载《现代法学》2013 年第 6 期。

123. 熊伟:《法治视野下清理税收优惠政策研究》,载《中国法学》2014 年第 6 期。

124. 黄学贤:《行政程序中的协力行为——基于两岸理论与实践的比较研究》,载《苏州大学学报》2006 年第 5 期。

125. 施正文:《我国纳税评定制度的法律构建》,载《中国税务》2012 年第 9 期。

126. 陈清秀:《行政程序法在税法上之运用》,载《月旦法学杂志》2001 年第 72 期。

127. 于立深:《公共问题的技术解与契约解》,载《读书》2013 年第 4 期。

128. 薛刚凌:《行政主体之再思考》,载《中国法学》2001 年第 2 期。

129. 余凌云:《行政主体理论之变革》,载《法学杂志》2010 年第 8 期。

130. 章剑生:《反思与超越:中国行政主体理论批判》,载《北方法学》2008

年第 6 期。

131. 童光辉、范建鏋:《公共性:财政与生俱来的本质属性——基于我国早期财政史的初步考察》,载《现代财经(天津财经大学学报)》2015 年第 5 期。

132. 薛刚凌:《多元化背景下行政主体之建构》,载《浙江学刊》2007 年第 2 期。

133. 王绍光、马骏:《走向“预算国家”——财政转型与国家建设》,载《公共行政评论》2008 年第 1 期。

134. 储槐植:《提倡折衷——法学研究范式检讨》,载《浙江社会科学》2005 年第 3 期。

135. 滕祥志:《论税收征纳关系参加主体的立法规制》,载《中国财政》2017 年第 4 期。

136. 姚明铭:《相关税收法律关系初探——对税收法律关系范围的一种拓展研究》,载《法学评论》2004 年第 2 期。

137. 叶姗:《税法权利的逻辑结构——以霍菲尔德的权利分析理论为据》,载《甘肃政法学院学报》2007 年第 5 期。

138. 郑春燕:《现代行政过程中的行政法律关系》,载《法学研究》2008 年第 1 期。

139. 方世荣:《对当代行政法主体双方地位平等的认知——从行政相对人的视角》,载《法商研究》2002 年第 6 期。

140. 陈敏:《租税义务人之租税法意思表示》,载《政大法学评论》1993 年第 49 期。

141. 米健:《意思表示分析》,载《法学研究》2004 年第 1 期。

142. 余凌云:《对行政自由裁量概念的再思考》,载《法制与社会发展》2002 年第 4 期。

143. 杨解君:《“双服务”理念下现代行政之变革——服务行政的解读和提升》,载《行政法学研究》2004 年第 3 期。

144. 杨建顺:《行政裁量的运作及其监督》,载《法学研究》2004 年第 1 期。

145. 王天华:《行政裁量的理论与实践:作为教义学概念的行政裁量——兼论行政裁量论的范式》,载《政治与法律》2011 年第 10 期。

146. 姜明安:《论行政自由裁量权及其法律控制》,载《法学研究》1993 年第 1 期。

147. 郑春燕:《取决于行政任务的不确定法律概念定性——再问行政裁量

概念的界定》,载《浙江大学学报》(人文社会科学版)2007 年第 3 期。

148. 邓佑文:《论公众行政参与权的权力性》,载《政治与法律》2015 年第 10 期。

149. 邓佑文:《行政参与权对新型行政法律关系的构造》,载《学术界》2012 年第 2 期。

150. 邓佑文:《行政参与的权利化:内涵、困境及其突破》,载《政治与法律》2014 年第 11 期。

151. 张泽想:《论行政法的自由意志理念——法律下的行政自由裁量、参与及合意》,载《中国法学》2003 年第 2 期。

152. 孙宪忠:《民法典总则编“法律行为”一章学者建议稿的编写说明》,载《法学评论》2015 年第 6 期。

153. 汪厚冬:《论行政法上的意思表示》,载《政治与法律》2014 年第 7 期。

154. 张树义:《行政主体研究》,载《中国法学》2000 年第 2 期。

155. 陈敏:《溯及影响租税债务之事项》,载《政大法学评论》1990 年第 41 期。

156. 贾媛媛:《行政承诺法源论:证成与适用》,载《政治与法律》2014 年第 9 期。

157. 陈裕琨:《分析法学对行为概念的重建》,载《法学研究》2003 年第 3 期。

158. 叶必丰:《行政行为的分类:概念重构抑或正本清源》,载《政法论坛》2005 年第 5 期。

159. 李刚:《税收法律行为初论》,载《当代法学》2004 年第 3 期。

160. 张晓婷:《论征税行为的无因性》,载《法学家》2007 年第 1 期。

161. 高鸿钧:《走向交往理性的政治哲学和法学理论(下)——哈贝马斯的民主法治思想及对中国的借鉴意义》,载《政法论坛》2008 年第 6 期。

162. 张知干、郑琼现:《超越私法:契约的另类意义》,载《学术研究》2009 年第 4 期。

163. 张富强:《论税权二元结构及其价值逻辑》,载《法学家》2011 年第 2 期。

164. 杨小强:《论税法与私法的联系》,载《法学评论》1999 年第 6 期。

165. 苏力:《从契约理论到社会契约理论——一种国家学说的知识考古学》,载《中国社会科学》1996 年第 3 期。

166. 廖楚晖、崔亚飞:《国家、征税部门及纳税人的博弈分析》,载《财经科学》2005 年第 2 期。

167. 杨解君:《论行政法理念的塑造——契约理念与权力理念的整合》,载《法学评论》2003 年第 1 期。

168. 余军:《行政法律行为理论的梳理与界别——从“法效意思”到“客观意思”》,载《求索》2004 年第 9 期。

169. 陶佳琳、车文琴:《关于委托代征个体增值税若干问题的思考》,载《财政经济研究》2012 年第 3 期。

170. 张木生:《依法行政是最好的税收服务》,载《中国税务》2003 年第 7 期。

171. 张雅君:《完善税收立法是提高税收服务水平和推进依法纳税的前提》,载《税务研究》2009 年第 4 期。

172. 李波:《论我国纳税服务的理念与机制构建》,载《涉外税务》2011 年第 7 期。

173. 朱大旗、姜姿含:《税收事先裁定制度的理论基础与本土构建》,载《法学家》2016 年第 6 期。

174. 王明世:《税务事先裁定程序规则的建构研究》,载《税收经济研究》2015 年第 1 期。

175. 张松:《在我国设立税收事先裁定制度的探讨》,载《税务与经济》2013 年第 2 期。

176. 叶必丰、刘道筠:《规范性文件的种类》,载《行政法学研究》2000 年第 2 期。

177. 黄金荣:《“规范性文件”的法律界定及其效力》,载《法学》2014 年第 7 期。

178. 贾圣真:《论国务院行政规定的法效力》,载《当代法学》2016 年第 3 期。

179. 胡敏洁:《美国行政法中的“政策声明”》,载《行政法学研究》2013 年第 2 期。

180. 廖仕梅:《论税务行政争议和解机制》,载《税务研究》2017 年第 3 期。

181. 颜运秋:《税务和解的正当性分析》,载《法学杂志》2012 年第 8 期。

182. 江必新:《法律行为效力制度的重构》,载《法学》2013 年第 4 期。

183. 陈景辉:《道德善、理性化与法的规范性——以哈特理论为中心的反省》,载《法律科学(西北政法大学学报)》2012 年第 4 期。

184. 张文显、于宁:《当代中国法哲学研究的范式转换——从阶级斗争范式到权利本位范式》,载《中国法学》2001 年第 1 期。

(二)中文集刊论文

1. 黄金荣:《法理学中“法律行为”》,载郑永流主编:《法哲学与法社会学论丛》总第 10 期,北京大学出版社 2007 年版。

2. 刘剑文、侯卓:《“理财治国”理念之展开——另一种国家治理模式的探索》,载刘剑文主编:《财税法论丛》第 13 卷,法律出版社 2013 年版。

3. 李刚:《税收法律关系性质之争——二十多年来中国税法学发展历程之缩影》,载李刚:《现代税法学要论》,厦门大学出版社 2014 年版。

4. 史学成:《税收法律关系理论的国际比较研究与本土化建构》,载刘剑文主编:《财税法论丛》第 5 卷,法律出版社 2004 年版。

5. 刘剑文、熊伟:《二十年来中国税法学研究的回顾与前瞻》,载刘剑文主编:《财税法论丛》第 1 卷,法律出版社 2002 年版。

6. 熊伟:《行政机关解释税法应当接受合法性审查》,载熊伟主编:《税法解释与判例评注》第 1 卷,法律出版社 2010 年版。

7. 林明锵:《论型式化之行政行为与未型式化之行政行为》,载翁岳生六秩诞辰祝寿论文集编辑委员会:《当代公法理论》,台北,月旦出版社股份有限公司 1993 年版。

8. 魏敬淼:《税务令函的合理化探讨》,载刘剑文主编:《财税法学前沿问题研究》第 4 辑,法律出版社 2015 年版。

9. 张莹:《论财政法与税法的差异性与统一性》,载刘剑文主编:《财税法论丛》第 13 卷,法律出版社 2013 年版。

10. 李林:《立法权:概念、性质与特征》,载高鸿钧主编:《清华法治论衡》第 1 辑,清华大学出版社 2000 年版。

11. 姜明安:《新行政法:公中有私,私中有公》,载罗豪才等编:《软法与协商民主》,北京大学出版社 2007 年版。

(三)学位论文

1. 王桦宇:《财政收入行为及其调制研究》,武汉大学 2005 年硕士学位论文。

2. 胡瑞琪:《财税行为的分类及其法律意义探究》,北京大学 2017 年硕士学位论文。

3. 黄宗正:《"租税债务"法律关系之研究》,台湾大学法律研究所 1979 年硕士学位论文。

4. 葛克昌:《租税规避之研究》,台湾大学法律研究所 1978 年硕士学位论文。

5. 许宏纬:《租税核课处分之存续力》,中正大学法律学研究所 2007 年硕士学位论文。

6. 林淞:《税收征管程序中的当事人协力义务研究》,厦门大学 2008 年硕士学位论文。

7. 陈珠成:《税务约谈法律问题之研究》,东海大学 2001 年硕士学位论文。

8. 倪维:《税务约谈法制化建构之研究》,中国政法大学 2008 年博士学位论文。

(四)外文论文

1. D. Black, *The boundaries of Legal Sociology*, The Yale Law Journal, Vol. 6, 1972.

2. Kenworthey Bilz & Janice Nadle, *Law, Moral Attitudes, and Behavior Change*, Northwestern Public Law Research Paper, Vol. 13 – 25, 2013.

3. Allinham, M. & A. Sandmo., *Income Tax Evasion: A Theoretical Analysis*, Journal of Public Economics, Vol. 1, 1972.

4. Mark D. Phillips, *Individual Income Tax Compliance and Information Reporting: What Do the U. S. Date Show?*, National Tax Journal, Vol. 67:3, 2014.

5. Joel Slemrod, *Cheating Ourselves: The Economics of Tax Evasion*, Journal of Economic Perspectives, Vol. 21, 2007.

6. Benno Torgler et al., *Causes and Consequences of Tax Morale: An Empirical Investigation*, Economic Analysis and Policy, Vol. 38, 2008.

7. Bruno S. Frey & Benno Torgler, *Tax Morale and Conditional Cooperation*, Journal of Comparative Economics, Vol. 35, 2007.

8. James Alm et al., *Russian Attitudes Toward Paying Taxes-Before, During, and After the Transition*, International Journal of Social Economics, Vol. 33, 2006.

9. Roberto Dell'Anno, *Tax Evasion, Tax Morale and Policy Maker's Effectiveness*, The Journal of Socio-Economics, Vol. 38, 2009.

10. Loretta Stalans & E. Allan Lind, *The Meaning of Procedural Fairness: A Comparison of Taxpayers' and Representatives' Views of Their Tax Audits*, Social

Justice Research, Vol. 10, 1997.

11. Bruno S. Frey & Lars P. Feld, *Deterrence and Morale in Taxation: An Empirical Analysis*, CESifo Working Paper Series, Vol. 760, 2002.

12. J. L. Campbell, *The State and Fiscal Sociology*, Annual Review of Sociology, Vol. 19, 1993.

13. Lederman L., *Tax Compliance and the Reformed IRS.*, SSRN Electronic Journal, Vol. 51, 2003.

14. R. A. Musgrave, *Schumpeter's Crisis of the Tax State: An Essay in Fiscal Sociology*, Journal of Evolutionary Economics, Vol. 2, 1992.

15. Jill Quadagno, *Theories of the Welfare State*, Annual Review of Sociology, Vol. 13, 1987.

16. Theodore J. Lowi, *The Welfare State: Ethical Foundations and Constitutional Remedies*, Political Science Quarterly, Vol. 2, 1988.

17. Gregory Hooks, *The Rise of the Pentagon and U. S. State Building: The Defense Program as Industrial Policy*, American Journal of Sociology, Vol. 2, 1990.

18. Mann & Michael, *State and Society*, 1130 – 1815: *An Analysis of English State Finances*, in Mann and Michael, eds., States, War, and Capitalism, Basil Blackwell, 1988.

19. Richard M. Lipton, *Procedural Due Process in Tax Collection: An Opportunity for a Prompt Postdeprivation Hearing*, The University of Chicago Law Review, Vol. 3, 1977.

20. Benjamin Alarie et al., *Advance Tax Rulings in Perspective: A Theoretical and Comparative Analysis*, New Zealand Journal of Taxation Law and Policy, Vol. 4, 2014.

21. Yehonatan Givati, *Resolveing Legal Uncertainty: The Unfulfilled Promise of Advance Tax Rulings*, Virginia Tax Review, Vol. 29, 2009.

22. Charles Tilly, *Extraction and Democracy*, in Isaac William Martin, Ajay. K. Mehrotra and Monica Prasad, eds., The New Fiscal Sociology: Taxation in Comparative and Historical Perspective, Cambridge University Press, 2009.

三、论文集类

1. 席晓娟:《基于立法宗旨的财政行为梳理》,领域法学:财税法核心问题前沿论坛会议论文,2016 年 11 月于上海。

2. 孙邦娇:《税收法律行为的概念和性质分析》,领域法学:财税法核心问题前沿论坛会议论文,2016 年 11 月于上海。

3. 翟继光:《财税行为构成要件理论研究》,领域法学:财税法核心问题前沿论坛会议论文,2016 年 11 月于上海。

4. 吕铖钢:《税法构成要件理论的类型化重塑》,领域法学:财税法核心问题前沿论坛会议论文,2016 年 11 月于上海。

5. 张成松:《财政补贴行为的税法评价:基于税法文本与法理的分析》,领域法学:财税法核心问题前沿论坛会议论文,2016 年 11 月于上海。

6. 徐梦堃:《税收法律行为的价值取向与范畴界定》,领域法学:财税法核心问题前沿论坛会议论文,2016 年 11 月于上海。

图书在版编目(CIP)数据

征税行为研究 / 佘倩影著. -- 北京 : 法律出版社,
2021

(财税法学研究文丛)

ISBN 978 -7 -5197 -5124 -1

Ⅰ. ①征… Ⅱ. ①佘… Ⅲ. ①税法-研究-中国
Ⅳ. ①D922.220.4

中国版本图书馆 CIP 数据核字(2020)第 220501 号

征税行为研究
ZHENGSHUI XINGWEI YANJIU

佘倩影 著

策划编辑 沈小英
责任编辑 沈小英 毛镜澄
装帧设计 汪奇峰

出版发行 法律出版社
编辑统筹 法治与经济出版分社
责任校对 晁明慧 王 皓
责任印制 吕亚莉
经　　销 新华书店

开本 710 毫米×1000 毫米 1/16
印张 15.25 **字数** 273 千
版本 2021 年 7 月第 1 版
印次 2021 年 7 月第 1 次印刷
印刷 固安华明印业有限公司

地址:北京市丰台区莲花池西里 7 号(100073)
网址:www. lawpress. com. cn
投稿邮箱:info@ lawpress. com. cn
举报盗版邮箱:jbwq@ lawpress. com. cn

销售电话:010 -83938349
客服电话:010 -83938350
咨询电话:010 -63939796

书号:ISBN 978 -7 -5197 -5124 -1　**定价**:76.00 元

凡购买本社图书,如有印装错误,我社负责退换。电话:010 -83938349